孟子集註 備旨 懸吐 完譯

孟子集註 備旨 (I)

孟子集註 備旨 懸吐 完譯

孟子集註 備旨(Ⅰ)

인쇄 | 2015년 1월 21일
발행 | 2015년 1월 28일

저자 | 曉明 金慶國·木仁 朴相澤
발행인 | 지병문
발행처 | 전남대학교출판부

등록 | 1981. 5. 21. 제53호
주소 | 500-757 광주광역시 북구 용봉로 77
전화 | (062) 530-0571~2, 마케팅부 530-0573
팩스 | (062) 530-0579
홈페이지 | http://www.cnup.co.kr
이메일 | cnup0571@hanmail.net

값 25,000원

ISBN 978-89-6849-189-4 (94820) 세트
ISBN 978-89-6849-190-0 (94820)

이 도서의 국립중앙도서관 출판예정도서목록(CIP)은 서지정보유통지원시스템 홈페이지(http://seoji.nl.go.kr)와 국가자료공동목록시스템(http://www.nl.go.kr/kolisnet)에서 이용하실 수 있습니다.
(CIP제어번호 : CIP2015008292)

孟子集註 備旨 懸吐 完譯

孟子集註 備旨 (Ⅰ)

曉明 金慶國
木仁 朴相澤
譯註

전남대학교출판부

鄒國亞聖公

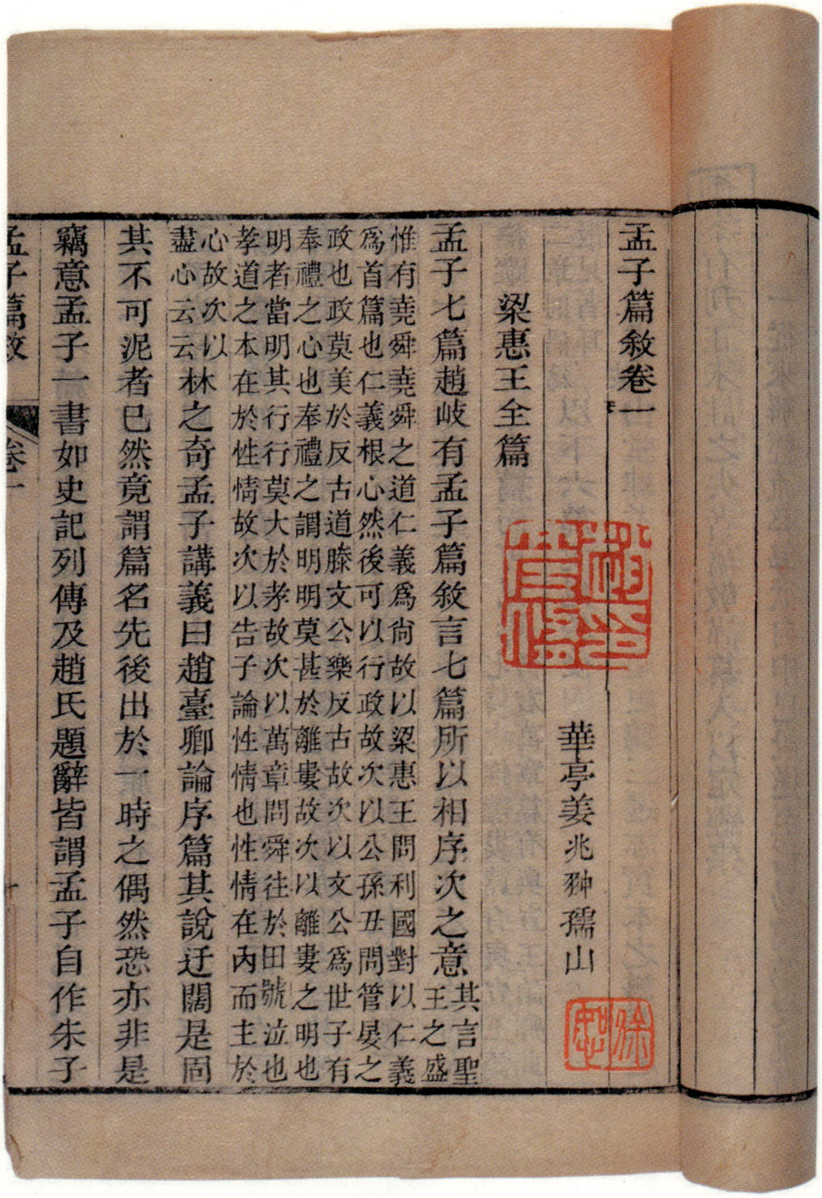
孟子篇敍卷一

華亭姜兆翀羂山

梁惠王全篇

孟子七篇趙岐有孟子篇敍言七篇所以相序次之意其言聖王之盛惟有堯舜堯舜之道仁義爲尙故以梁惠王問利國對以仁義爲首篇也仁義根心然後可以行政故次以公孫丑問管晏之政也政莫美於反古道滕文公樂反古故次以文公爲世子有奉禮之心也奉禮之謂明明莫甚於離婁故次以離婁之明也明者當明其行行莫大於孝故次以萬章問舜往於田號泣也孝道之本在於性情故次以告子論性情也性情在內而主於心故次以盡心云云林之奇孟子講義曰趙臺卿論序篇其說迂闊是固其不可泥者已然竟謂篇名先後出於一時之偶然恐亦非是竊意孟子一書如史記列傳及趙氏題辭皆謂孟子自作朱子

孟子篇敍　卷一　十

孟子篇敍

孟子故里(亞聖殿)

일러두기

❶ 譯註의 底本은 《新訂四書補註備旨》(鄧林 著, 鄧煜 編次, 祁文友 重校, 杜定基 增訂, 上海天寶書局, 1915), 《經書: 大學 論語 孟子 中庸》(庚辰新刊 内閣藏板本 影印本, 成均館大大東文化研究院, 1965), 《四書章句集註》(中華書局, 1983), 《孟子譯注》(楊伯峻 著, 中華書局) 등이다.

❷ 原文의 懸吐는 《四書諺解》(保景文化社, 1984)와 《論語(附諺解)》(學民文化社)를 기본으로 삼았고, 集註와 備旨는 譯註者가 직접 懸吐하였다.

❸ 번역은 축자식逐字式 번역을 원칙으로 하되, 필요에 따라 일부 현대식 표기법도 병행하여 일반 독자들의 이해를 높이도록 했다.

❹ 본문의 배열은 原文, 한글 譯, 註解의 순으로 했고, 독자들의 이해를 위해 어려운 한자들의 訓과 音을 표기했다.

❺ 集註의 내용만 가지고 이해하기 힘든 부분은 《孟子集註大全疏註》의 일부 내용을 인용하고 원문과 함께 실었다.

❻ 《 》는 書名에 〈 〉는 篇名에 사용하였다.

머리말

宋代의 巨儒 朱熹(1130～1200)는 중국 儒學의 집대성자이자 우리나라 性理學에 가장 큰 영향을 미친 인물이다. 朱熹가 일생동안 정리하고 연구한 儒家經傳들은 주로 五經과 四書 및 北宋의 주돈이周敦頤(1017～1073)·정호程顥(1032～1085)·정이程頤(1033～1107)·소옹邵雍(1011～1077)·장재장재(1020～1077) 등의 著作들이다.

이들 儒家經傳들에 대해 朱子는 "四子는 六經의 입문서이고, 《近思錄》은 四子의 입문서이다. 四子, 六經之階梯. 《近思錄》, 四子之階梯."(《朱子語類》 卷105)라고 했는데, 여기에서 四子는 '四書'를, 六經은 '五經'을, 《近思錄》은 朱子와 여조겸呂祖謙이 북송 諸子들의 학설을 공동으로 편찬한 성리학 해설서를 각각 의미한다. 朱子의 이 말은 곧 四書의 지위가 북송 諸子들의 저작보다 높고 五經의 지위가 四書보다 높기 때문에 배우는 자들이 마땅히 《近思錄》에서 시작하여 四子에 이르고, 다시 四子로부터 五經에 이르러야 한다는 말이다.

六經의 입문서인 '四書'는 곧 《大學》·《論語》·《中庸》·《孟子》 등을 말한다. 이 四書의 중요성에 대해서 朱子는 그의 〈書臨漳所刊四子後〉에서 다음과 같이 강조하고 있다. "河南 程氏는 사람을 가르치는 데 있어서 반드시 먼저 《大學》·《論語》·《中庸》·《孟子》 등의 책에 힘을 쏟은 후에 六經을 접하도록 했다. 이는 대개 그 난이難易와 원근遠近과 대소大小의 차례가 진실로 이와 같아야 어지럽지 않기 때문이다. 河南程夫子之教人, 必先使之用力乎《大學》·《論語》·《中庸》·《孟子》之書, 然後及乎六經. 蓋其難易, 遠近, 大小之序, 固如此而不可亂也."

이런 이유로 朱子는 二程사상을 계승하여 《大學》·《論語》·《孟子》·《中庸》 등에 심혈을 기울여 註解를 함으로써 《四書章句集註》를 완성한 것이다.

四書를 공부하는 순서에 대해서 程子는 "《大學》은 孔氏의 遺書이며 처음 배우는 사람이 德에 들어가는 문이다. 大學, 孔氏之遺書, 而初學入德之門也."라고 했고, 朱子는 이를 계승하여 "《大學》을 처음과 끝을 완전히 관통하여 모두 의심나는 바가 없게 된 후에 가히 《論語》와 《孟子》에 미칠 수 있고, 또 의심나는 바가 없게 된 후에 가히 《中庸》에 미칠 수가 있다. 大學首尾貫通, 都無所疑然後, 可及語孟, 又無所疑然後, 可及中庸."(大全註疏)라고 했다. 곧 《大學》에서 학문의 처음과 끝을 꿰뚫어 말하였기 때문에 《大學》을 먼저 읽고, 이어서 《論語》와 《孟子》를 읽어야만 학문의 길에 쉽게 들어갈 수 있으며, 나아가 학문의 大體가 갖추어져 나머지 공부가 저절로 된다는 말이다. 저자는 오래전부터 經書硏究와 講讀作業에 종사해 오면서 《四書集註》와 《四書備旨》에 대한 註解 작업을 추진해 왔는데, 그 결과 지난 2009년에 처음으로 《大學章句 備旨》를 출간하였고, 이어서 《論語集註 備旨(Ⅰ)》(2010)·《論語集註 備旨(Ⅱ)》(2011)·《論語集註 備旨(Ⅲ)》(2012)·《論語集註 備旨(Ⅳ)》(2013)·《中庸章句 備旨》(2014)를 세상에 선보였으며, 이번에 다시 《孟子集註 備旨(Ⅰ)》을 출간하게 되었다.

譯註의 底本으로 삼은 《四書補註備旨》는 朱子의 《四書集註》에 明代 등림鄧林이 章節마다 要旨를 찬술撰述하고, 등욱鄧煜이 編次하여 《四書備旨》라고 명명한 다음, 다시 淸代 기문우祁文友의 重校와 두정기杜定基의 補註를 거쳐 增訂하여 완성된 것이다. 書名을 〈備旨〉라고 말한 것은 聖賢의 立言에 매 章마다 각각 매 章의 宗旨가 실려 있기 때문에 배우는 자들이 潛心硏究해야 한다는 의미를 담고 있다.

끝으로 본 書의 출간을 위해 그 동안 자상한 가르침을 베풀어주신 弦齋 金永雄 선생님, 본문의 험난한 한자변환 작업을 해준 李鎬俊 선생님, 원고 교정에 힘써준 李恩珍 선생님, 表紙題字를 써주신 翠亭 任春植 선생님께도 진심으로 감사의 마음을 전한다.

아울러 본 書의 출판에 도움을 준 전남대학교 당국과, 편집과 출판을 위해 노고를 다해주신 전남대학교출판부 관계자 분들께도 이 자리를 빌어 깊은 감사의 마음을 전한다.

乙未年 立春節

著者 謹識

목차

부록

《孟子》解題

1. 四書에 대하여

四書란 《論語》·《孟子》·《大學》·《中庸》의 네 가지 儒學經傳을 말한다. 唐代 이전의 儒學이 五經을 중심으로 발전되어 왔던 것에 비하여, 宋代 이후의 儒學은 四書를 중심으로 발전되어 왔다.

이 四書는 南宋 性理學의 大家인 주희朱熹(1130~1200)가 《論語》·《孟子》·《大學》·《中庸》의 네 가지 책을 모아 유학의 기본 경전으로 정하고, 이것들에 대해 註解를 달아 《四書集註》를 撰함으로써 그 지위가 확립되었다.

이 중에서 《大學》과 《中庸》은 본래 《禮記》 49篇 중의 한 篇에 불과했는데, 이에 대해 朱熹는 《大學》이 孔子(B.C.552~479)의 제자인 曾子(B.C.505~435)가 지었고, 《中庸》은 孔子의 손자인 子思(B.C.483~402)가 지었다고 보고, 이것들을 孔子의 언행을 기록한 《論語》와 孟子(B.C.372~289)의 언행을 기록한 《孟子》 등과 함께 四書라고 命名하였다.

이들 四書중에 《論語》는 모두 20篇으로 이루어져 있는데, 《論語》의 편찬자에 대하여 漢代의 劉向(B.C.77~6)이 최초로 그의 《別錄》에서 "孔子의 제자들이 훌륭한 말씀들을 기록한 것"이라고 하였고, 後漢의 鄭玄(127~200)은 그의 《論語序》에서 '《論語》는 仲弓·子游·子夏 등이 撰定한 것'이라고 주장했다. 반면에 唐代의 柳宗元(773~819)은 《論語辨》에서 孔子와 曾子의 나이 차이 및 《論語》에는 오직 曾子와 有子만이 존칭으로 불리고 있다는 점 등을 근거로 삼아 《論語》의 편찬자가 曾子의 문인인 악정자춘樂正子春과 子思의 무리들이라고 주장하였다.

朱熹는 이러한 주장들을 이어받아 《論語序說》에서 程子의 말이라 하면서 《論語》는 有子와 曾子의 문인들에 의해 이루어진 것이라고 했다. 그러나 淸代의 최술崔述(1740~1816)은 《論語餘說》에서 《論語》 속의 의심스런 내용들에 대한 고증을 통하여 《論語》 20篇 중 前 10篇만이 有子와 曾子의 문인들이 기록한 것이고, 後 10篇은 후인들이 續記한 것이라고 주장하였다. 아무튼 《論語》가 한 시기 한 사람에 의해서 이루어진 책이 아니라는 사실만은 분명한 듯하다.

《孟子》는 司馬遷(B.C.145~86?)의 《史記·孟子荀卿列傳》에 의하면 孟子가 자신의 제자인 萬章의 무리들과 함께 《詩經》과 《書經》을 정리하고, 仲尼의 뜻을 조술祖述하여 지은 것으로 모두 7篇으로 구성되어 있다고 했다. 하지만 《漢書·藝文志·諸子略》에 《孟子》 11篇이 실려 있고, 응소應劭(約 153~196)의 《風俗通義·窮通》 편에 孟子가 《中外》 11篇의 책을 지었다고 하였다. 한편 《孟子》에 대한 최초의 주해서인 조기趙岐(約 108~201)의 《孟子題辭》에 孟子가 '7편의 책을 지었다.'고 했으니, 〈外書〉 4편은 後人들의 僞書임이 확실하다.

《中庸》은 본래 《禮記》의 제31篇에 들어있던 것이다. 사마천司馬遷의 《史記·孔子世家》에는 《中庸》의 작가를 孔子의 손자인 子思라고 했고, 二程子는 《中庸》을 '孔門에 전해 내려오는 심법心法'이라고 하였다. 朱熹는 이를 계승 발전시켜 《中庸章句》와 《中庸或問》을 지어서 《中庸》의 의미를 천명함과 동시에 이를 四書의 범주 안에 포함시켰다.

2. 《孟子》의 생애

맹자는 이름은 가軻이며 추鄒(지금의 산동성 추현鄒縣)나라 사람이다. 맹자의 생몰년生沒年·자字·사승관계師承關係·선조先祖 등에 관한 역사적인 기록이 부족하기 때문에 이를 자세히 알 수가 없다.

맹자의 생몰년生沒年은 확실치 않다. 특히 논란이 많은 맹자의 생년설에 대해 양택파楊澤波 교수는 그의 《맹자평전孟子評傳》에서 모두 아홉 가지로 분류하고 있다. 곧 元나라 장수張䇓의 B.C.444年說, 나근택羅根澤(1900~1960)의 B.C.438年說, 明나라 진사원陳士元(1516~1597)의 B.C.401年說, 明末 황종희黃宗羲(1610~1695)의 B.C.397年說, 전목錢穆(1895~1990)의 B.C.390年說, 淸나라 위원魏源(1794~1857)의 B.C.385年說, 淸나라 송

상봉宋翔鳳(1779~1860)의 B.C.382年說, 淸나라 장용臧庸(1767~1811)의 B.C.376年說 및 대다수 학자들이 인정하는 B.C.372年說 등이 있다. 몰년沒年에 대해서는 일반적으로 《孟氏譜》의 기록에 근거하여 맹자의 나이 82세에 해당하는 B.C.289年으로 인정되고 있다. 이처럼 맹자의 생년에 대해 다양한 주장들이 있으나 맹자 자신이 "孔子(B.C.552~B.C.479)로부터 지금에 이르기까지 백여 년이 되었다"(《孟子·盡心下》)라고 말한 내용에서 그가 살았던 시기를 어느 정도 추측할 수가 있다.

맹자의 字는 사마천司馬遷과 東漢의 조기趙岐 당시에 이미 자세히 상고할 수 없는 것으로 알려져 있다. 趙岐는 그의 《맹자제사孟子題辭》에서 "'맹孟'은 姓이고 '子'는 남자를 통칭하는 말이다. 孟, 姓也, 子者, 男子之通稱也."라고 했으며, 또한 "이름은 가軻이고, 字는 들어본 적이 없다. 名軻, 字則未聞也."라고 하였다. 그러다가 위진魏晉시대 이후에야 맹자의 字에 대한 언급이 시작되었다. 먼저 왕숙王肅(195~256)은 그의 《성징론聖徵論》과 《공총자孔叢子》에서 맹자의 字를 모두 '자거子車'라고 말하였다. 또한 진晉나라 부현傅玄(217~278)의 《부자傅子》에는 맹자의 字를 '자여子輿'라고 말함으로써 맹자의 字에 대해서 모두 '자거子車'·'자여字輿'·'자거子居'라는 주장들이 생겨났다.

대체적으로 맹자는 40세 이전까지는 제자의 교육에 전념하였고, 40세 이후에는 자신의 이상을 추구하기 위해 제齊·송宋·등滕·위魏·노魯·설薛나라 등을 찾아 유세遊說를 하였으며, 70세 이후에는 고향으로 돌아와 제자들과 저술에 힘썼다. 맹자의 유세 행렬에는 수 십 승乘의 수레가 뒤를 이었으며 따르는 제자도 수 백명이나 되었다. 맹자의 주요 제자는 모두 14명에 불과했고, 그 중에서도 노魯나라 사람인 악정자樂正子와 제齊나라 사람인 공손추公孫丑와 만장萬章은 맹자의 고제高弟들이다.

맹자는 약 25년간 천하를 두루 돌아다녔는데 그 중에서도 가장 오래 머물렀던 나라는 제齊나라와 양梁나라였다. 당시 齊나라의 도읍인 직하稷下에는 천하의 선비들이 모여 들었는데, 세상에서는 그들을 직하

선생稷下先生이라고 불렀다. 맹자는 齊나라의 위왕威王을 만나 요순堯舜의 道를 설명하였고 위왕威王도 맹자를 경卿으로 우대하였다. 하지만 위왕威王이 政事를 소홀히 하자 맹자는 齊나라를 떠나 추鄒나라로 돌아오고 만다. 그 후 다시 齊나라에 가서 선왕宣王을 만나 왕도정치王道政治를 폈으며, 선왕宣王이 맹자를 빈사賓師로 대우하였으나 벼슬을 내리지 않으므로 결국 다시 鄒나라로 돌아왔다.

한편 맹자는 노魯나라의 평공平公을 만나려 했으나 간신들이 모함으로 뜻을 이루지 못했으며, 다시 宋나라를 찾아갔으나 역시 뜻을 이루지 못했다. 맹자가 방문한 여러 나라 중에서 가장 좋은 대우를 받았던 곳은 소국인 등滕나라였다. 등滕나라 문공文公은 맹자를 상궁相宮에 머물도록 하면서 자신도 맹자의 가르침을 받아 인정仁政에 힘쓰려고 했으나 등滕나라가 소국이었기 때문에 맹자의 사상을 실현하기에는 한계가 있었다. 결국 맹자는 만년에 이르러 고향으로 돌아와 제자인 만장萬章과 공손추公孫丑와 더불어 《시경詩經》·《서경書經》·《맹자孟子》 7편을 저술하고 84세를 일기로 일생을 마쳤다.

3. 《孟子》의 저자

맹자의 저자에 대해서는 지금까지 정론定論이 없으나 대략 다음 세 가지 주장으로 나눌 수 있다.

첫째, 《맹자孟子》는 맹자 자신이 직접 저술하였다는 주장이다. 이는 최초의 《孟子》 주해서를 쓴 조기趙岐(약 108~201)의 《맹자제사孟子題辭》의 내용에 근거한 것이다. 趙岐는 "이 책은 맹자가 지은 것이다. 그러므로 총괄해서 《孟子》라고 부른다. 此書, 孟子之所作也. 故總謂之孟子."라고 했고, 또한 "이에 물러나 고제高弟인 공손추公孫丑·만장萬章의 무리들과 의심난 것을 묻고 답했던 것을 모은 다음, 또한 스스로 법도에 맞는 내용들을 찬술하여 《孟子》 7편을 지었다. 於是, 退而論集所與

高第弟子公孫丑萬章之徒, 難疑答問, 又自撰其法度之言, 著書七篇."라고 하였다. 이러한 주장은 송대 주희朱熹(1130~1200)와 清代 염약거閻若擄(1636~1704)에 의해 계승 발전되었다.

둘째, 《맹자孟子》는 맹자 자신이 지은 것이 아니라 맹자 사후 그의 제자인 만장萬章과 공손추公孫丑의 무리들이 편찬하였다는 주장이다. 이는 唐나라 한유韓愈(768~824)와 장적張籍(765?~830?), 宋나라 소철蘇轍(1039~1112)과 조공무晁公武(1144?)의 《군재독서지郡齋讀書志》, 청나라 최술崔述(1740~1816)의 《맹자사실록孟子事實錄》 등의 기록에 근거한다. 한유는 그의 〈答張籍書〉에서 "맹가孟軻의 책은 맹가孟軻 자신이 지은 것이 아니다. 맹가孟軻가 이미 죽은 후 그의 제자인 만장萬章과 공손추公孫丑가 서로 함께 맹가가 했던 말들을 기록했을 뿐이다. 孟軻之書, 非軻自著. 軻旣歿, 其徒萬章公孫丑相與記軻所言焉耳."라고 말했다.

셋째, 《맹자孟子》는 맹자가 제자들의 도움을 받아 함께 저술하였으며, 제자들의 글도 일부 포함되어 있다고 하는 주장이다. 이는 사마천의 《史記·孟子荀卿列傳》의 기록에 의거하고 있는데, 사마천은 "물러나 만장萬章의 무리들과 함께 《시경詩經》·《서경書經》을 정리하고 孔子의 뜻을 계승하여 《맹자孟子》 7편을 지었다. 退而與萬章之徒序詩書, 述仲尼之意, 作孟子七篇."라고 하였다. 하지만 엄밀히 말해서 사마천의 이러한 주장은 두 가지로 해석이 가능하다. 먼저 맹자가 자신의 제자들과 함께 《孟子》를 완성했다고 해석할 수 있는 반면에 맹자가 자신의 제자들과 함께 《시경詩經》과 《서경書經》을 정리하면서 스스로 《孟子》를 지었다고도 해석할 수 있다. 앞서 趙岐의 주장은 사실상 후자의 해석에 중점을 둔 것이라고 볼 수 있다.

위의 세 가지 견해 중에서 세 번째 주장이 가장 설득력이 있다고 할 수 있다. 맹자가 만년에 제자들과 함께 《시경詩經》·《서경書經》을 연구하면서 학설을 토론했으므로 당연히 이에 대한 기록이 있을 수 있고, 여기에 제자들이 보충과 정리 작업을 했을 가능성이 있다. 朱熹

또한 《주자어류朱子語類》에서 《孟子》 7편은 맹자 자신의 손으로 이루어졌지만, '맹자는 性善을 주장하면서 반드시 요순堯舜을 들어 말하였다.'고 하면서, '아마도 그것은 그의 제자들이 기록한 것이기 때문에 그러한 것 같다.'라고 말하였다. 그러므로 《맹자》의 작자에 대한 주장은 세 번째 주장이 가장 타당성이 크다고 할 수 있다.

4. 《孟子》의 구성

《孟子》의 편수에 대해서는 '7篇' 說과 '11篇' 說이 있다. 사마천의 《史記·孟子荀卿列傳》에는 七篇이라 했고, 반고班固(32~92)의 《漢書·藝文志》에는 11편이라고 했는데, 모두 편명이 기록되어 있지 않다. 또한 응소應劭(약 153~196)의 《풍속통의風俗通義·궁통窮通》 편에서도 맹자가 "《중외中外》11편의 책을 지었다"고 하였다.

그러나 조기趙岐는 《孟子題辭》에서 《史記》에 실리지 않은 이들 4篇을 〈外書〉라고 주장하면서 말하기를 "또한 《外書》 7편이 있는데, 곧 〈性善辯〉·〈文說〉·〈孝經〉·〈爲政〉 편이다. 하지만 그 글이 박대정심博大精深하지 못하고 내편內篇과 비슷하지 않으니, 《孟子》의 본모습이 아니며 후세 사람들이 모방하고 의탁해서 지은 것 같다. 又有外書四篇, 性善辯文說孝經爲政. 其文不能宏深, 不與內篇相似, 似非孟子本眞, 後世依放而托之者也."라고 하였다.

사실 《孟子》의 모든 편명은 《論語》와 마찬가지로 매 편 앞머리의 두 세 字 중에서 취한 것으로 본문의 내용과는 직접적인 관계가 없다. 하지만 이 4편의 편명은 모두 함축적인 의미를 지니고 있기 때문에 다른 7편의 편명과는 그 성격이 크게 다르다고 할 수 있다. 이들 4편의 편명은 모두 맹자사상이 깊이 반영된 것으로, 특히 〈性善〉과 〈爲政〉은 맹자사상의 핵심이다. 이런 의미에서 《孟子》는 본디 7편이었는데, 뒤에 後人이 지은 4편이 더해져서 11편이 된 것으로 보인다.

한편 조기趙岐는 《맹자孟子》 7편이 모두 261章 34,685字로 구성되어 있다고 했으며, 청대 초순焦循(1763~1820)의 《孟子正義》도 조기趙岐의 주장을 따르고 있다. 하지만 주희朱熹의 《孟子集註》에서는 260章으로 삼고 있으며 대부분의 판본들도 이를 따르고 있는데, 그 이유는 조기趙岐가 〈盡心 上〉 章의 "孟子自范之齊"와 "王子宮室"을 두 章으로 나누었지만 朱熹는 이를 한 章으로 삼았을 뿐 내용상에는 별다른 차이가 없기 때문이다.

5. 《孟子》의 사상

(1) 孟子의 천인관天人觀

'천인관天人觀'은 선진제자先秦諸子들의 공통된 화제 중의 하나였다. 맹자의 天人觀은 기본적으로 孔子의 "아래로 인사人事를 배우고 위로 천명天命을 안다. 下學而上達"(《論語·季問》)라고 하는 사상, 곧 사람으로 말미암아 하늘에 미치는 길을 계승한 것이다.

맹자는 "그 마음을 다하는 자는 그 본성本性을 알게 되며, 그 본성本性을 알면 천명天命을 알게 된다. 그 마음을 보존하여 그 본성本性을 기르는 것이 하늘을 섬기는 바이다. 盡其心者, 知其性也. 知其性, 則知天矣. 存其心, 養其性, 所以事天也."(〈盡心 上〉)라고 하였는데, 이를 도덕道德과 의리義理의 측면에서 보면 맹자의 '天'은 일종의 인간을 초월한 외적인 존재이며, 만물을 주재하는 무형의 힘이다. 또한 맹자는 "德있는 군자가 공업功業을 세워 자손에게 전하는 것은 이를 대대로 계승하기 위한 것이지만, 그 성공 여부는 천명天命에 달려 있다. 君子創業垂統, 爲可繼也. 若夫成功, 則天也."(〈梁惠王 下〉)라고 했고, "천도天道에 순종하면 살아남고 천도天道에 거스르면 망한다. 順天者存, 逆天者亡."(〈離婁 上〉)라고 하였는데, 바로 이런 점 때문에 사람이 '하늘을 섬겨야 한다. 事天'고 주장하였다.

맹자는 한편으로 하늘의 역량力量에 대해 무한한 경외심敬畏心을 지니고 있으면서 동시에 천인관天人觀에서 사람의 역할을 더욱 중시하였다. 이 점은 맹자의 "인의예지仁義禮智는 외부로부터 나에게 녹아 들어오는 것이 아니라, 내가 본디 지니고 있는 것이다. 仁義禮智, 非由外鑠我也, 我固有之也."(《告子 上》)라고 주장에서 잘 알 수 있다. 또한 맹자는 '마음을 다하고(盡心)' '본성本性을 알아야 한다(知性)'는 점을 강조하면서, 사단四端을 확충해 나가면 사람의 本性을 이해할 수 있다고 하였다. 이런 의미에서 하늘과 인간이 비록 상대적으로 독립된 존재이지만 맹자에게는 이미 융합적 추향趨向을 보이고 있다고 할 수 있다.

(2) 孟子의 성선론性善論

성선론性善論은 맹자철학의 핵심사상이다. 人性 문제에 대해 열띤 논의가 벌어졌던 춘추전국시대에 맹자는 孔子의 "사람의 본성本性은 서로 비슷하나, 습성習性에 의해 서로 멀어지게 된다. 性相近也, 習相遠也."(《論語·陽貨》)의 주장을 계승하여 고자告子와 인성문제人性問題를 두고 일대 논쟁을 벌였다.

고자告子는 인성人性이란 선善도 없고 불선不善도 없으며, 인의仁義와도 아무런 관계가 없다고 여겼다. 또한 그는 인성人性을 사람이나 동물의 본능 혹은 욕망으로 간주하며, "타고난 것을 본성本性이라 한다. 生之謂性"와 "음식과 여색女色은 본성本性이다. 食色, 性也"라는 명제를 제기했다.

이에 대해 맹자는 정면으로 고자告子의 주장에 반박하면서 사람과 동물 사이에는 본질적인 차이가 존재한다고 여겼다. 곧 사람에게는 구복口腹과 의식衣食의 욕망이 있을 뿐만 아니라, 선량善良한 본성本性이 있다는 사실이 더욱 중요하다는 점을 강조하였다. 맹자가 말하기를,

사람에게는 모두 남을 차마하지 못하는 마음이 있다. 선왕先王에게 남을 차마하지 못하는 마음이 있었기 때문에 이에 남을 차마하지 못하는 政事가 있었던 것이다. 남을 차마하지 못하는 마음으로 남을 차마하지 못하는 政事를 행하면 天下를 다스리는 일이 마치 손바닥 위에 올려놓은 것처럼 쉬울 것이다.

사람들 모두에게 남을 차마하지 못하는 마음이 있다고 말하는 이유는, 예를 들어 어떤 사람이 갑자기 어린아이가 막 우물에 빠지려고 하는 모습을 보면 모두 놀라고 측은惻隱하게 여기는 마음이 생기게 된다. 이런 마음이 일어나는 이유는 어린아이의 부모와 사귀기 위한 것이 아니며, 향당鄕黨의 붕우朋友들에게 명예를 구하려는 것도 아니며, 그 어린아이의 우는 소리가 싫어서 그런 것도 아니다.

이것으로 말미암아 살피면, 측은지심惻隱之心이 없으면 사람이 아니며, 수오지심羞惡之心이 없으면 사람이 아니며, 사양지심辭讓之心이 없으면 사람이 아니며, 시비지심是非之心이 없으면 사람이 아니다. 측은지심은 仁의 실마리요, 수오지심은 義의 실마리요, 사양지심은 禮의 실마리요, 시비지심은 智의 실마리이다. 사람에게 이 사단四端이 있는 것은 마치 사람에게 사지四肢가 있는 것과 같은 이치이다.

人皆有不忍人之心. 先王有不忍人之心, 斯有不忍人之政矣. 以不忍人之心, 行不忍人之政, 治天下, 可運之掌上. 所以謂人皆有不忍人之心者, 今人乍見孺子將入於井, 皆有怵惕惻隱之心, 非所以內交於孺子之父母也, 非所以要譽於鄕黨朋友也, 非惡其聲而然也. 由是觀之, 無惻隱之心, 非人也; 無羞惡之心, 非人也; 無辭讓之心, 非人也; 無是非之心, 非人也. 惻隱之心, 仁之端也; 羞惡之心, 義之端也; 辭讓之心, 禮之端也; 是非之心, 智之端也. 人之有是四端也, 猶其有四體也."(〈公孫丑 上〉)

라고 말했다. 맹자는 사람마다 모두 천성적으로 '남을 차마하지 못하는 마음(不忍人之心)'이 있으며, 나아가 이러한 '不忍人之心'은 구체적으로 사단四端, 곧 '측은지심惻隱之心'과 '수오지심羞惡之心'과 '사양지심辭讓之心'과 '시비지심是非之心'을 포괄하고 있다고 여겼다. 만일 사람에게 이러한 사단四端이 없으면 이는 금수禽獸와 다름이 없는 것이다. 동시에 이 사단四端은 사람이 선천적으로 타고난 것이어서 사람에게 사단四端이 있는 것은 마치 사지四肢를 갖추고 태어난 것처럼 자연스러운 것이다. 그러므로 맹자는 사람의 성선性善이란 타고난 것이지 후천적으로 형성된 것이 아니라고 주장하였다.

(3) 孟子의 仁政說

성선론性善論의 기초위에 맹자는 그의 정치사상을 주장했다. 맹자는 모든 사람들에게 '不忍人之心'이 있고, 선왕先王에게 '不忍人之心'이 있기 때문에 이에 '不忍人之政'이 있다고 하였으며, 또한 이러한 '不忍人之心'으로 '不忍人之政'을 행하면 天下를 마치 손바닥 위에 올려놓은 것처럼 쉽게 다스릴 수 있다고 주장했다. 여기에서 말하는 '不忍人之心'은 곧 '선심善心'이며, '不忍人之政'은 바로 '인정仁政'을 말한다.

인정仁政은 바로 맹자 정치사상의 핵심이며, 공자의 인학仁學 사상을 더욱 발전시킨 것이다. 맹자는 특히 백성의 존재를 중시하며 말하기를 "제후에게 보배 세 가지가 있으니, 토지와 백성과 政事이다. 만일 제후가 진주珍珠와 미옥美玉을 보배로 여긴다면 재앙이 반드시 그 몸에 미칠 것이다. 諸侯之寶三, 土地人民政事. 寶珠玉者, 殃必及身."(〈盡心 下〉) 라고 하였다. 곧 '백성'은 제후국의 세 가지 보배 중의 하나로서 만일 제후가 백성을 중시하지 않는다면 재앙이 반드시 그 몸에 미칠 것이라고 경고하고 있다.

이처럼 민본사상民本思想을 중시한 맹자는 나아가 더욱 대담하게 '민귀군경民貴君輕'이라는 혁신적 주장을 하게 된다. 맹자는 "백성이 귀하고 사직이 다음이며 人君은 가볍다. 民爲貴, 社稷次之, 君爲輕"(〈盡心 下〉)라고 주장함으로써 백성을 가장 우선하고 人君은 사직社稷보다도 가벼운 마지막 자리에 두었다. 맹자는 특히 최고 통치자인 人君이 백성들의 생각을 대변하고 백성들의 이익을 보장해야 한다고 강조했다.

곧 人君이 民心을 얻기 위해서는 무엇보다도 "백성들이 원하는 것을 그들을 위해 쌓으며, 백성들이 싫어하는 것을 그들에게 베풀지 말아야 한다. 所欲與之聚之, 所惡勿施爾也."(〈離婁 上〉)라는 태도를 견지함과 동시에 "백성들의 즐거움을 나의 즐거움으로 삼고, 백성들의 근심을 나의 근심으로 삼는다. 樂民之樂, 憂民之憂"는 정치를 해야 한다고 주장했다. 심지어 만일 人君에게 돌이킬 수 없는 커다란 허물이 있다면 그런 人君은 감히 축출하고 德있는 새로운 人君을 세울 수도 있으며, 잔학殘虐한 人君은 더 이상 人君이라고 부를 필요도 없다고 주장하였다.

예를 들어 당시 齊나라 선왕宣王이 탕왕湯王과 무왕武王의 혁명을 두고 "신하가 人君을 시해弑害할 수도 있습니까?"라고 묻자, 맹자는 지체 없이 답하기를 "大梁을 해치는 자를 '적賊'이라 하고, 의義를 무너뜨린 자를 '잔殘'이라 하며, 仁을 해치고 義를 무너뜨린 자를 '일부一夫'라고 합니다. 일부一夫인 주紂를 주벌誅罰했다는 말은 들었어도 人君을 시해弑害했다는 말은 듣지 못했습니다. 賊仁者謂之賊, 賊義者謂之殘, 殘賊之人謂之一夫. 聞誅一夫紂矣, 未聞弑君也."라고 하였다. 이처럼 무도한 상商나라 주왕紂王을 감히 '一夫'라고 칭한 맹자의 주장은 당시로서는 군권君權에 대해 대담한 도전이라고 볼 수 있다.

나라를 다스리는 방면에 있어서 맹자는 선왕先王을 법으로 삼아 왕도정치王道政治를 내세우면서 패도정치覇道政治를 반대하였다. 그는 "나의 노인을 노인으로 여겨 남의 노인에게 미치며, 나의 어린아이를 어린아이로 여겨 남의 어린아이에게 미치면, 天下를 손바닥에 놓고 움직일 수 있다. 老吾老, 以及人之老, 幼吾幼以及人之幼, 天下可運於掌."라는 대일통大一統 사회를 이상향으로 삼았다. 동시에 왕도정치를 실현하기 위해서는 "백성을 보전하여 왕노릇을 하면 천하에 막을 자가 없다. 保民而王, 莫之能禦也"는 점과 "인정仁政을 행하여 왕노릇을 하면 천하에 막을 자가 없다. 行仁政而王, 莫之能禦也"(〈公孫丑 上〉)는 점을 내세워 '보민保民'과 '인정仁政'을 강조했다. 그리고 이러한 이상사회를 실현하기 위한 구체적인 방법으로 맹자는 "백성들의 재산을 제정(制民之產)" 하는 경제정책을 펴야 하고, 정전제井田制를 시행하여 백성들에게 일정한 토지와 재산을 나눠줌으로써 그들의 온포溫飽문제를 해결해야 한다고 역설했다. 또한 백성들의 부세賦稅와 상인들의 관세關稅를 경감하여 농업생산과 상업발전을 촉진해야 한다고 주장했다.

참고문헌

宋 程顥 程頤 撰, 《二程集》, 中華書局本, 1983.
宋 朱熹 撰, 《四書章句集注》, 中華書局本, 1983.
宋 朱熹 撰, 《朱子語類》, 中華書局本, 1983.
明 王守仁 撰, 《王文正公全集》, 中華書局本, 1983.
清 阮元 撰, 《十三經注疏》, 中華書局本.
鄧林 著, 祁文友 重校, 《新訂四書補註備旨》, 上海 天寶書局, 1915.
陳蒲清 譯註, 《四書》, 花城出版社, 1998.
楊伯峻 著, 《孟子譯注》, 北京, 中華書局, 2000.

孟子集註
序說

史記列傳曰 孟軻는 騶人也니 受業子思之門人하다

《史記·孟子荀卿列傳》에 가로되 "맹가孟軻는 추騶나라 사람이니, 자사子思의 문인에게 수업하였다.

趙氏曰 孟子는 魯公族孟孫之後라 漢書註云 字는 子車라 하고 一說에 字는 子輿라 하니라 騶亦作鄒하니 本邾國也라 子思는 孔子之孫이니 名은 伋이라 索隱云 王劭는 以人爲衍字라 하고 而趙氏注及孔叢子等書에 亦皆云 孟子親受業於子思라 하니 未知是否라

조씨趙氏 가로되 "孟子는 노魯나라의 공족公族인 맹손孟孫의 후예이다." 《漢書》 註에 '字는 자거子車이다.'라고 했는데, 일설一說에는 字가 자여子輿라고 한다. '추騶'는 또한 '추鄒'라고 하니 본래는 주국邾國이다. 자사子思는 孔子의 손자이며 이름은 급伋이다.

사마정司馬貞의 《史記索隱》에 이르기를 '왕소王劭는 人을 연자衍字이다.'라고 하였고, 趙氏의 注 및 공부孔鮒가 지은 《孔叢子》 등의 책에서는 또한 모두 이르기를 '孟子가 친히 子思에게 수업하였다.'라고 했으니, 그 사실 여부는 알 수 없다.

주해

- 受業(수업) : 스승을 모시고 공부하다.

《孟子·告子下》 편에 나온다. "交(曹交)得見於鄒君, 可以假館, 願留而受業於門." 《史記·孔子世家》에도 나온다. "孔子不仕, 退而脩詩書禮樂, 弟子彌衆, 至自遠方, 莫不受業焉." 鄒(나라이름 추) 彌(더욱 미)

● 公族(공족) : 제후 또는 군왕의 동족同族을 말한다.
《詩·魏風·汾沮洳》에 나온다. "殊異乎公族." 이에 대해 毛傳에 "公族, 公屬." 이라 했고, 鄭玄의 箋에 "公族, 主君同姓昭穆也."라고 풀이했다.
● 伋(사람이름 급) 劭(힘쓸 소) 衍(넘칠 연)

道旣通에

"道를 이미 통달하시자,"

趙氏曰 孟子ㅣ通五經하고 尤長於詩書라
程子曰 孟子曰 可以仕則仕하고 可以止則止하고 可以久則久하고 可以速則速은 孔子라 하시니, 聖之時者也라 故로 知易者ㅣ莫如孟子라 又曰 王者之迹이 熄而詩亡하고 詩亡然後에 春秋作이라 하시고 又曰 春秋無義戰이라 하시며 又曰 春秋天子之事라 하시니 故로 知春秋者ㅣ莫如孟子시니라
尹氏曰 以此而言이면 則趙氏謂孟子長於詩書而已라 하니 豈知孟子者哉리오

趙氏 가로되 "孟子는 오경五經에 통달하였고 특히 시서詩書에 뛰어났다."
程子 가로되 "孟子께서 말씀하시기를 '가히 벼슬할 만하면 벼슬을 하고, 가히 그칠 만하면 그치며, 가히 오래 머무를 만하면 오래 머물고, 가히 빨리 떠날 만하면 빨리 떠나신 분은 孔子시니라 하시니, 때에 맞게 하는 성인이므로 《周易》을 아는 자는 孟子와 같은 분이 없다. 또 말씀하시기를 王者의 자취가 종식됨에 詩가 없어졌으니 詩가 없어진 후에 《春秋》가 지어졌다.'고 하셨다. 또 말씀하시기를 '춘추시대春秋時代

에는 의로운 전쟁이 없었다.'라고 하셨다. 또 말씀하시기를 '《春秋》는 天子의 일이다.'라고 하셨다. 그러므로 《春秋》를 아는 자는 孟子와 같은 분이 없다."

尹氏 가로되 "이것으로 말하자면 趙氏는 孟子께서 시서詩書에만 뛰어났을 뿐이라고 말했으니 어찌 孟子를 아는 자이리오?"

주해

● 可以仕則仕, 可以止則止 : 《孟子·公孫丑上》에 나온다.
"可以仕則仕, 可以止則止, 可以久則久, 可以速則速, 孔子也, 皆古聖人也."

● 詩亡然後, 春秋作 : 《孟子·離婁下》 편에 나온다.
"王者之跡, 熄而詩亡, 詩亡然後, 春秋作." 跡(자취 적) 熄(없어질 식)

● 春秋無義戰 : 《孟子·盡心下》 편에 나온다.
"春秋無義戰. 彼善於此, 則有之矣. 征者, 上伐下也, 敵國不相征也."

● 春秋天子之事 : 《孟子·滕文公下》 편에 나온다.
"世衰道微, 邪說暴行有作, 臣弑其君者有之, 子弑其父者有之. 孔子懼, 作《春秋》.《春秋》, 天子之事也. 是故, 孔子曰: 知我者其惟《春秋》乎! 罪我者其惟《春秋》乎!" 弑(죽일 시) 懼(두려워할 구)

游事齊宣王하되 宣王不能用하고 適梁하되 梁惠王不果所言하니 則見以爲迂遠而闊於事情이라

"제齊나라 선왕宣王을 섬겼으나 선왕宣王이 쓰지 못하였고, 양梁나라로 갔으나 양梁나라 혜왕惠王이 孟子께서 말씀한 바를 실현하지 못하였으니, 우원迂遠하여 현실에 부합되지 않는다고 여겨졌기 때문이다."

주해

● 游事(유사) : 천하를 주유周遊하면서 자신의 정치적 이상을 실현할 수 있는 人君을 찾아 다니는 일.
《商君書·墾令》에 나온다. "不可以辟役, 而大官未可必得也, 則餘子不遊事人, 則必農. 農則草必墾矣," 墾(개간할 간)

● 迂遠(우원) : 현실에 맞지 않다. '우활迂闊'과 같다. 迂(멀 우) 闊(멀 활)
《漢書·王吉傳》에 나온다. "上以其言迂闊, 不甚寵異也." 寵(사랑할 총)

● 果(실현할 과)

按史記컨대 梁惠王之三十五年乙酉에 孟子ㅣ始至梁하시고 其後二十三年 當齊湣王之十年丁未에 齊人伐燕이어늘 而孟子ㅣ在齊라 故로 古史謂 孟子ㅣ先事齊宣王하고 後乃見梁惠王襄王齊湣王이라 하니라
獨孟子以伐燕爲宣王時事는 與史記 荀子等書로 皆不合하고 而通鑑에 以伐燕之歲爲宣王十九年하니 則是孟子ㅣ先游梁하고 而後至齊見宣王矣라 然이나 考異亦無他據하니 又未知孰是也라

《史記》를 살피건대, 양梁나라 혜왕惠王 35년 을유乙酉에 孟子께서 처음으로 양梁나라에 이르렀고, 그 후 23년에 제齊나라 민왕湣王 10년 정미丁未에 제나라 사람이 연燕나라를 침벌侵伐할 때 孟子께서 제齊나라에 있었다. 그러므로 고사古史에 이르기를 '孟子가 먼저 제齊나라 선왕宣王을 섬겼고, 나중에 양梁나라 혜왕惠王、양왕襄王、제齊나라 민왕湣王 등을 만났다.'고 하였다.

다만《孟子》에 연燕나라를 침벌侵伐한 일이 선왕宣王 때의 일이라고 한 것은《史記》와《荀子》등의 책과 모두 부합되지 않으며, 또한《通

鑑》에 연燕나라를 침벌한 해가 선왕宣王 19년이라고 했다. 그러므로 이는 孟子께서 먼저 양梁나라를 유사游事하셨고 나중에 제齊나라에 이르러 선왕宣王을 만난 것이다. 그러나 차이점을 상고하는데 또한 다른 근거가 없으니 또 어느 것이 옳은지를 알 수 없다.

주해

● 齊湣王(제민왕, ?~B.C.284) : 본명은 전지田地. 제齊나라 선왕宣王의 아들이다. B.C. 301년에 즉위하였고, 재위기간은 17년이다. 湣(시호 민)

當是之時하여 秦用商鞅하고 楚魏用吳起하고 齊用孫子田忌하여 天下方務於合從連衡하여 以攻伐爲賢이어늘 而孟軻ㅣ乃述唐虞三代之德하시니 是以로 所如者ㅣ不合일새 退而與萬章之徒로 序詩書하고 述仲尼之意하사 作孟子七篇하시니라

"이 때를 당하여 진秦나라는 상앙商鞅을 등용하고, 초楚나라와 위魏나라는 오기吳起를 등용하고 제齊나라는 손자孫子와 전기田忌를 등용하여 天下가 바야흐로 합종연형合從連衡에 힘써 공격하고 침벌侵伐하는 것으로 현명하다고 여겼거늘
맹가孟軻는 이에 당우唐虞와 하은주夏殷周 삼대三代의 덕德을 기술하셨다. 이 때문에 가는 곳마다 뜻과 부합되지 못하여 마침내 만장萬章의 무리들과 함께 《詩經》을 서술하고 중니仲尼의 뜻을 천술闡述하여 《孟子》 7篇을 지으셨다."

趙氏曰 凡二百六十一章에 三萬四千六百八十五字라
韓子曰 孟軻之書는 非軻自著라 軻ㅣ旣沒에 其徒萬章公孫丑ㅣ相與記軻所言焉耳라
愚按 二說不同하니 史記近是라

趙氏 가로되 "모두 261章에 34,685字이다."

韓子(한유韓愈) 가로되 "맹가孟軻의 글은 맹가孟軻 자신이 지은 것이 아니다. 맹가孟軻가 이미 죽고 나서 그 문도門徒인 만장萬章과 공손추公孫丑가 서로 함께 맹가孟軻의 말을 기록하였을 뿐이다."

내 살피건대 두 說의 내용이 같지 않으니, 《史記》에서 말한 내용이 더 옳은 것 같다.

주해

- 攻伐(공벌) : 공격과 정벌. 伐(칠 벌)
  《國語·周語上》에 나온다. "於是乎有刑罰之辟, 有攻伐之兵." 辟(법 법)
- 合從連衡(합종연형) : '합종책合從策'과 '연형책連衡策'. 또한 '합종연횡合縱連橫'이라고도 한다. 衡(저울대 형) 縱(놓을 종)
  소진蘇秦의 '합종책'은 전국시대戰國時代에 제齊·연燕·조趙·한韓·위魏·초楚 등 6國의 제후들이 강대한 진秦나라와 대결하기 위한 공수동맹이다. 장의張儀의 '연횡책'은 곧 육국六國의 제후들이 횡적으로 각각 진秦나라와 동맹을 맺는 전략이다.
- 唐虞(당우) : 당요唐堯와 우순虞舜. 곧 고대의 태평성대로 일컬어지는 요堯와 순舜의 시대를 말한다.
  《論語·泰伯》 편에 나온다. "唐虞之際, 於斯爲盛."
  《史記·汲鄭列傳》에도 나온다. "陛下內多欲而外施仁義, 奈何欲效唐虞之治乎!" 陛(섬돌 폐) 奈(어찌 내)

韓子曰 堯는 以是傳之舜하시고 舜은 以是傳之禹하시고 禹는 以是傳之湯하시고 湯은 以是傳之文武周公하시고 文武周公은 傳之孔子하시고 孔子는 傳之孟軻러시니 軻之死에 不得其傳焉이라 荀與揚也는 擇焉而不精하고 語焉而不詳하니라

한자韓子(한유韓愈) 가로되 "요堯는 이로써 순舜에게 전하시고, 순舜은 이로써 우禹에게 전하시고, 우禹는 이로써 탕湯에게 전하시고, 탕湯은 이로써 文王·武王·周公에게 전하시고, 文王·武王·周公은 이를 孔子에게 전하시고, 孔子는 이를 맹가孟軻에게 전하셨다. 하지만 맹가孟軻가 죽자 그 道가 전해지지 못하였다.
순자荀子와 양자揚子(양웅揚雄)는 성인의 道를 택하기는 했으나 정밀하지 못하였고 말은 남겼으나 자상하지가 못하였다."

程子曰 韓子此語는 非是蹈襲前人이요 又非鑿空撰得出이니 必有所見이라 若無所見이면 不知言所傳者ㅣ何事리라

程子 가로되 "한자韓子의 이 말은 前人들의 말을 도습蹈襲한 것이 아니며, 또한 천착하여 기술한 것도 아니니 필시 체득한 바가 있는 것이다. 만일 체득한 바가 없다면 말로 전하려는 것이 무슨 일인지를 알 수 없을 것이다."

주해

● 蹈襲(도습) : '인순因循' 또는 '연습沿襲'과 같다. 蹈(밟을 도) 襲(이을 습)

宋나라 매요신梅堯臣의 《讀裴如晦 〈萬里集〉 書其後》 詩에 나온다. "其詩二百篇, 文字必己立, 定應侔前人, 未嘗有蹈襲." 侔(취할 모)

- 鑿空(착공) : 근거없이 공론空論을 일삼다. 곧 견강부회牽强附會의 뜻이다. '천착穿鑿'과 같다. 鑿(뚫을 착) 穿(뚫을 천)

  唐나라 한유韓愈의 《答劉秀才論史書》에 나온다. "巧造語言, 鑿空構立善惡事跡." 跡(자취 적)

  宋나라 소식蘇軾의 《上神宗皇帝書》에도 나온다. "今欲鑿空訪尋水利, 所謂卽鹿無虞, 豈惟徒勞, 必大煩擾." 擾(어지러울 요)

又曰 孟氏는 醇乎醇者也요 荀與揚는 大醇而小疵라

또 가로되 "맹씨孟氏는 순수하고도 순수한 자요, 순자荀子와 양자揚子는 대체적으로 순수하나 조금 흠이 있다."

程子曰 韓子ㅣ論孟子는 甚善하니 非見得孟子意면 亦道不到로되 其論荀揚則非也라 荀子는 極偏駁하여 只一句性惡이니 大本已失이요 揚子는 雖少過나 然이나 亦不識性이니 更說甚道리오

程子 가로되 "한자韓子가 孟子를 논한 것은 매우 타당하니, 孟子의 뜻을 깊이 체득하지 못했다면 또한 이렇게 말할 수 없을 것이다.

그러나 한자韓子가 순자荀子와 양자揚子를 논한 것은 잘못된 것이다. 순자荀子는 극히 치우치고 어긋나서 다만 일구一句의 성악性惡만을 논했으니 대본大本을 이미 잃은 것이다. 양자揚子는 비록 허물이 적다고 하나 또한 성性을 알지 못했으니 다시 무슨 道를 말할 수 있으리오!"

주해

- 大醇小疵(대순소자) : 대체적으로 순정純正하나 약간의 흠결欠缺이 있다. 醇(순일할 순) 疵(흠 자)
  宋나라 강기姜夔의 《白石詩話》에 나온다. "不知詩病, 何由能詩? 不觀詩法, 何由知病? 名家者各有一病, 大醇小疵, 差可耳." 夔(조심할 기)
- 見得(견득) : 알다. 이해하다.
  元나라 범강范康의 《竹葉舟》 楔子에 나온다. "那終南山青龍寺有個惠安長老, 他與小生同鄉, 甚是交好……或者他肯濟助我, 也未見得." 楔(문설주 설)
- 偏駁(편박) : 한쪽으로 치우쳐 어긋나다. 보편적이지 못하다. 偏(치우칠 편) 駁(어긋날 박)
  漢나라 유향劉向의 《說苑·至公》에 나온다. "所以自奉者, 殫天下, 竭民力, 偏駁自私, 不能以及人." 殫(다할 탄)
  《漢書·穀永傳》에도 나온다. "抗湛溺之意, 解偏駁之愛." 이에 대해 안사고顔師古의 注에 "駁, 不周普也."라고 풀이했다. 湛(즐길 담) 溺(빠질 닉)
- 大本(대본) : 근본根本. 사물의 기초.
  《荀子·强國》에 나온다. "故爲人上者, 必將愼禮義務忠信然後可, 此君人者之大本也."
- 道(말할 도)

又曰 孔子之道ㅣ大而能博하여 門弟子ㅣ不能偏觀而盡識也라 故로 學焉에 而皆得其性之所近이러니 其後離散하여 分處諸侯之國할새 又各以其所能으로 授弟子하니 源遠而末益分이라 惟孟軻ㅣ師子思而子思之學은 出於曾子하니 自孔子沒로 獨孟軻氏之傳이 得其宗이라

故로 求觀聖人之道者는 必自孟子始니라

또 가로되 "孔子의 道가 크고 넓어서 門下의 제자들이 능히 두루 살펴서 다 알지 못하였다. 그러므로 처음 배울 때는 모두 그 性의 가까운 바를 얻었으나 그 뒤로 서로 흩어져 여러 제후국諸侯國에 나누어 거처하면서 또한 각각 그 능한 바를 제자들에게 전수하니 근원에서 멀어질수록 끝이 더욱 나뉘어지게 되었다.

오직 맹가孟軻가 자사子思를 사사師事하였고 자사子思의 학문이 曾子에게 나왔으니, 孔子께서 돌아가신 뒤로 유독 맹가孟軻의 전수傳受가 그 종통宗統을 얻게 되었다. 그러므로 聖人의 道를 구하여 살피려는 자는 반드시 孟子로부터 시작해야 한다."

程子曰 孔子言參也魯라하시나 然이나 顔子沒後에 終得聖人之道者는 曾子也라 觀其啓手足時之言컨대 可以見矣니 所傳者子思孟子ㅣ皆其學也라

程子 가로되 "孔子께서 증삼曾參(증자曾子)은 노둔魯鈍하다고 말씀하였으나, 그러나 안자顔子(안연顔淵)가 돌아가신 후에 결국 聖人의 道를 얻은 자는 증자曾子였다. 이러한 사실은 曾子가 임종 시에 제자들에게 이불을 걷고 자신의 手足을 살펴보라고 한 말에서 알 수가 있다. 자사子思와 맹자孟子에게 전한 것이 모두 曾子의 학문이다.

주해

● 偏觀(편관) : 두루 살피다. 偏(두루 편)
唐나라 한유韓愈의 《送王秀才序》에 나오는 말이다. "吾常以爲孔子之道, 大而能博, 門弟子不能偏觀而盡識也."
원래 《史記·蘇秦列傳》에 나온다. "乃閉室不出, 出其書偏觀之."

● 啓手足(계수족) : 이불을 걷고 손과 발을 보이다. 곧 曾子가 임종할 때 제자들을 불러 놓고 이불을 걷어 자신의 손과 발을 보게 하였다는 고사에서 나온 말이다. '啓手啓足'과 같다.

《論語·泰伯》 편에 나온다. "曾子有疾, 召門弟子曰 '啓予足! 啓予手!'" 이에 대해 朱熹의 集注에 "曾子平日, 以爲身體受於父母, 不敢毁傷, 故於此使弟子開其衾而視之."라고 풀이했다. 毁(헐 훼) 衾(이불 금)

● 性之所近 : 사람의 性이 서로 비슷한 경우. 여기에서의 '性'은 기질氣質을 겸한 말이다.

《論語·陽貨》 편에 나온다. "子曰 性相近也, 習相遠也."

● 魯(노둔할 노)

又曰 揚子雲이 曰 古者에 楊墨이 塞路어늘 孟子ㅣ辭而闢之廓如也라 하니 夫楊墨行이면 正道廢니 孟子ㅣ雖賢聖이나 不得位하여 空言無施하니 雖切何補리오 然이나 賴其言而今之學者ㅣ尙知宗孔氏 崇仁義 貴王賤霸而已요 其大經大法은 皆亡滅而不救하고 壞爛而不收하니 所謂存十一於千百이니 安在其能廓如也리오 然이나 向無孟氏면 則皆服左衽而言侏離矣리라 故로 愈ㅣ嘗推尊孟氏하여 以爲功不在禹下者는 爲此也라

또 가로되 "양자운揚子雲이 말하기를 '옛날에 양자楊子와 묵자墨子가 聖人의 바른 道를 폐색閉塞시키자 孟子께서 말씀으로 열어서 곽

여廓如하게 되었다.' 고 하였다. 무릇 양자楊子와 묵자墨子의 道가 행해져서 정도正道가 폐廢하게 되니, 孟子가 비록 성현賢聖이나 지위를 얻지 못하여 빈 말이 되고 시행되지 못하니 비록 간절해도 무슨 도움이 되리오?

그러나 그 말씀에 자뢰하여 지금 배우는 자들이 여전히 공씨孔氏를 종주宗主로 삼고 仁義를 숭상하며 王道를 귀히 여기고 패도覇道를 천히 여기는 것만 알 따름이요, 그 대경대법大經大法은 모두 없어져서 구할 수 없으며 썩어 문드러져 거둘 수가 없으니, 이른바 1,000千과 100百 중에 10十과 1一만 남아 있으니 어디에 그 능히 곽여廓如함이 있으리오!

그러나 전에 孟氏가 없었다면 모두 옷을 입을 때 좌임左衽을 하고 오랑캐의 말을 하였을 것이다. 그러므로 내(한유韓愈)가 일찍이 孟氏를 추존推尊하여 그 功이 우禹 임금보다 아래에 있지 않다고 한 것이 바로 이것 때문이다."

주해

- 廓如(곽여) : 맑고 깨끗한 모양. 곧 혼란한 국면을 변화시켜 천하를 태평하게 다스린다는 뜻이다. 廓(둘레 곽)
  漢나라 양웅揚雄의 《法言·吾子》에 나온다. "古者楊墨塞路, 孟子辭而闢之, 廓如也." 闢(열 벽)
- 壞亂(괴란) : 썩어 문드러지다. 곧 학술과 문장이 극도로 진부陳腐한 경우를 말한다.
  明나라 유방절劉芳節의 《與徐從善知己書》에 나온다. "大成之學, 歷宋至我明, 愈講而愈晦, 愈步趨而愈腐爛." 趨(달릴 추)
- 左衽(좌임) : 옷깃을 좌측으로 여미다. 곧 '피발좌임被髮左衽'에서 나온 말이다. 衽(옷깃 임)
  《論語·憲問》 편에 나온다. "子曰 : 管仲相桓公, 霸諸侯, 一匡天下, 民到於今受其賜。微管仲, 吾其被發左衽矣." 匡(바를 광)
- 侏離(주리) : 方言이나 소수민족 또는 외국의 언어문자가 괴이하여 이해하

기 어려운 경우를 말한다. 곧 외국 이민족을 비하卑下하는 뜻으로 쓰인다.
侏(난장이 주)
《後漢書·南蠻傳》에 나온다. "(槃瓠子女)衣裳班蘭, 語言侏離, 好入山壑, 不樂平曠." 瓠(표주박 호) 壑(골 학) 曠(들판 광)

或이 問於程子曰 孟子를 還可謂聖人否잇가 程子曰 未敢便道他是聖人이라 然이나 學已到至處니라

혹자가 程子에게 물어 가로되 "孟子를 또한 聖人이라고 말할 수 있습니까?"
程子 가로되 "감히 바로 그가 聖人이라고 말할 수는 없으나 학문이 이미 지극한 聖人의 경지에 이르셨다."

愚按 至字는 恐當作聖字라

내 살피건대 '지至'字는 아마도 마땅히 '성聖'字가 되어야 한다.

程子ㅣ又曰 孟子有功於聖門을 不可勝言이니 仲尼는 只說一箇仁字어시늘 孟子는 開口便說仁義하시고 仲尼는 只說一箇志어시늘 孟子는 便說許多養氣出來하시니 只此二字는 其功이

甚多니라

程子가 또 가로되 "孟子께서 성문聖門에 功이 있다는 것을 말로 이루 다 표현할 수 없다. 중니仲尼는 다만 '인仁' 字 하나만을 말씀하셨지만 孟子는 입을 열면 곧 仁義를 말씀하셨고, 중니仲尼는 다만 '지志' 한 가지만 말씀하셨지만 孟子는 곧 양기養氣에 대해 많은 말씀을 하셨으니 다만 이 두 字가 그 功이 매우 크다.

주해

● 養氣(양기) : 정대正大하고 강직剛直한 氣를 기르다.
《孟子·公孫丑上》에 나온다. "我善養吾浩然之氣……其爲氣也, 至大至剛, 以直養而無害, 則塞於天地之間. 其爲氣也, 配義與道, 無是, 餒也." 餒(주릴 뇌)

又曰 孟子有大功於世은 以其言性善也니라
又曰 孟子性善養氣之論은 皆前聖所未發이라
又曰 學者ㅣ全要識時니 若不識時면 不足以言學이라 顔子ㅣ陋巷自樂은 以有孔子在焉이라 若孟子之時엔 世旣無人하니 安可不以道自任이리오
又曰 孟子ㅣ有些英氣하시니 纔有英氣면 便有圭角이니 英氣ㅣ甚害事니라 如顔子는 便渾厚不同하시니 顔子는 去聖人只毫髮間이요 孟子

는 大賢이니 亞聖之次也니라

또 가로되 "孟子께서 세상에 큰 功이 있다는 것은 그가 성선性善을 말씀하셨기 때문이다."
또 가로되 "孟子의 성선性善과 양기養氣에 대한 의론議論은 모두 이전의 聖人들이 발명發明하지 않은 것들이다."
또 가로되 "배우는 자는 전적으로 때를 알아야 한다. 만약 때를 알지 못하면 족히 배움을 말할 수 없다. 顔子가 누항陋巷에서 스스로 즐길 수 있었던 것은 孔子가 있었기 때문이다. 孟子 당시와 같은 경우는 세상에 이미 그러한 사람이 없었으니 어찌 道로써 자임自任하지 않으리오?"
또 가로되 "孟子는 어느 정도의 영기英氣가 있었으니 조금이라도 영기英氣가 있으면 곧 규각圭角이 생겨나서 영기英氣가 일을 크게 해치게 된다. 顔子와 같은 경우는 곧 혼후渾厚하여 이와 같지 아니하니, 顔子는 聖人과의 거리가 다만 호발毫髮의 사이요, 孟子는 대현大賢이니 아성亞聖에 다음 간다."

주해

- 識時(식시) : 형세를 파악하고 시대의 조류를 이해하다. 곧 상규常規에 얽매이지 않고 시의時宜에 따라 변통하는 '통권달변通權達變'의 뜻이다.
- 自任(자임) : 자신의 책무責務로 삼다.
《孟子·萬章下》에 나온다. "其自任以天下之重也."《愼子·民雜》에도 나온다. "是以人君自任而躬事, 則臣不事事, 是君臣易位也." 躬(몸 궁)
- 英氣(영기) : 영준하고 호매豪邁한 기개. 곧 '호기豪氣'나 '예기銳氣'와 같다.
《三國志·吳志·孫策傳評》에 나온다. "策英氣傑濟, 猛銳冠世."
- 圭角(규각) : 홀(圭)의 모서리나 뾰족한 부분. 곧 사람의 언행이 기특奇特하거나 각박刻薄한 경우를 말한다. 圭(모서리 규)
《禮記·儒行》에 나온다. "毁方而瓦合." 이에 대해 漢나라 정현鄭玄의 注에 "去己之大圭角, 下與衆人小合也."라고 했고, 공영달孔穎達의 疏에 "圭角謂

圭之鋒鋩有楞角, 言儒者身恒方正, 若物有圭角."이라고 풀이했다. 毁(헐 훼) 鋒(칼끝 봉) 鋩(칼날 망) 楞(모 릉)

或曰 英氣ㅣ見於甚處잇가
曰 但以孔子之言比之컨대 便可見이니 且如冰與水精이 非不光이로되 比之玉하면 自是有溫潤含蓄氣象이요 無許多光耀也니라

혹자가 가로되 "영기英氣가 어느 곳에서 나타납니까?"
가로되 "다만 孔子의 말씀으로 비유하면 곧 알 수 있다. 또한 예를 들어 얼음과 수정이 빛이 없지는 않으나 玉에 비하면 玉은 스스로 온윤溫潤하고 함축含蓄된 기상氣象이 있지만 현란한 광채는 없다."

주해

- 溫潤(온윤) : 온화하고 부드러운 옥색玉色. 곧 사람의 성정性情과 언어가 온화한 것을 말한다.
《禮記·聘義》에 나온다. "夫昔者君子比德於玉焉, 溫潤而澤仁也." 이에 대해 공영달孔穎達의 疏에 "溫潤而澤仁也者, 言玉色溫和柔潤而光澤, 仁者亦溫和潤澤, 故云仁也."라고 풀이했다.

楊氏曰 孟子一書는 只是要正人心이니 教人存心養性하여 收其放心이라 至論仁義禮智하여는 則以惻隱羞惡辭讓是非之心으로 爲之端하

시고 論邪說之害하여는 則曰生於其心하여 害於其政이라 하시고 論事君하여는 則曰格君心之非니 一正君而國定이라 하시니 千變萬化ㅣ只說從心上來하니 人能正心이면 則事無足爲者矣라

大學之脩身齊家治國平天下는 其本이 只是正心誠意而已니 心得其正然後에 知性之善이라 故로 孟子ㅣ遇人에 便道性善이어시늘 歐陽永叔은 却言聖人之教人에 性非所先이라 하니 可謂誤矣로다 人性上에 不可添一物이니 堯舜所以爲萬世法은 亦是率性而已니 所謂率性은 循天理ㅣ是也라 外邊에 用計用數하여 假饒立得功業이라도 只是人欲之私니 與聖賢作處로 天地懸隔이라

양씨楊氏 가로되 "《孟子》一書는 다만 人心을 바로잡고자 한 것이니, 사람에게 존심存心과 양성養性을 가르쳐서 그 방심放心을 거두어들이게 한 것이다. 인의예지仁義禮智를 논하는데 있어서는 측은惻隱과 수오羞惡와 사양辭讓과 시비是非의 마음으로 실마리를 삼으셨다. 사설邪說의 해로움을 논하는데 있어서는 '그 마음에서 나와 그 政事를 해치게 된다.'고 말씀하셨다. 사군事君을 논하는데 있어서는 '군심君心의 그릇됨을 바로잡아야 하니 일단 人君을 바르게 하면 나라가 정해진다.'라고 말씀하셨다. 그러므로 천변만화千變萬化가 다만 마음을 좇

아 생겨나니 사람이 능히 마음을 바르게 하면 일에 족히 할 것이 없게 된다.

《大學》에서 말하는 수신修身 제가齊家 치국治國 평천하平天下는 그 근본이 다만 정심正心과 성의誠意일 뿐이니, 마음에 그 바름을 얻은 연후에 본성本性의 선한 것을 알게 된다. 그러므로 孟子께서 사람을 만나면 곧 성선性善을 말씀하시거늘 구양영숙歐陽永叔이 도리어 '聖人이 사람을 가르치는데 性은 우선하는 바가 아니다.' 라고 말했으니 잘못되었다고 말할 수 있다.

사람의 性 위에 어떤 한 물건도 더할 수 없으니, 요순堯舜이 만세萬世의 법도가 된 것도 또한 이 性을 따랐을 뿐이니 이른바 '性을 따름은 천리天理를 좇을 따름이다.' 라고 한 말이 바로 이것이다. 외면적으로 계책을 쓰고 술수를 써서 가령 공업功業을 세울지라도 인욕人欲의 사사로움일 뿐이니 성현聖賢이 하는 일과는 하늘과 땅처럼 현격한 차이가 있는 것이다."

주해

● 存心(존심) : 마음속에 품은 생각. 곧 인仁과 예禮를 말한다. '거심居心'과 같다.
《孟子·離婁下》 편에 나온다. "君子所以異於人者, 以其存心也." 이에 대해 趙岐의 注에 "存, 在也. 君子之在心者, 仁與禮也."라고 풀이했다.

● 養性(양성) : 신심身心을 닦고 천성天性을 기르다. 곧 심성心性을 도야陶冶한다는 뜻이다.
《孟子·盡心上》 편에 나온다. "存其心, 養其性, 所以事天也."

● 放心(방심) : 방종放縱한 마음. 縱(놓을 종)
《書·畢命》에 나온다. "雖收放心, 閑之惟艱." 宋나라 司馬光의 《答景仁論養生及樂書》에도 나온다. "朝夕出入起居, 未嘗不在禮樂之間, 以收其放心, 檢其慢志, 此禮樂之所以爲用也."

● 歐陽修(구양수, 1007~1072) : 宋代의 시인·문학가·정치가. 자는 영숙永叔, 호는 취옹醉翁, 시호는 문충文忠이다. 한유韓愈의 뒤를 이어 고문운동을 주

장했으며 당송팔대가唐宋八大家 중의 하나이다. 저서로 《歐陽文忠公集》이 있다.

- 假饒(가요) : 가사 ~할지라도. 만약. 가사. '즉사卽使' 또는 '종사縱使'와 같다. 饒(비록 요) 縱(비록 종)

  《朱子語類》 卷六十에 나온다. "又如好底物事, 如腦子之屬, 上面只著一點糞穢, 便都壞了, 不得爲香矣. 若是糞穢上面, 假饒著一堆腦麝, 亦不濟事." 底(밑 저) 穢(더러울 예) 堆(쌓일 퇴) 麝(사향노루 사)

孟子集註

卷一

梁惠王章句(上)

凡七章

모두 7장이다.

[1·1]

孟子丨見梁惠王하신대

孟子께서 양혜왕梁惠王을 만나신대,

梁惠王은 魏侯罃也니 都大梁하고 僭稱王하여 諡曰惠라 史記 惠王三十五年에 卑禮厚幣하여 以招賢者할새 而孟軻丨至梁이라

양혜왕梁惠王은 위魏나라 제후諸侯 앵罃이다. 대량大梁에 도읍하고 왕호王號를 참칭僭稱하였으며, 시호를 혜惠라 하였다.

《史記》 혜왕惠王 35년에 "겸손한 예와 두터운 예물로 賢者를 초빙하니, 맹가孟軻가 양梁땅에 이르렀다."고 하였다.

주해

● 梁惠王(양혜왕) : 魏나라 惠王을 말한다. 이름은 '앵罃'이며, '惠'는 시호諡號이다. B.C. 370년에 부친인 위무후魏武侯 '격擊'을 계승하여 즉위하였으며, B.C. 362년에 安邑에서 대량으로 천도하였다. 대량은 지금의 '개봉開封'이

다. 罃(물독 앵) 諡(시호 시)

● 卑禮厚幣(비례후폐) : 공손한 禮와 후중厚重한 예물로 현사賢士를 초빙하다. 幣(예물 폐)
《史記·魏世家》에 나온다. "惠王數敗於軍旅, 卑禮厚幣, 以招賢者."

● 僭(참람할 참) 招(부를 초)

【備旨】

> 昔孟子ㅣ當時에 以道自重하여 不見諸侯어늘 因惠王卑禮厚幣之招故로 自鄒至梁而見之하시니 蓋將冀其道之行 而展其仁義之學也니라

옛날 孟子께서 당시에 道로써 자중自重하여 제후諸侯들을 만나지 않으시더니, 혜왕惠王이 공손한 禮와 두터운 예물로 초빙하였기 때문에 추鄒땅에서 양梁땅에까지 이르러 만나셨다. 이는 대개 장차 그 道가 행해지기를 바라고, 그 仁義의 학문이 펼쳐지기를 바라신 것이다.

주해

● 冀(바랄 기) 鄒(나라이름 추)

王曰 叟不遠千里而來하시니 亦將有以利吾國乎잇가

왕이 가로되 "선생께서 천리를 멀다 하지 않으시고 찾아오시니, 또한 장차 우리나라를 이롭게 할 수 있겠습니까?"

叟는 長老之稱이라 王所謂利는 蓋富國彊兵之類라

'수叟'는 장로長老를 일컬음이다. 王이 말하는 '利'란 대개 부국강병富國强兵과 같은 것이다.

주해

● 叟(수) : 나이든 사람을 높이는 말. 叟(늙은이 수)
● 長老(장로) : 나이가 많은 사람.
《漢書·外戚傳下·孝成許皇後》 편에 나온다. "近世之事, 語尙在於長老之耳."

【備旨】

惠王이 溺於功利之習하여 乃問孟子曰 齒德惟叟는 寡人素所仰慕也어늘 今自鄒至梁하여 不憚千里之遠而來하시니 亦將有富國强兵之策하여 而可以利益吾國乎잇가

혜왕惠王이 공리功利의 습성習性에 빠져 이에 孟子께 물어 가로되 "나이가 많고 덕이 높은 선생을 과인寡人이 평소 우러러 사모하였거늘, 이제 추鄒땅으로부터 대량大梁에까지 이르러 千里의 먼 거리를 꺼려하지 않고 찾아오시니, 또한 장차 부국강병富國强兵의 계책이 있어 우리나라를 이롭게 할 수 있겠습니까?

주해

● 齒德(치덕) : 나이가 많고 德이 높음. 齒(나이 치)
《孟子·公孫丑下》 편에 나온다. "天下有達尊三: 爵一, 齒一, 德一."

孟子ㅣ對曰 王은 何必曰利잇고 亦有仁義而已矣니이다

孟子 답하여 가라사대 "王께서는 어찌 반드시 이로움만을 말하십니까? 또한 仁과 義가 있을 따름입니다."

仁者는 心之德 愛之理요 義者는 心之制 事之宜也라 此二句는 乃一章之大指니 下文에 乃詳言之하시니 後多放此하니라

'仁'이란 마음의 덕德이요 사랑의 이치다. '義'란 마음을 제재制裁하는 것이요 일의 마땅함이다. 이 두 句는 곧 이 章의 요지要旨이다. 下文에 이에 자세히 말씀하셨으니, 후편後篇의 글도 대부분 이와 같은 경우가 많다.

주해

- 何必曰利(하필왈리) : '어찌 반드시 이익만을 말하는가?' '何必'은 결단코 不可하다는 말이다. '利'는 人欲의 사사로움을 말한다. "何必是斷然不可意. 利是人欲之私."(四書補註備旨)
- 大指(대지) : 요지要旨. 취지趣旨.
- 放(방) : 준거하다. 본뜨다. '방倣'과 같다.

【備旨】

孟子ㅣ對曰 王欲圖國事인댄 何必以利爲言哉아 亦有仁義之可言而已矣니 外此別無可言者也니라

孟子께서 답하여 가라사대 "왕께서 국사國事를 도모하고자 할진대, 어찌 반드시 이로움만을 말하십니까? 또한 인의仁義만을 가히 말할 수 있을 따름이니, 이것 외에는 별도로 말할 수 있는 것이 없습니다."

王曰何以利吾國고 하시면 大夫ㅣ曰 何以利吾家오 하며 士庶人이 曰何以利吾身고 하여 上下ㅣ交征利면 而國이 危矣이리다 萬乘之國에 弑其君者는 必千乘之家요 千乘之國에 弑其君者는 必百乘之家니 萬取千焉하며 千取百焉이 不爲不多矣언마는 苟爲後義而先利면 不奪하여는 不饜이니이다

"王께서 '어떻게 우리나라를 이롭게 할 것인가?' 라고 말씀하시면, 大夫는 '어떻게 우리 집안을 이롭게 할 것인가?' 라고 말하며, 사서인士庶人은 '어떻게 내 몸을 이롭게 할 것인가?' 라고 말하여 上下가 서로 이로움을 취하면 나라가 위태로울 것입니다.
萬乘의 나라에 그 人君을 시해弑害하는 자는 반드시 千乘의 大夫요, 千乘의 나라에 그 人君을 시해弑害하는 자는 반드시 百乘의 大夫입니다. 萬乘에 千乘을 취하며 千乘에 百乘을 취하는 것이 많지 않은 것이 아니나, 진실로 義를 뒤로 하고 利를 앞세우면 빼앗지 않고서는 만족하지 않을 것입니다."

此는 言求利之害하여 以明上文何必曰利之意也라 征은 取也니 上取乎下하고 下取乎上故로 曰交征이라 國危는 謂將有弑

奪之禍라 乘은 車數也니 萬乘之國者는 天子畿內ㅣ地方千里에 出車萬乘이요 千乘之家者는 天子之公卿ㅣ采地方百里에 出車千乘也라 千乘之國은 諸侯之國이요 百乘之家는 諸侯之大夫也라 弑는 下殺上也라 饜은 足也라 言臣之於君에 每十分而取其一分하니 亦已多矣로되 若又以義爲後而以利爲先이면 則不弑其君而盡奪之하여는 其心에 未肯以爲足也니라

이는 利를 구하는 해로움을 말하여 上文의 '어찌 반드시 이로움만을 말하십니까?'의 뜻을 밝힌 것이다. '정征'은 취함이니, 윗사람이 아래에서 취하고 아랫사람이 위에서 취하기 때문에 '교정交征'이라 한 것이다. '국위國危'는 장차 人君을 시해하고 찬탈하려는 재앙이 있다는 말이다. '승乘'은 수레의 수數이다. '만승萬乘의 나라'는 天子의 기내畿內가 땅이 方千里여서 수레 萬乘이 나오는 것이다. '千乘의 나라'는 공경公卿의 채지采地가 方百里여서 수레 千乘이 나오는 것이다. '千乘之國'은 제후諸侯의 나라요, '百乘之家'는 제후諸侯의 大夫이다. '시弑'는 아랫사람이 윗사람을 죽이는 것이다. '염饜'은 만족함이다.

신하가 人君에게서 매번 십분十分에 그 일분一分을 취하니 또한 이미 많지만, 만약 또 義를 뒤로 하고 利를 앞세우면 곧 그 人君을 시해하고 모두 빼앗지 않고서는 그 마음에 기꺼이 만족하지 못한다는 말이다.

주해

- 上下(상하) : 윗사람과 아랫사람. 곧 '上'은 王을, '下'는 大夫와 士庶人을 가리킨다.
- 不饜(불염) : 마음에 만족해하지 않다. 饜(물릴 염)
- 乘(수레 승) 畿(경기 기) 弑(죽일 시)

【備旨】

夫我所謂 王不當言利者는 正以求利必有害也니 今王이 爲一國之主하여 如一旦曰何以使利吾國이라 하여 但見利風一倡하여 人皆效尤면 則大夫有家者ㅣ亦將曰何以使利吾家오 하며 士庶人有身者ㅣ亦將曰何以使利吾身고 하여 上欲利其國則取於下하고 下欲利其身家則取於上하여 上與下ㅣ交相征利면 其禍終歸於上而國危矣리라 國危는 何如오 天子는 君萬乘之國 而或弑其君者는 必千乘公卿之家요 諸候는 君千乘之國 而或弑其君者는 必百乘大夫之家니 地位相近則凌奪易生은 必然之勢也라 夫先王制地定法에 天子는 萬乘이니 其公卿은 得十之一而取千乘焉하며 諸候는 千乘이니 其大夫는 得十之一而取百乘焉하니 十分取一이 不爲不多矣요 揆之於義에 亦可相安이어늘 苟爲下者ㅣ以義爲後而惟利是先이면 其勢不至盡奪其君之利하여는 不足以饜其心也리니 求利之害ㅣ如此니라

"무릇 내가 이른바 왕은 마땅히 利를 말하지 말아야 한다는 것은 바로 利를 구하면 반드시 해로움이 있다는 것입니다. 이제 왕이 한 나라의 人君이 되어 만약 하루아침에 '어떻게 하면 우리나라를 이롭게 할 것인가?'라고 말하며, 다만 이풍利風을 한번 창도하여 모두가 허물을 본받게 되면, 大夫로 '家'를 둔 자들이 또한 '어떻게 우리 집을 이롭게 할 것인가?'라고 말하며, 사서인士庶人으로 몸을 둔 자들이 또한 '어떻게 내 몸을 이롭게 할 것인가?'라고 말하게 될 것입니다.

이렇게 윗사람이 그 나라를 이롭게 하고자 하면 아래에서 취하고, 아랫사람이 그 몸과 집을 이롭게 하고자 하면 위에서 취하여, 上下가 서로 利를 다투게 되면 그 재앙이 마침내 윗사람에게 돌아가 나라가 위태롭게 될 것입니다.

나라가 위태롭다는 것은 무엇입니까? 天子는 만승萬乘의 나라에 人君 노릇을 하되 혹 그 人君을 시해弑害하는 자는 반드시 천승千乘을 지닌 공경公卿의 집이요, 제후諸侯는 천승千乘의 나라에 人君 노릇을 하되 혹 그 人君을 시해弑害하는 자는 반드시 백승百乘을 다스리는 大夫의 집안이니, 地位가 서로 비슷하여 능멸하고 빼앗는 일이 쉽게 발생하는 것은 필연지세必然之勢입니다.

무릇 先王이 땅을 구획한 定法에 天子는 萬乘이니 그 公卿은 10분의 1을 얻어 千乘을 取하며, 제후諸侯는 千乘이니 그 大夫는 10분의 1을 얻어 百乘을 取합니다. 10분의 1을 취하는 것이 많지 않은 것이 아니요, 義理에 헤아려서 또한 서로 편안하거늘, 진실로 아래에 있는 자가 義를 뒤로 하고 오직 利를 앞세우면, 그 형세가 그 人君의 利를 다 빼앗는데 이르지 않고서는 족히 그 마음에 만족해하지 않을 것이니, 利를 구하는 해로움이 이와 같습니다."

주해

● 凌(범할 능) 奪(빼앗을 탈) 揆(헤아릴 규)

未有仁而遺其親者也며 未有義而後其君者也니이다

"仁하면서 그 어버이를 버리는 자 있지 아니하며, 義로우면서 그 人君을 뒤로 하는 자 있지 아니합니다."

此는 言仁義ㅣ未嘗不利하여 以明上文 亦有仁義而已矣之意也라 遺는 猶棄也라 後는 不急也라 言仁者는 必愛其親하고 義者는 必急其君이라 故로 人君이 躬行仁義 而無求利之心이면 則其下化之하여 自親戴於己也니라

이는 '仁義'가 일찍이 이롭지 않은 것이 아님을 말하여 上文의 "또한 仁義가 있을 따름이다"라고 한 뜻을 밝힌 것이다. '유遺'는 '버린다.'는 것과 같다. '후後'는 급하게 여기지 않음이다. 어진 자는 반드시 그 어버이를 사랑하고, 의로운 자는 반드시 그 人君을 급하게 여기기 때문에, 人君이 몸소 仁義를 행하여 이로움을 구하는 마음이 없으면, 곧 그 아랫사람들이 감화되어 저절로 자신(人君)을 친애하고 떠받들게 된다는 말이다.

주해

● 仁義(인의) : 仁과 義. '仁'은 愛를, '義'는 敬을 가리켜 한 말이다.
"仁指愛上說"、"義主敬上說."(四書補註備旨)
朱子가 말했다. "仁者, 人也. 其發則專主於愛, 而愛莫切於愛親. 故人仁則必不遺其親矣. 義者, 宜也. 其發則事皆得其宜 而所宜者莫大於尊君. 故人義則必不後其君矣."(大全註疏)

【備旨】

若舍利而言仁義면 則何如오 仁主於愛 而愛莫先於愛親이니 不仁而遺其親者는 有之矣어니와 未有人君이 躬行夫仁이면 其下胥化夫仁 而反遺其親者也며 義主於敬 而敬莫先於敬君이니 不義而後其君者는 有之矣어니와 未

有人君이 躬行夫義면 其下胥化夫義 而反後其君者也니 仁義之利ㅣ又如此니라

"만약 利를 버리고 仁義를 말하면 곧 어떠한가? 仁은 사랑을 주장하며 사랑은 어버이를 사랑하는 것 보다 앞서는 것이 없으니, 어질지 못하여 그 어버이를 버리는 자는 있거니와, 人君이 몸소 仁을 행하면 그 아랫사람이 모두 仁에 교화되어 도리어 그 어버이를 버리는 자가 있지 아니하며, 義는 공경을 주장하며 공경은 人君을 공경하는 것 보다 앞서는 것이 없으니, 의롭지 않아서 그 人君을 뒤로 하는 자는 있거니와, 人君이 몸소 義를 행하면 그 아랫사람이 모두 義에 교화되어 도리어 그 人君을 뒤로 하는 자가 있지 아니하니, 仁義의 이로움이 또한 이와 같으니라."

주해

● 舍(버릴 사) 遺(버릴 유) 胥(모두 서)

王은 亦曰仁義而已矣시니 何必曰利잇고

"왕께서는 또한 仁義를 말씀하실 따름이니, 어찌 반드시 利를 말하십니까?"

重言之하여 以結上文兩節之意라

此章은 言仁義는 根於人心之固有하니 天理之公也라 利心은 生於物我之相形하니 人欲之私也라 循天理則不求利而自無不

利하고 殉人欲則求利未得而害已隨之하나니 所謂毫釐之差千里之謬라 此는 孟子之書所以造端託始之深意니 學者ㅣ所宜精察而明辨也니라

太史公曰 余讀孟子書라가 至梁惠王이 問何以利吾國하여는 未嘗不廢書而歎也로라 曰嗟乎라 利誠亂之始也니 夫子ㅣ罕言利는 常防其源也라 故로 曰放於利而行이면 多怨이라 하시니 自天子로 以至於庶人히 好利之弊ㅣ何以異哉리오

程子曰 君子ㅣ未嘗不欲利로되 但專以利爲心則有害요 惟仁義則不求利而未嘗不利也라 當是之時하여 天下之人이 惟利是求요 而不復知有仁義라 故로 孟子ㅣ言仁義而不言利는 所以拔本塞源而救其弊시니 此는 聖賢之心也시니라

거듭 말씀하여 上文 두 절節의 뜻을 맺으신 것이다.

이 章은 仁義는 人心의 고유固有한데서 근원한 것이니 天理의 公이요, 이심利心은 물아物我가 서로 생겨난데서 나오니 인욕人欲의 사사로움이다. 天理를 따르면 利를 구하지 않아도 저절로 이롭지 아니함이 없으며, 人欲을 따르면 利를 구해도 얻지 못하고 몸을 해치는 일이 따르나니, 이른바 "털끝 만큼의 차이가 천리千里 만큼이나 어긋난다"는 것이다. 이는 《孟子》 책이 단서를 짓고 처음에 의탁한 깊은 뜻이니, 배우는 자가 마땅히 정밀하게 살피고 밝게 분별해야 할 곳이다.

太史公이 말하였다. "내가 《孟子》 책을 읽다가 양혜왕梁惠王이 '어떻게 우리나라를 이롭게 할 것인가?'라고 물어보는 대목에 이르자, 일찍이 책을 덮고 탄식하지 않은 적이 없었다. 가로되 '오호라! 利는 진실로 어지러움의 시초이니, 夫子께서 利를 드물게 말씀하신 것은 항상 그 근원을 막으신 것이다. 그러므로 (夫子께서) 利에 의지하여 행하면

원망이 많다고 하셨으니, 天子로부터 서인庶人에 이르기까지 利를 좋아하는 폐단이 어찌 다르리오?'"

程子가 말하였다. "君子가 일찍이 이로움을 구하지 않는 것은 아니나 다만 오로지 利만을 마음에 두면 해로움이 있을 것이요, 오직 仁義만을 마음에 두면 利를 구하지 않아도 일찍이 이롭지 아니함이 없을 것이다. 이 때를 당하여 天下 사람들이 오직 利만을 추구하고 다시 仁義가 있음을 알지 못하였다. 그러므로 孟子께서 仁義만을 말하고 利를 말씀하지 않으심은 뿌리를 뽑고 근원을 막아서 그 폐단을 구하고자 하신 것이니 이는 성현聖賢의 마음이시다."

주해

- 利心(이심) : 이로움을 따지는 이기적인 마음.
  慶源輔氏가 말했다. "利心, 人本無之. 只緣有已有物, 彼此相形, 便生出較短量長, 爭多競少之意. 遂欲已長人短, 人少已多, 偏陂反側, 惟已是徇. 故曰人欲之私也."(大全註疏) 陂(비탈 피) 徇(주창할 순)
- 毫釐之差, 千里之謬(호리지차, 천리지류) : 처음에 터럭만큼의 작은 차이가 나중에는 천리 만큼이나 커다란 차이를 초래하다. '류謬'는 '무繆'와 통한다. 毫(가는털 호) 釐(다스릴 리) 謬(그릇될 류) 繆(얽을 무)
  이 말은 본래 《禮記·經解》 편에 나온다. "《易》 曰 : '君子愼始, 差若毫厘, 繆以千里.'" 《漢書·司馬遷傳》에도 나온다. "故《易》 曰 : '差以豪氂, 謬以千里.'"
  한편 《論語·先進》 편의 "過猶不及"에 대해 朱子는 《四書章句集註》에서 "夫過不及, 均也. 差之毫釐, 繆以千里."라고 풀이했다.
- 造端託始(조단탁시) : 처음으로 시작하다. '조단造端'과 '탁시託始'는 모두 '개단開端'의 뜻이다. '조단창시造端倡始'라고도 한다. 端(실마리 단) 倡(인도할 창)
  '造端倡始'라는 말은 《說郛》 卷85에 宋代 장상영張商英의 《護法論》을 인용하여 다음과 같이 말했다. "何暇更從無明業識造端倡始, 誘引後世闡提之黨, 背覺合塵, 同入惡道, 罪萃厥身." 誘(꾈 유) 闡(열 천) 萃(모일 췌) 厥(그 궐)
- 夫子罕言利 : 夫子가 '利'에 대해 드물게 말하다. 《論語·子罕》 1章에 나온

다. "子罕言利與命與仁." 罕(드물 한)

● 放於利而行, 多怨 : 利에 의지해서 행하면 원망이 많이 생긴다. '放'은 '依'와 같다. 放(의지할 방) 《論語·里仁》 12章에 나온다.

● 弊(나쁠 폐) 拔(뽑을 발)

【備旨】

> 夫利與仁義는 以理欲而論이니 已有當言不當言之辨이온 而況其利害相去之遠耶아 王은 亦曰仁義하여 以收尊親之效而已矣시니 何必曰利하여 以啓危亡之禍哉아

"무릇 利와 仁義는 사욕私欲을 다스림으로써 論한 것이니, 몸에 마땅히 말하고 마땅히 말할 수 없는 분별이 있거늘, 하물며 그 利와 害가 서로 멀리 떨어져 있음에랴!

왕은 또한 仁義만을 말하여 어버이를 높이는 효험을 거둘 따름이니, 어찌 반드시 利를 말하여 나라가 위망危亡하게 되는 재앙을 열어주려고 하십니까?"

주해

● 理(다스릴 리) 啓(열 계)

[1·2]

孟子 | 見梁惠王하신대 王立於沼上이러시니
顧鴻鴈麋鹿曰 賢者도 亦樂此乎잇가

孟子께서 양혜왕梁惠王을 만나신대,
왕이 못가에 서서 크고 작은 기러기 떼와 사슴들을 둘러보면서 가로되 "현자賢者도 또한 이를 즐겼습니까?"

沼는 池也라 鴻은 鴈之大者요 麋는 鹿之大者라

'소沼'는 연못이다. '홍鴻'은 큰 기러기요, '미麋'는 큰 사슴이다.

주해

- 沼(소) : 구비진 연못. 沼(늪 소) "曲池曰沼"(四書補註備旨)
- 賢者(현자) : 현자賢者. 여기서는 현명한 人君을 말한다. "賢者指君之賢者." (四書補註備旨)
- 顧(돌아볼 고) 鴻(큰기러기 홍) 雁(기러기 안) 麋(큰사슴 미)

【備旨】

孟子 | 他日에 復(부)見梁惠王하시니 蓋欲因時啓沃하여 以決其仁義之行也라 王이 親近尊禮孟子하고 與之立於沼上이러시니 顧視鴻雁麋鹿而面問曰 不知케라 賢者之君도 亦樂此乎잇가하니 蓋猶自疑之也라

孟子께서 他日에 다시 양혜왕梁惠王을 만나시니 대개 때를 보아서 왕

을 계도啓導하여 그가 仁義의 행하도록 결단시키고자 하신 것이다.

王이 孟子를 가까이 하며 禮로써 후대하고, 孟子와 더불어 못 가에 서서 크고 작은 기러기 떼와 사슴들을 둘러보고 물어 가로되 "알지 못하겠노라. 현명한 人君도 또한 이를 즐겼습니까?"라고 하니, 대개 여전히 스스로 그것을 의심한 것이다.

주해

- 啓沃(계옥) : 정성으로 군왕을 계도啓導하고 보좌하다. 啓(인도할 계) 沃(물댈 옥)

  《書·說命上》에 나온다. "啓乃心, 沃朕心." 이에 대해 孔穎達의 疏에 "當開汝心所有, 以灌沃我心, 欲令以彼所見, 教已未知故也."라고 풀이했다. 灌(물댈 관)
- 尊禮(존례) : 공경하고 후대厚待하다.

  《史記·孟子荀卿列傳》에 나온다. "如燕昭王擁彗先驅, 請列弟子之座而受業, 築碣石宮, 身親往師之. 作《主運》. 其遊諸侯見尊禮如此." 擁(안을 옹) 築(쌓을 축) 碣(비 갈)

孟子ㅣ對曰 賢者而後에 樂此니 不賢者는 雖有此나 不樂也니이다

孟子 대답하여 가라사대 "현명한 人君이 된 이후에 이를 즐기나니, 현명하지 못한 人君은 비록 이(원유苑囿)를 가지고 있으나 즐기지 못합니다."

此는 一章之大指라

이는 一章의 큰 뜻이다.

주해

● 南軒張氏가 말했다. "王所謂樂, 人欲之私, 以自逸爲樂也. 孟子所謂賢者樂, 此天理之公, 與民同樂者也."(大全註疏)

【備旨】

> 孟子ㅣ不縱其欲하고 亦不拂其欲하여 惟因其所樂而引之以當道라 故로 對曰 王은 毋謂賢者不樂此也하소서 惟賢者之君而後에 乃樂此니 若不賢者之君은 雖有此나 亦將不樂也니이다

孟子께서 그 사욕私欲을 내버려두지도 않고 또한 그 사욕을 거스르지도 않으며, 오직 그 즐겨하는 바를 따라 이끌어 道에 합당하게 하신 것이다.

그러므로 답하여 가라사대 "왕께서는 賢者가 이를 즐기지 않았다고 말하지 마소서. 오직 현명한 人君이 된 이후에 이를 즐길 수 있으니, 현명하지 못한 人君과 같은 경우는 비록 이(원유苑囿)를 가지고 있으나 또한 장차 즐기지는 못합니다."

주해

● 當道(당도) : 정도正道에 합당하다.
《孟子·告子下》 편에 나온다. "君子之事君也, 務引其君以當道, 志於仁而已." 이에 대해 조기趙岐의 註에 "言君子事君之法牽引其君以當正道者仁也." 라고 했고, 朱子의 《四書章句集註》에 "當道, 謂事合於理."라고 풀이했다.
牽(끌 견)
● 縱(놓을 종) 拂(거스를 불) 毋(말 무)

詩云 經始靈臺하여 經之營之하시니 庶民攻之라 不日成之로다 經始勿亟하시나 庶民子來로다 王在靈囿하시니 麀鹿攸伏이로다 麀鹿濯濯이어늘 白鳥鶴鶴이로다 王在靈沼하시니 於牣魚躍이라 하니
文王이 以民力爲臺爲沼하시나 而民이 歡樂之하여 謂其臺曰靈臺라 하고 謂其沼曰靈沼라하여 樂其有麋鹿魚鼈하니 古之人이 與民偕樂故로 能樂也니이다

"《詩經》에 이르되 '영대靈臺를 짓기 시작할 때 헤아리고 도모하시니, 백성들이 일을 도와 빠르게 완성되었도다! 영대靈臺를 짓기 시작하는 일을 급히 서두르지 말라고 하셨으나 백성들이 자식처럼 달려와 일을 하도다. 王이 영유靈囿에 계시니 암사슴이 편안히 엎드려 있도다. 암사슴은 탁탁濯濯하거늘 백조白鳥는 학학鶴鶴하도다. 왕이 영소靈沼에 계시니 아! 물고기가 가득 뛰어놀도다!' 라고 하였으니,
文王이 백성의 힘으로 누대와 연못을 만들었으나 백성들이 매우 즐거워하며 그 누대를 '영대靈臺' 라고 부르고, 그 연못을 '영소靈沼' 라고 부르며, 그 곳에 미록麋鹿과 어별魚鼈이 있음을 즐거워하니 옛 사람(文王)이 百姓과 더불어 즐겨워 하였기 때문에 능히 즐길 수 있었습니다."

此는 引詩而釋之하여 以明賢者而後樂此之意라 詩는 大雅靈臺之篇이라 經은 量度也라 靈臺는 文王臺名也이라 營은 謀爲也라 攻은 治也라 不日은 不終日也라 亟은 速也니 言文王이

戒以勿亟也라 子來는 如子來趨父事也라 靈囿 靈沼는 臺下에 有囿하고 囿中에 有沼也라 麀는 牝鹿也라 伏은 安其所하여 不驚動也라 濯濯은 肥澤貌라 鶴鶴은 潔白貌라 於는 歎美辭라 牣은 滿也라

孟子ㅣ言文王이 雖用民力이나 而民이 反歡樂之하여 旣加以美名이요 而又樂其所有하니 蓋由文王이 能愛其民이라 故로 民樂其樂 而文王이 亦得以享其樂也니라

이는《詩經》의 詩를 인용하고 해석하여 賢者가 된 후에 이를 즐길 수 있다는 뜻을 밝힌 것이다. 詩는 〈大雅·靈臺〉 편이다. '경經'은 재고 헤아림이다. '영대靈臺'는 文王의 누대 이름이다. '영營'은 도모함이다. '공攻'은 다스림이다. '불일不日'은 하루를 마치지 않음이다. '극亟'은 빠름이니, 文王이 빠르게 서두르지 말라고 경계했다는 말이다. '자래子來'는 마치 자식이 부모 일에 달려오듯이 하는 것이다. '영유靈囿'와 '영소靈沼'는 누대 아래에 동산이 있고 동산 가운데 연못이 있는 것이다. '우麀'는 암사슴이다. '복伏'은 그 자리에 편안하여 놀라 움직이지 않는 것이다. '탁탁濯濯'은 살찌고 윤택한 모양이다. '학학鶴鶴'은 깨끗하고 흰 모양이다. '오於'는 탄미사다. '인牣'은 가득찬 모양이다.

孟子께서 '文王이 비록 백성들의 힘을 사용했으나 백성들이 도리어 매우 즐거워하였으며, 이미 아름다운 명칭까지 붙이고 또한 그 소유를 즐거워 하니, 대개 文王이 능히 그 백성들을 사랑하였기 때문이다. 그러므로 백성들이 그 즐거움을 즐거워하고 文王이 또한 그 즐거움을 누릴 수 있었다.'고 말씀하신 것이다.

주해

- 靈臺(영대) : 周 文王이 지은 누대 이름.
- 經始(경시) : 일을 헤아려 도모하기 시작하다. 곧 '靈臺를 짓기 시작하는

일'을 말한다. 經(헤아릴 경)

● 經之營之 : 집을 짓는데 터를 닦고, 방위를 정하다.
"經度基址, 營謀方位."(四書補註備旨)
● 攻(공) : 다스리다. 여기서는 '일을 하다.'는 말이다. '治'와 같다. 攻(다스릴 공)
● 不日(불일) : 시일이 걸리지 않다. 곧 매우 빠르게 일이 진행된다는 뜻이다.
● 亟(빠를 극) 來(올 래, 부르다) 麀(암사슴 우) 牣(찰 인, 충만하다, 더하다, 살찌다) 麋(큰사슴 미)

【備旨】

何以見賢者而後樂此也오 大雅靈臺之詩에 有云 文王이 經始於靈臺하여 方其經之以度其地하시고 營之以正其位하시니 庶民이 相與攻治之하여 而不終日以成之로다 雖經始之時에 正恐煩民하사 戒令勿亟하시나 而庶民이 如子趨父事하여 不召自來也로다 臺下有囿하여 王在靈囿하시니 則見麀鹿이 馴伏而不動이로다 麀鹿은 濯濯而肥澤이어늘 白鳥는 鶴鶴而潔白이로다 囿中有沼하여 王在靈沼하시니 則見於哉라 充滿之魚躍이라 하니 詩言이 如此라

夫文王이 以民力爲臺之高하고 爲沼之深하시니 宜其取民之怨矣로되 而民이 顧子來趨事而反歡樂之하고 且加以美名하여 謂其臺曰靈臺라 하고 謂其沼曰靈沼라 하여 以其成於不日하니 若神靈之所爲也라 又樂其囿中有麋鹿하고 沼中有魚鼈하니 觀於民情而文王之能樂을 可知矣니 此何故哉아

蓋由古之人이 平日能施行仁政하고 惠鮮懷保하여 與民偕樂이라 故로 民樂其樂하여 而文王이 亦因以能樂也시니 臣이 故曰 賢者而後에 樂此也라 하니이다

무엇으로 賢者가 된 이후에 이것을 즐거워 한다는 것을 알 수 있으리오? 〈大雅·靈臺〉 시에 이르기를 '文王이 영대靈臺를 짓기 시작할 때 바야흐로 헤아려서 그 기초를 닦고 살펴서 도모하시니, 백성들이 서로 더불어 일을 하고 다스려서 빠르게 일이 완성되었도다! 비록 영대靈臺를 짓기 시작할 때 정히 백성들을 번거롭게 할까 염려하여 서두르지 말도록 경계하셨으나, 백성들이 마치 자식이 부모 일에 달려오듯이 하여 부르지 않아도 스스로 달려 왔도다. 누대의 아래에 동산이 있어 文王이 영유靈囿에 계시니, 미록麋鹿들이 순종하며 편하게 엎드려 있고 놀라 움직이지 않음을 볼 수 있도다. 미록麋鹿들은 탁탁濯濯히 살찌고 윤택하며, 백조는 학학鶴鶴히 희고 깨끗하도다. 또한 동산 가운데 연못이 있어 文王이 영소靈沼에 계시니, 오호라! 물고기가 가득 뛰어놀도다.'라고 하니, 詩의 내용이 이와 같습니다.

무릇 文王이 백성들의 힘을 사용하여 높은 누대를 만들고 깊은 연못을 만드셨으니 마땅히 백성들의 원망이 있었을 것입니다. 하지만 백성들이 다만 자식처럼 달려와서 일을 하며 도리어 매우 즐거워하며, 또한 아름다운 이름을 지어서 그 누대를 '영대靈臺'라 부르고, 그 연못을 '영소靈沼'라 부르며, 하루도 걸리지 않고 그 누대를 완성하니 마치 신령神靈의 한 일과 같습니다. 또한 그 동산 가운데 미록麋鹿들이 있고 연못 가운데 어별魚鼈이 있음을 즐거워하니, 백성들의 마음을 살피건대 文王께서 능히 즐거워하셨음을 알 수 있으니 이는 무엇 때문이겠습니까?

대개 옛 사람(文王)이 평일에 능히 인정仁政을 시행하고 은혜를 베풀

며 어루만지고 보호하여 百姓과 더불어 함께 즐거워했기 때문입니다. 그러므로 백성들이 그(문왕) 즐거움을 즐거워하였고, 文王도 이로 인하여 능히 즐거워하신 것이니, 臣이 그래서 '賢者가 된 이후에 이를 즐거워한다.'라고 말한 것입니다."

주해

- 惠鮮(혜선) : 은혜롭게 하사하다. '혜사惠賜'와 같다. 鮮(부족할 선) 賜(줄 사)
  《書·無逸》 편에 나온다. "懷保小民, 惠鮮鰥寡." 이에 대해 채침蔡沉의 集傳에 "惠鮮云者, 鰥寡之人, 垂首喪氣, 賚予賙給之, 使之有生意也."라고 풀이했다. 鰥(홀아비 환) 寡(홀어미 과) 賚(줄 뢰) 賙(진휼할 주)
- 懷保(회보) : 어루만지고 보호해주다.
  《書·無逸》 편에 나온다. "徽柔懿恭, 懷保小民." 漢代 반고班固의 《典引》에도 나온다. "巡靖黎蒸, 懷保鰥寡之惠浹." 徽(아름다울 휘) 懿(아름다울 의) 靖(편안할 정) 黎(백성 여) 蒸(백성 증) 浹(두루미칠 협)

湯誓에 曰時日은 害喪고 予及女로 偕亡이라 하니 民欲與之偕亡이면 雖有臺池鳥獸나 豈能獨樂哉리잇고

"〈湯誓〉에 가로되 '이 해는 언제나 망할 것인가? 내가 너와 더불어 함께 망하리라!' 라고 하니, 백성들이 그와 더불어 함께 망하고자 한다면 비록 누대와 연못과 조수鳥獸가 있다고 하나 어찌 능히 홀로 즐거워 할 수 있겠습니까?"

此는 引書而釋之하여 以明不賢者ㅣ雖有此나 不樂之意也라 湯誓는 商書篇名이라 時는 是也라 日은 指夏桀이라 害는 何

也라

桀이 嘗自言 吾有天下ㅣ如天之有日하니 日亡이라야 吾乃亡耳라 하니 民怨其虐이라 故로 因其自言하여 而目之曰 此日은 何時亡乎아 若亡則我寧與之俱亡이라 하니 蓋欲其亡之甚也라 孟子ㅣ引此하여 以明君獨樂而不恤其民이면 則民怨之하여 而不能保其樂也니라

이는《書經》을 인용하고 해석하여 어질지 못한 자가 비록 이것을 가지고 있으나 즐거워하지 못한다는 뜻을 밝힌 것이다. 〈湯書〉는 〈商書〉의 편명篇名이다. '시時'는 '이것'이다. '일日'은 하夏나라의 걸왕桀王을 가리킨다. '갈害'은 '어찌'이다.

걸왕傑王이 일찍이 스스로 말하되 "내가 천하를 소유한 것이 하늘에 해가 있는 것과 같으니, 하늘의 해가 망해야 내가 이에 망하리라."라고 하니, 백성들이 그 학정虐政을 원망하였다. 그러므로 걸왕傑王이 스스로 한 말로 인하여 그를 지목하여 가로되 "이 해는 언제나 망할 것인가? 만약 망한다면 내가 차라리 그와 더불어 함께 망하리라!"고 하니 대개 그가 망하기를 심히 바라는 것이다.

孟子께서 이를 인용하여 人君이 홀로 즐거워하고 그 백성들을 구휼하지 아니하면 백성들이 원망하여 능히 그 즐거움을 보존하지 못함을 밝힌 것이다.

주해

- 予與女偕亡 : 내가 너와 더불어 함께 망하겠다. '予'는 백성들이 스스로를 말한 것이다. '女'는 해를 말하며, '여汝'와 같다. 予(나 여) 汝(너 여)
- 南軒張氏가 말했다. "民一也. 得其心則自來而樂君之樂; 失其心則害喪而亡君之亡, 究其本則由夫順理與徇欲之分而已. 人君常懷不敢自樂之心, 則足以遏人欲矣. 常懷與民偕樂之心, 則足以擴天理矣."(大全註疏) 徇(주창할 순)

遏(막을 알)

● 害(어찌 갈) 喪(망할 상) 寧(차라리 녕) 恤(구휼할 휼)

【備旨】

> 何以見不賢者는 雖有此나 不樂也리오 湯誓之言에 有曰 桀이 嘗自比於日하니 民怨其虐하여 因指日而言曰 是日은 何時亡乎아 予寧及汝偕亡이라 하니 由是言觀之컨대 爲人君者ㅣ獨樂而不恤其民하여 至於民怨之而欲與之偕亡이면 則人心이 離散하여 亡無日矣니 雖有臺池鳥獸나 豈能獨享其樂哉리오
> 臣이 故曰 不賢者는 雖有此나 不樂也라 하니이다 然則 王能以文王爲法하고 以夏桀爲戒면 民惟恐王之不樂也리니 卽沼上之立과 鴻鴈麋鹿之顧ㅣ庸何傷이리오

"무엇으로써 어질지 못한 자는 비록 이것을 소유한다 해도 즐기지 못함을 알 수 있으리오?

〈湯誓〉의 말에 있어 가로되 '걸왕桀王이 일찍이 스스로를 태양에 비유하니 백성들이 그 포학暴虐함을 원망하고, 이로 인하여 태양을 가리켜 이 해는 언제나 망할 것인가? 내가 차라리 너와 더불어 함께 망하리라!'고 하였습니다.

이 말로 말미암아 살피건대 人君된 자가 홀로 즐거워하고 그 백성들을 구휼하지 아니하여, 백성들이 원망하고 그와 더불어 함께 망하기를 바라게 된다면 人心이 이반되고 흩어져 망할 날이 멀지 않으니, 비록 누대와 연못과 조수鳥獸가 있을 지라고 어찌 능히 홀로 그 즐거움을 누릴 수 있으리오?

신은 그러므로 가로되 '어질지 못한 자는 비록 이것을 가지고 있으나 즐기지 못한다.'고 한 것입니다. 그러므로 왕께서 능히 文王으로 법을 삼고 하夏나라 걸왕桀王으로 경계를 삼으시면, 백성들이 오직 왕께서 즐거워하지 않으실까 염려할 것이니 연못가에 서 있거나 크고 작은 기러기 떼와 사슴들을 둘러보는 일이 어찌 나쁘다고 하겠습니까?"

주해

● 無日(무일) : 머지 않아. 곧. '不日', '不久'와 같다.
庸何(용하) : 어찌. 왜. 庸(어찌 용) 何(어찌 하)
《左傳·文公十八年》 條에 나온다. "人奪女妻而不怒, 一抶女, 庸何傷?" 奪(빼앗을 탈) 抶(매질할 질)

[1·3]

梁惠王이 曰寡人之於國也에 盡心焉耳矣로니 河內凶則移其民於河東하며 移其粟於河內하고 河東이 凶커든 亦然하노니 察鄰國之政한댄 無如寡人之用心者로되 鄰國之民이 不加少하며 寡人之民이 不加多는 何也잇고

양혜왕梁惠王이 가로되 "과인寡人이 나라에 대하여 마음을 다할 뿐이니, 하내河內의 땅이 흉년이 들면 그 백성들을 하동河東으로 옮기고 그 곡식을 하내河內로 옮기며, 하동河東의 땅이 흉년이 들면 또한 그렇게 합니다. 하지만 이웃나라의 政事를 살피면 과인寡人이 마음을 쓰는 것만 같지 못하되, 이웃나라의 백성들이 더 감소하지 아니하며 과인의 백성들이 더 증가하지 않는 것은 무엇 때문입니까?"

寡人은 諸侯自稱이니 言寡德之人也라 河內河東은 皆魏地라 凶은 歲不熟也라 移民以就食하고 移粟以給其老稚之不能移者라

'과인寡人'은 제후諸侯가 스스로 칭한 것이니, 과덕寡德한 사람을 말한다. '하내河內'와 '하동河東'은 모두 위魏나라의 땅이다. '흉凶'은 한 해의 곡식이 잘 익지 못한 것이다. 백성을 옮겨서 음식을 먹게 하고, 곡식을 옮겨서 옮기지 못할 노인과 어린애에게 제공하는 것이다.

주해

- 歲熟 : 한 해 곡식이 잘 익다. '세歲'는 '년성年成'의 뜻이다.
  《史記·貨殖列傳》에 나온다. "夫歲熟取穀, 予以絲漆." 穀(곡식 곡) 漆(더할 첨)
- 粟(조 속) 寡(적을 과) 稚(어릴 치)

【備旨】

梁惠王이 自負其恤民之政하여 誇示孟子曰 寡人之於國也에 所以計安斯民者ㅣ可謂盡心焉耳矣로니 何以見之오 河內凶荒이나 猶幸有河東熟也면 則移其河內之民於河東하여 以就食하고 又移其河東之粟於河內하여 以給老稚之不能移者하며 至於河東凶荒하여 而移民移粟處之를 亦猶河內焉하노니 吾之用心이 如此라
察鄰國救荒之政할새 誠無有如寡人用心者하니 而鄰國之不用心에 宜民之少而不加少하며 以寡人之用心에 宜民之多而不加多는 其故ㅣ何也오 意者컨대 歲凶爲災에 人力이 無如之何與아

양혜왕梁惠王이 그 백성을 구휼하는 政事를 자부하여 孟子께 과시하여 가로되 "과인이 나라에서 이 백성들을 편히 살게 하려는 바가 가히 마음을 다한다고 할 수 있으니, 무엇으로 이를 알 수 있으리오?

하내河內의 땅이 흉년이 들었으나 다행히 하동河東에 풍년이 들면 그 河內의 백성들을 하동으로 옮겨서 음식을 먹게 하고, 또한 河東의 곡식을 河內로 옮겨 이동할 수 없는 노인과 어린애에게 제공하며, 河東의 땅이 흉년이 들어 백성들을 옮기고 곡식을 옮겨 대처하는 일을 또한 河內와 같이 하나니, 나의 마음 씀이 이와 같습니다.

하지만 이웃나라에서 흉년을 구휼하는 政事를 살피건대, 진실로 과인寡人처럼 마음을 쓰는 자가 없으니, 이웃나라가 마음을 쓰지 아니하면 의당 백성들이 감소해야 하나 더 감소하지 아니하며, 과인이 마음을 쓰면 의당 백성들이 증가해야 하나 더 증가하지 않는 것은 그 까닭이 무엇입니까? 생각건대 흉년의 재앙이 들면 인력으로 어찌할 수 없는 것입니까?"

주해

● 歲凶(세흉) : 흉년凶年
《孟子·告子上》에 나온다. "富歲, 子弟多賴. 凶歲, 子弟多暴. 非天之降才爾殊也, 其所以陷溺其心者然也." 賴(힘입을 뢰) 陷(빠질 함) 溺(빠질 닉)

孟子ㅣ對曰 王이 好戰하실새 請以戰喩호리이다 塡然鼓之하여 兵刃旣接이어든 棄甲曳兵而走하되 或百步而後에 止하며 或五十步而後에 止하여 以五十步로 笑百步則何如하니잇고

曰 不可하니 直不百步耳언정 是亦走也니이다
曰 王如知此則無望民之多於鄰國也하소서

孟子께서 답하여 가라사대 "왕께서 전쟁을 좋아하시니 청컨대 전쟁으로써 비유하겠습니다. 둥둥 북을 쳐서 병기兵器가 이미 교전交戰하고 있는데, 갑옷을 버리고 병기를 끌며 달아나되, 혹자는 100보를 도망간 후에 멈추며 혹자는 50보를 도망간 후에 멈추고서, 50보를 도망간 자가 100보를 도망간 자를 비웃는다면 어떻습니까?"
가로되 "불가不可합니다. 다만 100보가 아닐 뿐, 이 또한 달아난 것입니다."
가라사대 "왕께서 만약 이런 도리를 아신다면 백성들이 이웃나라 보다 많아지기를 바라지 마소서."

塡은 鼓音也라 兵은 以鼓進하고 以金退라 直은 猶但也라 言此하여 以譬鄰國不恤其民하고 惠王能行小惠나 然이나 皆不能行王道以養其民하니 不可以此而笑彼也라
楊氏曰 移民移粟은 荒政之所不廢也라 然이나 不能行先王之道하고 而徒以是爲盡心焉이면 則末矣니라

'전塡'은 북소리이다. 병사는 북소리를 듣고 전진하고 쇳소리를 듣고 물러난다. '직直'은 '단但'과 같다.

이를 말하여 이웃나라가 그 백성들을 구휼하지 않고 혜왕惠王이 능히 작은 은혜만을 베풀었으나, 모두 王道를 행하여 그 백성들을 기른 것이 아니니, 이런 경우로 저런 경우를 비웃어서는 안된다고 비유한 것이다.

楊氏가 말했다. "백성들을 옮기고 곡식을 옮기는 일은 흉년을 구휼

하는 政事에서 폐할 수 없는 바이다. 그러나 先王의 道를 행하지 못하고 다만 이것으로 마음을 다했다고 한다면 말단末端의 일이다."

주해

- 兵刃(병인) : 병기兵器. 刃(칼날 인)
- 塡然鼓之(전연고지) : 둥둥 북을 쳐서 군사들을 진격하게 하다. '之'는 전사戰士를 가리킨다. 塡(북소리 전)
  "之字指戰士, 謂擊鼓以進戰士也."(四書補註備旨)
- 棄(버릴 기) 曳(끌 예) 直(다만 직)

【備旨】

孟子ㅣ對曰 王이 嘗好戰하실새 請以戰爲喩호리이다 彼兵以鼓進也니 方戰之時에 塡然鼓之하여 兩兵俱進하며 兵刃旣接하여 勝負以分이어늘 敗者ㅣ棄甲曳兵而走하되 或走至百步而後에 止하며 或走至五十步而後에 止하여 以五十步之近으로 而笑百步之遠하여 爲怯이면 則王은 以爲何如하니잇고
惠王曰 不可하니 夫戰은 以勝負爲勇怯하며 不以走之遠近으로 爲强弱하니 彼五十步者는 直偶未至於百步이언정 要之컨대 五十步亦走也니 安可以此笑彼耶아
孟子曰 王如知五十步之不可笑百步면 則無望民之加多於鄰國也하소서 蓋治以王道爲盡心은 猶戰以勝敵爲能勇이어늘 今王之行小惠는 是五十步之走也요 鄰國之不恤民은 是百步之走也라 其不能行王道는 一也니 又何厚望於民耶아

孟子께서 가라사대 "왕께서 일찍이 전쟁을 좋아하시니, 청컨대 전쟁으로 비유하리다. 저 병사들은 북소리로 전진을 하니 바야흐로 교전交戰할 때 둥둥 북소리를 듣고 진격하여 양쪽 병사들이 모두 진격하며, 병기兵器가 이미 교전하여 승부가 나거늘, 패한 자가 갑옷을 버리고 병기를 끌며 달아나되 혹자는 100보를 달아난 후에 멈추며, 혹자는 50보를 달아난 후에 멈추어, 50보를 가깝게 달아난 것으로 100보를 멀리 달아난 것을 비웃으며 비겁하다고 여긴다면 왕께서는 어떻게 생각하십니까?"

혜왕惠王이 가로되 "불가不可합니다. 무릇 전쟁은 승부를 용맹과 비겁함으로 삼으며, 멀리 달아나고 가깝게 달아난 것으로 강함과 약함으로 삼지 않습니다. 저 50보를 달아난 자는 다만 우연히 100보에 이르지 않았거늘, 요컨대 50보 또한 달아난 것이니 어찌 이것으로 저것을 비웃을 수 있겠습니까?"

孟子 가라사대 "왕께서 만약 50보로 100보를 비웃을 수 없다는 도리를 아신다면, 백성들이 이웃나라 보다 더 많아지기를 바라지 마소서. 대개 다스림은 왕도王道정치로 마음을 다한다고 여겨야 하는 것은 마치 전쟁에서 적을 이기는 것으로 능히 용감하다고 여긴 것과 습니다. 이제 왕께서 작은 은혜를 베푸는 것은 50보를 달아난 것이요, 이웃나라가 백성들을 구휼하지 못한 것은 100보를 달아난 것이니, 그들이 모두 王道를 행하지 못한 것은 한 가지이니, 또한 어찌 백성들이 많아지기를 바라겠습니까?"

주해

- 偶(뜻하지아니할 우) 怯(겁낼 겁)

不違農時면 穀不可勝食也며 數罟를 不入洿池면 魚鼈을 不可勝食也며 斧斤을 以時入山林이면 材木을 不可勝用也니 穀與魚鼈을 不可勝食하며 材木을 不可勝用이면 是는 使民養生喪死에 無憾也니 養生喪死에 無憾이 王道之始也니이다

농사철을 어기지 않게 하면 곡식을 가히 이루 다 먹을 수 없으며, 촘촘한 그물을 큰 연못에 사용하지 못하게 하면 어별魚鼈을 가히 이루 다 먹을 수 없으며, 산림에서 도끼로 벌목하는 일을 때로써 하면 재목을 가히 이루 다 쓰지 못할 것입니다.
곡식과 어별魚鼈을 가히 이루 다 먹지 못하며 목재를 가히 이루 다 쓰지 못하게 되면, 이는 백성들로 하여금 산 자를 봉양하고 죽은 자를 치상治喪하는데 유감遺憾이 없게 할 것이니, 산 자를 봉양하고 죽은 자를 치상治喪하는데 유감遺憾을 없게 하는 것이 王道의 시작입니다.

農時는 謂春耕 夏耘 秋收之時니 凡有興作에 不違此時하고 至冬하여 乃役之也라 不可勝食은 言多也라 數은 密也요 罟는 網也라 洿는 窊下之地니 水所聚也라 古者에 網罟를 必用四寸之目하여 魚不滿尺이어든 市不得粥하고 人不得食이라 山林川澤을 與民共之하되 而有厲禁하여 草木零落 然後에 斧斤入焉하니 此皆爲治之初에 法制未備에 且因天地自然之利 而撙節愛養之事也라 然飮食宮室은 所以養生이요 祭祀棺槨는 所以送死니 皆民所急而不可無者어늘 今皆有以資之면 則人無所恨矣라 王道는 以得民心爲本이라 故로 以此爲王道之始니라

'농시農時'는 봄에 밭 갈고 여름에 김매고 가을에 거두어들이는 때를 말함이니, 무릇 농사일에 이 때를 어기지 않게 하고 겨울이 되어 이에 부역을 시킨다.

'불가승식不可勝食'은 많다는 말이다. '촉數'은 빽빽함이요, '고罟'는 그물이다. '오洿'는 낮은 땅이니 물이 모이는 곳이다. 옛날에는 그물을 반드시 네 촌의 그물눈을 사용하게 하고, 물고기가 한 자의 크기로 자라지 않으면 시장에서 팔지도 못하고 사람들이 먹을 수도 없었다.

산림山林과 천택川澤을 백성들과 더불어 공유하되 엄히 금하여 초목이 영락零落한 후에 입산하여 도끼로 벌목을 허용하였다. 이는 모두 다스리는 초기에 법제法制가 미비未備하고 또한 천지자연天地自然의 이로움으로 인하여 절검節儉하고 애양愛養하는 일이다.

그러나 음식과 궁실은 산 자를 봉양하는 바요, 제사祭祀와 관곽棺槨은 죽은 자를 치상治喪하는 바이니, 모두 백성들에게 시급하여 없어서는 안 될 일이거늘, 이제 모두 자뢰함이 있다면 사람들이 한恨할 바가 없는 것이다. 왕도王道는 民心을 얻는 것을 근본으로 삼기 때문에 이것을 王道의 처음으로 삼은 것이다.

주해

- 數罟(촉고) : 촘촘한 그물. 數(빽빽할 촉) 罟(그물 고)
- 斧斤(부근) : 도끼와 자귀. '斤'은 '斧'의 일종이다. 斧(도끼 부) 斤(자귀 근)
  《禮記·王制》 편에 "草木零落, 然後入山林."이라고 했다.
- 洿池(오지) : 크고 깊은 연못. '洿'는 크고 깊다는 뜻이다. 洿(웅덩이 오) 池(못 지)
  《廣雅釋古》에 "洿, 深也."라고 했고, 양백준楊伯峻의 《孟子譯註》에 "洿音烏, 大也."라고 풀이했다.
- 撙節(준절) : 절제하다. 절검節儉하다. 撙(누를 준)
  《禮記·曲禮上》에 나온다. "是以君子恭敬、撙節、退讓以明禮." 孫希旦의 《集解》에 "有所抑而不敢肆謂之撙, 有所制而不敢過謂之節."라고 풀이했다.

肆(방자할 사)

● 愛養(애양) : 애호愛護하며 양육하다.

《漢書·張騫傳》에 나온다. "遂持歸匈奴, 單於愛養之." 騫(손상할 건)

● 憾(한할 감) 窊(우묵할 와) 棺(관 곽) 槨(덧널 곽)

【備旨】

> 王欲得民인댄 亦惟盡心於王道而已니 試爲王陳王道호리라 當法制未備之初엔 則貴因天地自然之利하여 而以撙節愛養爲先이라
>
> 如農時는 乃穀所自出也니 苟凡有興作에 不違三農之時면 則民得盡力於農畝하여 而五穀을 不可勝食矣요 洿池는 所以畜魚鼈也니 苟數罟를 不入洿池면 則洿池之所産者ㅣ無窮하여 而魚鼈을 不可勝食矣요 山林은 所以産材木也니 苟斧斤를 以時入山林이면 則山林之所生者ㅣ無盡하여 而材木를 不可勝用矣라
>
> 夫至穀與魚鼈을 不可勝食하며 材木을 不可勝用이면 則飮食宮室之有資하고 祭祀棺槨之有備라 是使民養生者로 得以遂其願하고 喪死者로 得以盡其情하여 而皆無憾也니 養生喪死에 無憾이면 則民心得하고 而邦本固하여 紀綱法度ㅣ可從此次第施行矣리니 此王者ㅣ治道之始事也니라

"왕께서 백성들을 얻고자 하면 또한 오직 왕도王道에 마음을 다할 따름이니, 시험 삼아 왕을 위하여 王道를 진언陳言하겠습니다. 法制가 아직 갖춰지지 못한 초기에는 천지자연의 이로움을 따르는 것을 귀하게

여겨 절검節儉하고 애양愛養하는 것을 우선으로 삼습니다.

예를 들어 농사철은 바로 곡식을 생산하는 때이니 진실로 농사일에 삼농三農의 때를 어기지 아니하면 백성들이 농사일에 힘을 다하여 오곡을 가히 이루 다 먹을 수가 없으며, 깊은 연못은 어별魚鼈을 기르는 곳이니 진실로 촘촘한 그물을 깊은 연못에 사용하지 못하게 하면 깊은 연못에서 생산된 것이 무궁하여 어별魚鼈을 가히 이루 다 먹을 수가 없으며, 산림山林은 재목이 생산되는 곳이니 진실로 도끼를 때로써 山林에 들어가 벌목을 하게 하면 山林에서 생산된 것이 다함이 없어 재목을 가히 이루 다 쓸 수가 없을 것입니다.

무릇 곡식과 어별魚鼈을 가히 이루 다 먹을 수 없으며 재목을 가히 이루 다 쓸 수가 없게 되면, 음식과 궁실에 자뢰함이 있게 되고 제사祭祀와 관곽棺槨의 일에 대비함이 있게 될 것입니다. 이는 백성 중에 산 자를 봉양하는 자로 하여금 그 바램을 이루게 하고, 죽은 자를 치상治喪하는 자로 하여금 그 마음을 다하게 하여 모두 유감이 없게 할 것입니다. 산 자를 봉양하고 죽은 자를 치상治喪하는데 유감이 없게 하면 民心을 얻어 나라의 근본이 견고해져서 기강과 법도가 이로부터 차례대로 시행될 것이니, 이는 王者가 王道를 다스리는 처음의 일입니다."

주해

● 三農(삼농) : 춘경春耕·하운夏耘·추수秋收를 말함. 耕(밭갈 경) 耘(김맬 운)

五畝之宅에 樹之以桑이면 五十者ㅣ可以衣帛矣며 雞豚狗彘之畜(휵)을 無失其時면 七十者ㅣ可以食肉矣며 百畝之田을 勿奪其時면 數口

之家ㅣ可以無飢矣며 謹庠序之教하여 申之以孝悌之義면 頒白者ㅣ不負戴於道路矣리니 七十者ㅣ衣帛食肉하며 黎民이 不飢不寒이요 然而不王者ㅣ未之有也니이다

"5묘畝의 택토宅土에 뽕나무를 심게 하면 50 먹은 자가 비단옷을 입을 수 있으며, 닭과 작은 돼지와 개와 큰 돼지를 기르는 때를 잃지 않게 하면 70 먹은 자가 고기를 먹을 수 있으며, 백묘百畝의 밭을 그 농사짓는 때를 빼앗지 않으면 여러 집안이 굶주림이 없으며, 학교의 가르침을 엄하게 하여 효제孝悌의 義를 거듭하여 가르치면 머리가 반백頒白이 된 자가 길에서 짐을 등에 지거나 머리에 이지 않을 것입니다. 70 된 자가 비단옷을 입고 고기를 먹으며 백성들이 굶주리지 않고 추위에 떨지 않는데도 왕 노릇을 하지 못한 자는 있지 아니합니다."

五畝之宅은 一夫所受니 二畝半은 在田하고 二畝半은 在邑하며 田中에 不得有木은 恐妨五穀이라 故로 於牆下植桑하여 以供蠶事라 五十에 始衰하여 非帛不煖하니 未五十者는 不得衣也라 畜은 養也라 時는 謂孕字之時니 如孟春에 犧牲을 毋用牝之類也라 七十에 非肉不飽하니 未七十者는 不得食也라 百畝之田은 亦一夫所受이니 至此則經界正하고 井地均하여 無不受田之家也라 庠序는 皆學名也라 申은 重也니 丁寧反覆之意라 善事父母ㅣ爲孝요 善事兄長이 爲悌라 頒은 與斑同이니 老人頭半白黑者也라 負는 任在背요 戴는 任在首라 夫民이 衣食不足이면 則不暇治禮義요 而飽煖無教면 則又近於禽獸

라 故로 旣富而敎以孝悌면 則人知愛親敬長而代其勞하여 不使之負戴於道路矣라

衣帛食肉에 但言七十은 擧重以見(현)輕也라 黎는 黑也니 黎民은 黑髮之人이니 猶秦言黔首也라 少壯之人은 雖不得衣帛食肉이나 然이나 亦不至於飢寒也라 此는 言盡法制品節之詳하고 極裁成輔相之道하여 以左右民이니 是는 王道之成也니라

'오묘지택五畝之宅'은 一夫가 받는 바니, 二畝半은 밭에 있고 二畝半은 읍에 있으며, 밭 가운데 나무를 심지 못하게 한 것은 五穀 농사를 방해할까 염려해서이다. 그러므로 담장 아래에 뽕나무를 심어서 누에치는 일에 공급하였다.

50세에 비로소 몸이 쇠하여 비단옷을 입지 않으면 따뜻하지 못하니 50세가 되지 않은 자는 비단옷을 입을 수 없다. '휵畜'은 기르는 것이다. '시時'는 새끼를 배는 때를 말하니, 맹춘孟春에 희생犧牲을 암컷을 쓰지 말라는 것과 같다.

70세에 고기가 아니면 배부르지 못하니 70세가 되지 않은 자는 고기를 먹을 수 없다.

'백묘지전百畝之田'은 또한 一夫가 받는 바이니, 이에 이르면 경계經界가 바르게 되고 정지井地가 고르게 되어 밭을 받지 않은 집이 없게 된다.

'상서庠序'는 모두 학교 이름이다. '신申'은 거듭함이니 정녕코 반복한다는 뜻이다. 부모를 잘 섬기는 것이 효孝요, 형장兄長을 잘 섬기는 것이 제悌이다. '반頒'은 반斑과 같으니 노인의 머리가 반은 희고 반은 검은 것이다. '부負'는 짐을 등에 지는 것이요, '대戴'는 짐을 머리에 이는 것이다. 무릇 백성들이 의식衣食이 부족하면 예의禮義를 다스릴 겨를이 없으며, 배불리 먹고 따뜻하게 옷입으며 가르침이 없으면 또한 금수禽獸

에 가깝게 된다. 그러므로 이미 부유하게 해주고 효제孝悌로써 가르치면 사람들이 어버이를 사랑하고 어른을 공경할 줄 알아서 그 수고로움을 대신하여 그들로 하여금 도로에서 짐을 등에 지거나 머리에 이도록 하지 않는다.

비단옷을 입고 고기를 먹는데 다만 70세만 말한 것은 중요한 것을 들어 가벼운 것을 나타낸 것이다. '려黎'는 검은 것이요 '여민黎民'은 머리가 검은 사람이니, 진秦나라 때 검수黔首라고 말한 것과 같다. 젊고 건장한 사람은 비록 비단옷을 입거나 고기를 먹지 않더라도 또한 굶주림과 추위에는 이르지 않는다. 이는 법제法制와 품절品節의 상세함을 다하고 재성보상裁成輔相의 道를 다하여 백성을 돕는 것을 말함이니, 이는 王道가 이루어진 것이다.

주해

- 五畝之宅(오묘지택) : 다섯 밭이랑의 택토宅土. '宅土'는 거주하는 토지를 말한다. 畝(밭이랑 묘[무])
- 豚彘(돈체): 작은 돼지와 큰 돼지. 또는 수돼지와 암퇘지. 豚(작은돼지 돈) 彘(큰돼지 체)
  "豚是雄豕, 彘是牝豕."(四書補註備旨) 豕(돼지 시) 牝(암컷 빈)
- 孕字(잉자) : 새끼를 배다. '자잉字孕'과 같다. 孕(아이밸 잉) 字(아이밸 자) 《元史·世祖紀十一》에 나온다. "敕禽獸字孕時無畋獵." 敕(조서 칙) 禽(새 금) 獸(짐승 수) 畋(사냥할 전) 獵(사냥할 렵)
- 黔首(검수) : 평민. 백성. 黔(검을 검)
  《禮記·祭義》에 나온다. "明命鬼神, 以爲黔首則." 鄭玄의 注에 "黔首, 謂民也."라 했고, 孔穎達의 疏에 "黔首, 謂萬民也. 黔, 謂黑也. 凡人以黑巾覆頭, 故謂之黔首."라고 풀이했다. 覆(덮을 복)
- 法制(법제) : 法令과 制度.
  《管子·法禁》에 나온다. "法制不議, 則民不相私." 漢나라 가의賈誼의 《新書·制不定》에도 나온다. "仁義恩厚, 此人主之芒刃也. 權勢法制, 此人主之斤斧也." 芒(칼끝 망)

● 品節(품절) : 등급이나 층차層差에 따라 예의와 제도를 더하는 것.
《禮記·檀弓下》에 나온다. "品節斯, 斯之謂禮." 이에 대해 孔穎達의 疏에 "品, 階格也. 節, 制斷也."라고 풀이했다. 《朱子語類》 卷62에도 나온다. "道亦是自然之理, 聖人於中爲之品節以教人耳."
雙峰饒氏가 말했다. "五畝宅百畝田是法制. 五十衣帛七十食肉是品節. 有法制無品節, 則泛而不足用. 有品節無法制, 則於何處取用."(大全註疏)

● 裁成相輔(재성상보) : 지나친 것을 억제하고 부족한 것을 도와줌. 裁(마름질할 재)
《易·泰》 卦에 나온다. "天地交泰, 後以裁成天地之道, 輔相天地之宜, 以左右民." 이에 대해 孔穎達의 疏에 "相, 助也. 當輔助天地所生之宜."라고 풀이했다.

【備旨】

由是로 因旣固之民心하여 定裁成之法制니 一夫授以五畝之宅하여 而牆下에 樹以飼蠶之桑이면 則帛有所出 而五十에 非帛不煖者ㅣ可以衣帛矣며
鷄豚狗彘之畜을 無失其孕字之時면 則肉有所出 而七十에 非肉不飽者ㅣ可以食肉矣며
一夫授以百畝之田하여 勿奪其耕耘收獲之時면 則粒食有所出 而數口之家에 仰事俯畜者ㅣ可以無飢矣며
衣食旣足이면 禮義可興이니 於是에 納子弟於庠序之中하여 而詩書禮義之教를 必致謹焉하고 又以孝悌爲百行之原하여 而丁寧反覆하고 獨申重焉이면 則人皆知愛親敬長 而代其勞하여 頒白之老者ㅣ不至負戴於道路矣라
夫七十之老者ㅣ衣帛食肉 而享夫飽煖之休하고 黎民之

壯者ㅣ不飢不寒하여 亦足乎衣食之用하며 生養旣遂면 敎化大行하니 擧天下之大ㅣ皆將戴之爲君師하여 而就吾之敎養矣리니 然而不興王於天下者ㅣ未之有也니이다 此는 王者治道之成也니 非王所宜盡心者哉아

이로 말미암아 이미 견고한 民心으로 인하여 지나친 것을 억제하는 법제法制를 정하니, 一夫에게 오묘五畝의 택토宅土를 주어 담장 아래에 누에를 칠 수 있는 뽕나무를 심게 하면 비단이 생산되어 50세에 비단옷이 아니면 따뜻하지 못한 자가 비단옷을 입을 수 있으며, 닭과 작은 돼지와 개와 큰 돼지를 기르는데 그 새끼를 배는 때를 잃지 않게 하면 고기가 생산되어 70세에 고기가 아니면 배부르지 못한 자가 고기를 먹을 수 있으며, 一夫에게 백묘百畝의 밭을 주어 밭갈고 김매고 수확하는 때를 빼앗지 아니하면 곡식이 생산되어 여러 식구를 거느린 집안에 위로 부모를 섬기고 아래로 처자를 돌보는 자가 굶주리게 하는 것이 없을 것이며, 의식이 이미 넉넉하면 예의禮義가 흥하게 되니, 이에 子弟를 상서庠序로 들여보내 시서詩書와 예의禮義의 가르침에 반드시 삼가함을 다하게 하고, 또한 효제孝悌를 백행百行의 근원으로 삼아 정녕코 반복하고 유독 재삼 강조하면 사람들이 모두 어버이를 사랑하고 어른을 공경할 줄 알아서 그 수고로움을 대신하여 머리가 반백頒白이 된 노인이 도로에서 짐을 등에 지거나 머리에 이는데 이르지 않게 될 것입니다.

무릇 70세된 노인이 비단옷을 입고 고기를 먹으며 배부르고 따뜻한 아름다움을 누리며, 백성 중에 장성壯盛한 자가 굶주리지 않고 춥지 아니하여 또한 衣食의 쓰임이 넉넉하며, 생양生養이 이미 이루어지면 교화가 크게 행해져서 온 天下의 대다수가 모두 장차 그를 떠 받들어 군사君師로 삼고 나의 가르침과 生養에 나아갈 것이니, 그렇게 하고서

도 天下에 왕 노릇을 일으키지 못할 자가 있지 아니합니다. 이는 王者의 治道가 이루어진 것이니 왕께서 마땅히 마음을 다해야 할 바가 아니겠습니까?

주해

● 仰事俯畜(앙사부휵) : 위로 부모를 섬기고 아래로 처자식을 돌보다.
《孟子·梁惠王上》 편에 나온다. "是故明君制民之産, 必使仰足以事父母, 俯足以畜妻子."

● 申重(신중) : 재삼 반복하여 강조하다. '재삼再三'과 같다.
《荀子·仲尼》에 나온다. "端慤以守之, 頓窮則疾力以申重之." 이에 대해 楊倞의 注에 "申重, 猶再三也."라고 풀이했다. 慤(삼갈 각)

● 生養(생양) : 양육하다.

狗彘ㅣ食人食而不知檢하며 塗有餓莩而不知發하고 人死則曰非我也라 歲也라 하나니 是ㅣ何異於刺人而殺之曰非我也라 兵也리오 王無罪歲하시면 斯天下之民이 至焉하리이다

개와 돼지가 사람이 먹을 것을 먹되 검제檢制할 줄 모르며, 길에 굶어 죽은 사람이 있는데 창고를 열어 구휼할 줄 모르며, 사람이 죽으면 가로되 '내가 아니라 세흉歲凶 때문이다.' 라고 하나니, 이것이 어찌 사람을 찔러 죽게 해놓고 '내 잘못이 아니라 병기兵器 때문이다.' 라고 한 것과 다르리오! 왕께서 세흉歲凶으로 罪를 돌리지 않으시면 이에 天下의 백성들이 이를 것입니다.

檢은 制也라 莩는 餓死人也라 發은 發倉廩以賑貸也라 歲는 謂歲之豐凶也라 惠王이 不能制民之産하고 又使狗彘로 得以食人之食하니 則與先王制度品節之意로 異矣라 至於民飢而死하여도 猶不知發하니 則其所移는 特民間之粟而已어늘 乃以民不加多로 歸罪於歲凶하니 是知刃之殺人이요 而不知操刃者之殺人也라 不罪歲면 則必能自反而益修其政하여 天下之民이 至焉하리니 則不但多於鄰國而已라

程子曰 孟子之論王道ㅣ不過如此하시니 可謂實矣라 又曰 孔子之時에 周室이 雖微나 天下ㅣ猶知尊周之爲義라 故로 春秋에 以尊周爲本이러니 至孟子時하여 七國爭雄하여 天下ㅣ不復知有周하고 而生民之塗炭이 已極하니 當是時하여 諸侯能行王道면 則可以王矣니 此ㅣ孟子所以勸齊梁之君也라 蓋王者는 天下之義主也니 聖賢亦何心哉시리오 視天命之改與未改耳시니라

'검檢'은 제재制裁함이다. '표莩'는 굶어죽은 사람이다. '발發'은 창고를 열어 구제하는 것이다. '세歲'는 그 해의 풍년과 흉년을 말한다. 혜왕惠王이 백성들의 생산을 제어制御하지 못하고, 또한 개와 돼지로 하여금 사람이 먹을 것을 먹게 하니 곧 先王이 제도制度하고 품절品節한 뜻과 다르다.

백성들이 굶주려 죽게 되었는데도 여전히 창고를 열어 구제할 줄을 모르니 곧 그 옮겼던 바는 다만 민간의 곡식일 뿐이거늘 이에 백성들이 많아지지 않는 것을 세흉歲凶으로 죄를 돌리니, 이는 칼날이 사람을 죽인 것만 알고 칼을 잡은 자가 사람을 죽인 것은 알지 못하는 것이다.

세흉歲凶으로 罪를 돌리지 않으면 반드시 능히 스스로를 돌이켜 그 政事를 더욱 닦게 되어 天下의 백성들이 이르게 될 것이니, 다만 이웃나라 보다 백성들이 많아질 뿐만이 아니다.

程子 가로되 "孟子께서 王道를 논한 것이 이와 같음에 지나지 않으니 실질적이라고 이를 만하다."

또 가로되 "孔子 당시에 주周나라 왕실이 비록 쇠미衰微해졌으나 天下가 여전히 주周나라를 높이는 것이 義라는 것을 알고 있었다. 그러므로 《春秋》에 존주尊周를 근본으로 삼았다. 그러나 孟子 당시에 이르러 칠국七國이 패권을 다투어 天下가 다시는 주周나라가 있음을 알지 못하였고 백성들의 도탄塗炭에 빠짐이 이미 극에 달하였다. 이 때를 당하여 제후諸侯가 능히 王道를 행하면 왕이 될 수 있었으니, 이것이 바로 孟子가 제齊나라와 양梁나라의 人君에게 권면勸勉하신 이유이다. 대개 王者는 天下의 의로운 君主를 말하니, 성현聖賢께서 또한 무슨 마음이셨으리오? 천명天命이 바뀌었는가 아직 바뀌지 아니했는가를 보셨을 뿐이다."

주해

● 餓莩(아부) : 굶주려 죽은 사람. '莩'는 '殍'와 통한다. 餓(굶주릴 아) 殍(주려죽을 표)

《後漢書·仲長統傳》에 나온다. "及至一方有警, 一面被災, 未逮三年, 校計騫短, 坐視戰士之蔬食, 立望餓殍之滿道." 災(재앙 재) 逮(미칠 체) 騫(이지러질 건)

● 賑貸(진대) : 구제救濟하다. 賑(구휼할 진) 貸(베풀 대)

《漢書·王莽傳下》에 나온다. "今東方歲荒民飢, 道路不通, 東嶽太師亟科條, 開東方諸倉, 賑貸窮乏, 以施仁道." 亟(빠를 극) 乏(가난할 핍)

● 七國(칠국) : 전국시대戰國時代에 패권을 다투던 일곱 나라. 곧 진秦·초楚·연燕·제齊·한韓·조趙·위魏 등을 말함.

《史記·蘇秦列傳》에 나온다. "凡天下戰國七." 또한 漢나라 허신許愼의 《說文

解字·序》에도 나온다. "其後諸侯力征, 不統於王, 惡禮樂之害己, 而皆去其典籍, 分爲七國."

● 塗(길 도) 倉(곳집 창) 廩(곳집 름) 特(다만 특)

【備旨】

今王이 平日에 不行王道하고 養民無法하며 反使狗彘之畜으로 得以食人之食이나 而不知所檢制하며 至於塗有餓莩로되 又不知發倉廩以賑貸之하니 雖移民移粟이나 而民且飢以死矣라 乃見人之死 而不加多면 則曰非我不用心之罪也라 歲凶이 害之也라 하나니 是何異於操刃刺人而殺之 曰非我殺之也라 兵刃殺之也리오 王誠無歸罪於歲하고 而自反於己하며 擧王道之始終하여 而一一盡心焉이면 斯天下之民이 至而可以王矣리니 豈特加多於鄰國而已哉아

"이제 왕께서 平日에 王道를 행하지 아니하고 백성들을 애양愛養하는데 법도가 없으며, 도리어 개와 돼지의 가축으로 하여금 사람이 먹는 것을 먹게 하여도 검제檢制할 줄 알지 못하며, 길에 굶어 죽은 사람이 있어도 또한 창고를 열어 구휼할 줄 모르니, 비록 백성들을 옮기고 곡식을 옮길지라도 백성들이 또한 굶어 죽을 것입니다.

그런데도 백성들이 죽어가고 그 수가 많아지지 아니하면 '내가 마음을 쓰지 못한 죄가 아니라 세흉歲凶이 백성들을 해친 것이다.'라고 말하니, 이는 칼을 들고 사람을 찔러 죽이고서 '내가 죽인 것이 아니라 병기의 칼날이 죽인 것이다.'라고 말하는 것과 무엇이 다르겠습니까?

왕께서 진실로 죄를 세흉歲凶으로 돌리지 않고 스스로 자신에게 돌

이키며, 王道의 처음과 끝을 들어 일일이 마음을 다한다면 이는 天下의 백성들이 몰려들어 왕 노릇을 할 수 있을 것이니, 어찌 다만 이웃나라 백성들보다 더 많아질 뿐이겠습니까?"

주해

● 檢制(검제) : 제한하고 절제하다.
《後漢書·陳俊傳》에 나온다. "(陳俊)撫貧弱, 表有義, 檢制軍吏, 不得與郡縣相幹, 百姓歌之." 撫(어루만질 무)

【1·4】

梁惠王이 曰寡人이 願安承敎하노이다

양혜왕梁惠王이 가로되 "과인寡人이 원하건대 기꺼이 가르침을 받고자 하옵니다."

承上章하여 言願安意以受敎라

上章을 이어 원하건대 마음을 편안히 하여 가르침을 받겠다는 말이다.

주해

● 寡人(과인) : 제후諸侯가 스스로를 부르는 겸칭謙稱.
● 安(안) : 기꺼이. 즐거이.
"安對勉强看, 見其出於誠意."(四書補註備旨)

【備旨】

梁惠王이 聞孟子之言하고 有感曰 夫子之擧王道以敎寡人者ㅣ至矣라 然而國政多端하고 善言必再니 寡人이 願安意以承受夫子之敎하노니 幸盡言而無隱이 可也라

양혜왕梁惠王이 孟子의 말씀을 듣고 감응이 있어 가로되 "夫子께서 王道를 들어 과인寡人을 가르치는 것이 지극하나, 국정國政이 다단多端하고 선언善言은 반드시 재삼 들어야 하니, 과인이 원하건대 마음을 편안히 하여 夫子의 가르침을 받고자 하옵니다. 바라건대 숨김없이 말씀을 다하시는 것이 좋겠습니다."

孟子對曰 殺人以梃與刃이 有以異乎잇가
曰 無以異也니이다

孟子께서 대답하여 가라사대 "사람을 죽이는데 몽둥이와 칼로 죽이는 것이 차이가 있습니까?"
가로되 "차이가 없습니다."

梃은 杖也라

'정梃'은 몽둥이다.

주해

● 梃(몽둥이 정)

【備旨】

孟子ㅣ以爲虐政除然後에 仁政擧하여 對曰 臣이 試問王하노이다 殺人者ㅣ以梃仗與兵刃이 有以異乎잇가
王曰 梃之與刃이 器雖不同이나 而致人於死는 則一이니 無以異也니이다

孟子께서 학정虐政이 제거된 연후에 인정仁政이 거행된다고 여기고서 답하여 가라사대 "臣이 시험삼아 왕에게 묻겠습니다. 사람을 죽인 자가 몽둥이와 병인兵刃으로 죽이는데 차이가 있습니까?"

왕이 가로되 "몽둥이와 병인兵刃이 도구는 비록 같지 아니하나 사람을 죽게 만드는 것은 한 가지이니 차이가 없습니다."

주해

● 虐(모질 학)

以刃與政이 有以異乎잇가 曰 無以異也니이다

"병인兵刃과 학정虐政으로 사람을 죽이는데 차이가 있습니까?"
가로되 "차이가 없습니다."

孟子ㅣ又問에 而王答也라

孟子께서 또 물으시니 왕이 답한 것이다.

주해

● 政(정) : 여기서는 학정虐政을 말한다.
新安陳氏가 말했다. "政謂虐政. 梃刃政殺人, 承上章歲兵之意而敷演之."(大全註疏) 敷(펼 부)

【備旨】

孟子ㅣ又問殺人者ㅣ以兵刃與虐政이 有以異乎잇가
王曰 刃之與政이 事雖不同이나 而致人於死는 則一이니 無以異也니이다

孟子께서 또 물으셨다. "사람을 죽인 자가 병인兵刃과 학정虐政으로 사람을 죽이는데 차이가 있습니까?"

왕이 가로되 "병인兵刃과 학정虐政이 일이 비록 같지 아니하나 사람을 죽게 만드는 것은 한 가지이니 차이가 없습니다."

曰庖有肥肉하며 廐有肥馬요 民有飢色하며 野有餓莩면 此는 率獸而食人也니이다

가라사대 "주방에 살찐 고기가 있으며 마구간에 살찐 말이 있는데, 백성들이 굶주린 기색이 있으며 들판에 굶어죽은 시체가 있다면, 이는 짐승을 이끌고서 사람을 잡아먹게 하는 것과 같습니다."

厚斂於民하여 以養禽獸 而使民飢以死면 則無異於驅獸以食人矣라

백성들에게 세금을 무겁게 거두어 금수禽獸를 길러 백성들로 하여금 굶어 죽게 만들면 짐승을 몰아 사람을 잡아먹게 하는 것과 다름이 없는 것이다.

주해

- 庖(포) : 부엌. 주방. 庖(부엌 포)
  "庖是熟食之所."(四書補註備旨)
- 廐(구) : 마구간. 廏(마구간 구)
  "廐是養馬之閑. 肥肉肥馬皆厚斂於民以養者."(四書補註備旨)

【備旨】

> 孟子ㅣ因其明하여 直指其虐政曰 王이 旣知虐政無異於梃刃이면 則今日之政이 當在所革也라 充王之庖有肥肉焉하며 充王之廐有肥馬焉이요 厲民故로 民有飢餒之色하며 野有餓死之人이라 夫養禽獸而致民之死면 此는 無異驅率其獸而食人也니 梃刃之殺人은 不過是矣니라

孟子께서 그(양혜왕)가 이해함에 따라 곧바로 그 학정虐政을 지적하여 가라사대 "왕께서 이미 학정虐政이 몽둥이와 병인兵刃으로 사람을 죽이는 것과 차이가 없음을 아셨으면 今日의 政事에는 마땅히 고칠 바가 있습니다. 왕의 주방에 살찐 고기를 채우며 왕의 마구간에 살찐 말을 채우면서 백성들을 괴롭게 하기 때문에 백성들에게 굶주린 기색이 있으며 들판에 굶어죽은 사람들이 있는 것입니다.

무릇 짐승을 길러 백성들을 죽음에 이르게 한다면 이는 그 짐승을 이끌고서 사람들을 잡아먹게 하는 것과 다름이 없으니, 몽둥이와 병인兵刃으로 사람을 죽이는 것은 이것에 지나지 않습니다."

주해

● 餒(주릴 뇌) 厲(괴롭힐 려)

獸相食을 且人이 惡(오)之하나니 爲民父母라 行政하되 不免於率獸而食人이면 惡(오)在其爲民父母也리잇고

"짐승들이 서로 잡아먹는 것을 또한 사람들이 미워하나니, 백성들의 父母가 되어 政事를 행하되 짐승을 이끌어 사람을 잡아먹게 하는 짓을 면치 못하면 어디에 그가 백성들의 父母가 됨이 있겠습니까?"

君者는 民之父母也라 惡在는 猶言何在也라

'人君'이란 백성의 父母이다. '오재惡在'는 '하재何在'란 말과 같다.

주해

● 何在(하재) : '어디에 ~이 있으리오!' '나재哪在'와 같다. 哪(어찌 나)

【備旨】

夫率獸食人은 乃虐政之大者니 不可不急改也라 如獸本異類로되 其自相呑噬를 人之見者ㅣ且以其同類相殘而惡之온 況君者는 民之父母니 爲民父母라 行政하되 不免於率獸而食人이면 則是以子民之責으로 而反爲殘民之事니 惡在其爲民之父母也哉아

"무릇 짐승을 이끌어 사람을 잡아먹게 하는 것은 학정虐政 중에 큰 것이니 가히 급히 고치지 않으면 안됩니다. 예를 들어 짐승이란 본디 종류가 다르되 자기들끼리 서로 잡아먹는 것을 사람들이 보고서 또한 그들이 동류상잔同類相殘하는 것을 미워하거늘, 하물며 人君은 백성들의 부모이니 백성들의 부모가 되어 政事를 다스리는데 짐승을 이끌어 사람을 잡아먹게 하는 짓을 면치 못하면, 이는 백성을 자식처럼 여기는 책무를 도리어 백성을 해치는 일로 삼은 것이니, 어디에 그가 백성들의 부모가 됨이 있겠습니까?"

주해

- 呑噬(탄서) : 이빨로 씹지 않고 삼키다. '탄인呑咽'과 같다. 呑(삼킬 탄) 噬(씹을 서) 咽(삼킬 인)

仲尼曰 始作俑者ㅣ其無後乎인저 하시니 爲其象人而用之也시니 如之何其使斯民飢而死也리잇고

"중니仲尼께서 가라사대 '처음으로 목우木偶를 만들어 순장殉葬을 지낸 자는 그 후손이 없을 것인저!' 라고 하셨으니, 이는 그가 사람을 형상하여 순장殉葬에 사용했기 때문입니다. 그러니 어찌 이 백성으로 하여금 굶주려 죽게 만들 수 있겠습니까?"

俑은 從葬木偶人也라 古之葬者ㅣ束草爲人하여 以爲從衛를 謂之芻靈이니 略似人形而已러니 中古에 易之以俑하니 則有面目機發하여 而大似人矣라 故로 孔子ㅣ惡(오)其不仁하사

而言其必無後也라 孟子ㅣ言此作俑者는 但用象人以葬이로되 孔子ㅣ猶惡(오)之하시니 況實使民飢而死乎아

李氏曰 爲人君者ㅣ固未嘗有率獸食人之心이나 然이나 徇一己之欲하여 而不恤其民이면 則其流ㅣ必至於此라 故로 以爲民父母로 告之하시니 夫父母之於子에 爲之就利避害하여 未嘗頃刻而忘於懷하나니 何至視之를 不如犬馬乎아

'용俑'은 장례葬禮에 사용하는 나무인형이다. 옛날에 장사葬事 지내는 자가 풀을 동여매어 사람 형상을 만들어서 호위하는 자로 삼고 이를 '추령芻靈'이라 했는데 대략 인형과 비슷할 따름이었다. 그러나 中古 시대에 이르러 '용俑'으로 바꾸니, 얼굴과 눈의 움직임이 있어 사람과 크게 유사했다. 그러므로 孔子께서 그 어질지 못함을 싫어하여 그가 필시 후손이 없을 것이라고 말씀하신 것이다.

孟子께서는 '이 목우木偶를 만든 자는 다만 사람을 형상하여 장사葬事에 썼을 뿐인데도 孔子께서 오히려 이를 미워하셨으니, 하물며 실제로 백성들로 하여금 굶주려 죽게 만드는 자에 있어서랴!'라고 말씀하신 것이다.

李氏 가로되 "人君이 된 자가 본디 일찍이 짐승을 이끌어 사람을 잡아먹게 하려는 마음이 없었으나, 한 몸의 사욕私欲을 따라 그 백성들을 구휼하지 아니하면 그 폐단이 반드시 여기에 이르게 된다. 그러므로 백성들의 부모가 된 것으로 고하신 것이다. 무릇 부모는 자식에 대하여 그를 위해 이로움에 나아가고 해로움을 피하도록 하여 일찍이 경각이라도 마음에 잊은 적이 없으니, 어찌 자식 보기를 견마犬馬만도 못할 지경에 이르리오?"

주해

● 俑(용) : 목우木偶 또는 토우土偶를 말함. 俑(허수아비 용) 偶(인형 우)

趙氏가 말했다. "木人設機而能踊跳. 故名曰俑."(大全註疏)

● 從葬 : 예전에, 장사 지낼 때 허수아비를 송장과 함께 묻던 일. 葬(장사지낼 장)

● 從衛(종위) : 수행하며 호위하는 사람. 衛(지킬 위)
《宋史·張浚傳》에 나온다. "先是, 靖康城破, 金人逼脅君、後、太子、宗室北行, 多瓊之謀. 又乘勢剽掠, 左右張邦昌, 爲之從衛." 靖(편안할 정) 逼(협박할 핍) 脅(옆구리 협) 瓊(옥 경) 剽(빠를 표) 掠(노략질할 략)

● 芻靈(추령) : 띠풀로 엮어 만든 사람이나 말의 형상. 고대에 장사지내는 물건으로 쓰였다. 芻(꼴 추) 靈(신령 령)
《禮記·檀弓下》에 나온다. "塗車芻靈, 自古有之, 明器之道也." 이에 대해 鄭玄의 註에 "芻靈, 束茅爲人馬, 謂之靈者, 神之類."라 했고, 孫希旦의 集解에 "塗車芻靈, 皆送葬之物也."라고 풀이했다. 塗(길 도) 茅(띠 모)

● 機發(기발) : 기관機關으로 동작을 제어하다.
晉나라 張華의 《博物志》 卷八에 나온다. "燕太子丹質於秦, 秦王遇之無禮, 不得意, 思欲歸…… 秦王不得已而遣之, 爲機發之橋, 欲陷丹. 丹驅馳過之, 而橋不發." 陷(빠질 함) 驅(몰 구) 馳(달릴 치)

● 避(피할 피) 徇(좇을 순)

【備旨】

獨不聞仲尼之惡不仁者乎아 仲尼曰 始作俑以從葬者ㅣ最爲不仁하니 此人은 殆無後乎저하시니 仲尼何以惡(오)之若此오 爲其作俑象人하여 而用之以殉葬也라 夫象人以殉葬도 孔子ㅣ猶惡(오)之온 況以剝民養物하여 實使斯民으로 飢而死也리오 此豈不尤見惡於仲尼耶아 如之何其可哉오 吾王이 有受敎之誠인댄 必先除虐政而可也니라

"홀로 중니仲尼께서 不仁을 미워하신 것을 들어보지 못했습니까? 仲尼 가라사대 '처음으로 목우木偶를 만들어 장사葬事에 사용한 자가 가장 不仁하니, 이 사람은 아마도 후손이 없을 것이다!'라고 하셨습니다. 仲尼께서 어찌 그를 이처럼 미워하셨으리오? 이는 그가 목우木偶를 만드는데 사람을 형상하여 순장殉葬에 사용했기 때문입니다.

무릇 사람을 형상화하여 순장殉葬하는 것도 孔子께서 오히려 미워하셨거늘, 하물며 백성들을 괴롭히고 짐승들을 길러 실제로 이 백성들로 하여금 굶어 죽게 만드는데 있어서랴!

이것이 어찌 孔子에게 더욱 미움을 당하지 않겠습니까? 그러니 어떻게 하면 좋겠습니까? 우리 왕께서 가르침을 받아들이는 정성이 있으니, 반드시 먼저 학정虐政을 제거하는 것이 좋을 것입니다."

주해

● 殆(거의 태) 剝(괴롭힐 박) 尤(더욱 우)

[1·5]

梁惠王이 曰晉國이 天下에 莫强焉은 叟之所知也라 及寡人之身하여 東敗於齊에 長子ㅣ死焉하고 西喪地於秦七百里하고 南辱於楚하니 寡人이 恥之하여 願比死者하여 一洒之하노니 如之何則可니잇고

양혜왕梁惠王이 가로되 "우리 진晉나라가 天下에 이 보다 강한 나라가 없다는 것은 선생께서도 아실 것입니다. 그러나 과인寡人의 시대에 이

르러 동으로 제齊나라에 패하여 장자長子가 죽었고, 서으로 진秦나라에게 땅 7백리를 잃었으며, 남으로 초楚나라에 모욕을 당하였습니다. 과인寡人이 이를 부끄럽게 여겨 원컨대 죽은 자들을 위하여 한 번 설욕雪辱하고자 하오니 어떻게 하면 좋겠습니까?"

魏는 本晉大夫魏斯ㅣ與韓氏趙氏로 共分晉地하여 號曰三晉이라 故로 惠王이 猶自謂晉國이라 惠王三十年에 齊擊魏하여 破其軍하고 虜太子申하며 十七年에 秦取魏少梁하고 後에 魏ㅣ又數(삭)獻地於秦하며 又與楚將昭陽戰敗하여 亡其七邑하니라 比는 猶爲也니 言欲爲死者하여 雪其恥也라

위魏나라는 본래 진晉나라 大夫인 위사魏斯가 한씨韓氏·조씨趙氏와 더불어 함께 진晉나라 땅을 분할하여 '삼진三晉'이라고 불렀다. 그러므로 혜왕惠王이 여전히 스스로 '진국晉國'이라고 부른 것이다.

혜왕惠王 30년에 제齊나라가 위魏나라를 공격하여 그 군대를 격파하고 태자 신申을 포로로 사로잡았다. 17년에 진秦나라가 위魏나라의 소량少梁 땅을 취한 후, 위魏나라가 또 자주 진秦나라에게 땅을 바쳤다. 또한 초楚나라 장수 소양昭陽과 싸우다 패전하여 그 7개 읍을 잃었다. '비比'는 '爲'와 같으니, 죽은 자를 위하여 그 치욕을 씻고자 한다는 말이다.

주해

● 晉國(진국) : 진晉나라.

유보남劉寶楠의 《愈愚錄》卷4에 나온다. "孟子, 梁惠王自稱晉國, 魏人周霄亦自稱晉國. 此晉國卽指魏國也." 霄(하늘 소)

"晉國卽指文侯武侯時, 非謂從前晉國也."(四書補註備旨)

● 爲(위) : 위하다. '대代'나 '체替'와 같다. 爲(위할 위)
● 一洒(일쇄) : 한번 크게 설욕雪辱을 하다. 洒(물뿌릴 쇄)
● 擊(칠 격) 虜(포로 로) 數(자주 삭)

【備旨】

> 梁惠王이 厚幣招賢은 原爲報怨이요 起見一心이 只要富强其國이니 卽孟子仁義之談이 終不能開其迷惑이라
> 故로 言曰 吾晉國이 在先人時엔 甲兵이 稱雄於列國하여 東勝齊하고 西勝秦하고 南勝楚하여 天下莫强於晉焉하니 此는 叟之所知也라 及至寡人之身하여 以東則馬陵覆師하고 而戰敗於齊하여 長子申이 爲其所虜而死焉하니 是晉弱於齊矣요 以西則取我少梁하고 繼割夫河西하여 喪地於秦者ㅣ凡七百里니 是晉弱於秦矣요 以南則與楚將昭陽戰敗하고 亡其七邑 而見辱於楚하니 是晉弱於楚矣라 此皆寡人이 貽恥於先人者也니 今將報齊國之怨하고 摧秦楚之鋒하여 願爲死者하여 一洒其恥하고 使晉復强於天下하니 不知케라 當用何計策而後에 可니잇고

양혜왕梁惠王이 폐백을 후사厚賜하여 현자賢者를 초빙한 것은 원래 원한을 갚고자 한 것이며, 그 착상着想과 一心이 다만 그 나라를 부강하게 만들려는 것이었다. 孟子께서 인의仁義를 논하였으나 끝내 그 미혹迷惑을 열어 줄 수가 없었다.

그러므로 (孟子께) 말하여 가로되 "우리 진晉나라가 先人 당시에는 군대가 열국列國보다 월등하여, 東으로 제齊나라를 압도하고 西로 진秦나라를 압도하고 南으로 초楚나라를 압도하여 天下에 진晉나라 보다

강한 나라가 없었으니 이는 선생께서 잘 아시는 바입니다.

그러나 과인寡人의 시대에 이르러 東으로는 마릉馬陵에서 군대가 전멸하고 제齊나라에게 패전敗戰하여 長子 신申이 포로가 되어 죽었으니 이는 진晉나라가 제齊나라 보다 약한 것이요, 西로는 우리의 소량少梁 땅을 취하고 계속하여 하서河西의 땅을 분할하여 진秦나라에 빼앗긴 땅이 모두 7백里가 되었으니 이는 진晉나라가 진秦나라 보다 약한 것이요, 남으로는 초楚나라의 장수 소양昭陽에게 패전敗戰하고 그 7개 읍을 잃어 초楚나라에 욕을 당하였으니 이는 진晉나라가 초楚나라 보다 약한 것입니다.

이는 모두 寡人이 先人들에게 치욕을 끼친 것이니 이제 장차 제齊나라에게 원한을 갚고 진초秦楚의 예봉銳鋒을 꺾어, 원컨대 죽은 자를 위하여 한번 크게 그 치욕을 갚고 진晉나라로 하여금 天下에 강성함을 회복하게 하고자 합니다. 그러니 마땅히 어떠한 계책을 쓴 후에야 이것이 가능할지 모르겠습니다.

주해

- 起見(기견) : 모종의 목적을 달성하기 위하여 모종의 원인에서부터 시작하다. 곧 '착상着想'과 같다.
  明나라 주국정朱國禎의 《湧幢小品·母喪不嫁》에 나온다. "節女都從夫家上起見. 惟元時, 容城縣王氏女以母喪, 感念不嫁終身, 獲旌命." 禎(상서 정) 湧(샘솟을 용) 幢(기 당) 獲(얻을 획) 旌(기 정)
- 稱雄(칭웅) : 무력이나 특정 세력에 의하여 통치를 하거나 독점적 지위를 차지하다.
  宋나라 진량陳亮의 《上孝宗皇帝第一書》에 나온다. "場屋之士以十萬數, 而文墨小異, 已足以稱雄於其間矣."
- 覆師(복사) : 군대가 전멸하다. 覆(뒤집힐 복) 師(군대 사)
  《南史·宋紀中·前廢帝論》에 나온다. "至於攻戰日時, 咸聽成旨, 雖覆師喪旅, 將非韓白, 而延寇蹙境, 抑此之由." 咸(다 함) 寇(도적 구) 蹙(막힐 축)

孟子ㅣ對曰 地方百里而可以王이니이다

孟子께서 대답하여 가라사대 "땅이 방方 백리百里면 왕 노릇을 할 수가 있습니다."

百里는 小國也라 然이나 能行仁政이면 則天下之民이 歸之矣라

'백리百里'는 小國이다. 그러나 능히 인정仁政을 행하면 天下의 백성들이 그에게 돌아가게 된다.

주해

● 方(방) : 반경 범위내의 면적. 곧 '방원方圓'을 말한다.
《墨子·公輸》편에 나온다. "荊之地方五千里, 宋之地方五百里." 荊(가시나무 형)
'方圓'에 대해서는《宣和遺事》前集에 나온다. "徽宗道 見說月宮方圓八百里, 若到廣寒宮, 須有一萬億, 如何得到" 徽(아름다울 휘)

【備旨】

孟子ㅣ對曰 王은 無患喪敗之難以自振也니 雖地方百里之小라도 亦可興王業於天下이온 況魏堂堂千里乎아

孟子께서 답하여 가라사대 "왕께서는 땅을 잃고 전쟁에서 패한 곤란困難함을 근심하지 말고 스스로 진작振作해야 하니, 비록 방方 백리百里의 작은 땅일지라도 또한 가히 天下에 왕업王業을 일으킬 수 있거늘,

하물며 위魏나라는 당당한 천리지국千里之國임에랴!"

王如施仁政於民하사 省刑罰하시며 薄稅斂하시면 深耕易耨하고 壯者ㅣ以暇日로 修其孝悌忠信하여 入以事其父兄하며 出以事其長上하리니 可使制梃하여 以撻秦楚之堅甲利兵矣리이다

"왕께서 만약 인정仁政을 백성에게 베풀어 형벌刑罰을 줄이시며 세금 거두는 것을 적게 하시면, 백성들이 깊이 밭 갈고 부지런히 김을 매고 장성한 자들이 한가한 날로써 그 효제孝悌와 충신忠信을 닦아, 들어와서 父兄을 섬기며 나가서 그 어른을 섬길 것이니, 그들로 하여금 몽둥이를 만들어 진초秦楚의 견고한 갑옷과 날카로운 병기를 매질 할 수가 있을 것입니다."

省刑罰 薄稅斂 此二者는 仁政之大目也라 易는 治也라요 耨는 耘也라 盡己之謂忠이요 以實之謂信이라 君行仁政이면 則民得盡力於農畝하고 而又有暇日以修禮義라 是以로 尊君親上而樂於效死也라

형벌을 줄이고 세금을 적게 거둔다는 이 두 가지는 인정仁政의 큰 조목이다. '이易'은 다스림이다. '누耨'는 김을 매는 것이다. 자기 마음을 다하는 것을 '충忠'이라 이르고, 성실로써 하는 것을 '신信'이라 이른다. 人君이 인정仁政을 행하면 백성들이 농사일에 힘을 다하며, 또한 한가

한 날에 예의禮義를 닦아 이로써 人君을 높이고 윗사람을 친히 하여 기꺼이 목숨을 바칠 것이다.

주해

- 效死(효사) : 목숨을 바쳐 죽을 힘을 다함. 效(다할 효) 《公羊傳·昭公十三年》條에 나온다. "比之義, 宜乎效死不立."
- 薄(엷을 박) 耨(김맬 누) 撻(매질할 달) 耘(김맬 운)

【備旨】

所謂百里可王者는 惟行仁政而已니 王如果施仁政於民하사 刑罰則省之하여 不戕民命하시며 稅斂則薄之하여 以養民生하시면 使民得以安業力農하여 春深於耕하고 夏易於耨라 衣食旣足이면 禮義可興하여 而民之壯者ㅣ 又以其閑暇之日로 修明其孝悌忠信之義하여 入以此事其家之父兄하며 出以此事其國之長上하리니 如此면 則民志孚而忠義奮하여 可使吾孝悌忠信之民으로 斬木爲梃하여 以撻秦楚之堅甲利兵矣리니 無畏於秦楚니 何齊之足言哉아

"이른바 백리 땅을 가지고 왕 노릇을 할 수 있는 경우는 오직 仁政을 행할 뿐입니다. 왕께서 만약 과연 백성들에게 仁政을 행하여 형벌은 줄여서 백성들의 목숨을 해치지 않으며, 세금을 거두는 일은 적게 하여 民生을 애양愛養하시면, 백성들로 하여금 생업生業에 편안하고 농사일에 힘쓰게 하여, 봄에 밭을 깊이 갈고 여름에 부지런히 김을 매게 할 수 있을 것입니다.

衣食이 이미 넉넉해지면 예의가 일어나서 백성중에 장성한 자가 또한 그 한가한 날로써 그 효제孝悌와 충신忠信의 義를 밝게 드러내어, 들어와서는 이로써 그 집안의 父兄을 섬기며, 나가서는 이로써 그 나라의 어른을 섬기게 됩니다. 이와 같으면 백성들의 뜻이 미덥게 되고 충의가 떨쳐져서 가히 효제충신孝悌忠信하는 우리 백성들로 하여금 나무를 베어 몽둥이를 만들어 진초秦楚의 견고한 갑옷과 날카로운 병인兵刃을 매질할 수 있을 것이니, 진초秦楚에 대해서도 두려움이 없거늘 어찌 제齊나라를 말하리오?"

주해

- 修明(수명) : 밝게 드러내다.
  唐나라 원진元稹 《批宰臣請上尊號第二表》에 나온다. "卿宜爲我提振大法, 修明政經." 稹(치밀할 진) 卿(벼슬 경)
- 戕(죽일 장) 孚(미쁠 부) 斬(벨 참)

彼ㅣ奪其民時하여 使不得耕耨하여 以養其父母하면 父母ㅣ凍餓하며 兄弟妻子ㅣ離散하리니

저들이 그 백성의 농사철을 빼앗아 하여금 밭 갈고 김매어서 그 부모를 봉양하지 못하게 하면, 부모가 추위와 굶주림에 처하며, 형제와 처자가 헤어지고 흩어질 것이니.

彼는 謂敵國也라

'피彼'는 적국을 말한다.

주해

- 彼(피) : 저들. 곧 진秦나라와 초楚나라를 말한다. 彼(저 피)
- 離散(이산) : 사방으로 흩어지다.

【備旨】

> 秦楚之堅甲利兵이 最稱雄於天下나 而吾謂制梃可撻者는 何哉오 正以彼秦楚之君이 不行仁政 而煩刑厚斂하여 以奪民耕耨之時하여 使民不得深耕易耨하여 以奉養其父母하면 致其父母凍餓 而衣食無所仰給하며 兄弟妻子離散 而室家不能相保하리니 此救死不贍之民이 奚暇修其孝弟忠信哉아

"진초秦楚의 견고한 갑옷과 날카로운 병인兵刃이 천하제일天下第一이라고 일컬어지나, 내가 몽둥이를 만들어 가히 매질할 수 있다고 말한 것은 무엇이겠습니까?

바로 저 진초秦楚의 人君이 인정仁政을 행하지 아니하며 형벌로 괴롭히고 세금을 많이 거두어, 백성들이 밭 갈고 김매는 때를 빼앗아 백성들로 하여금 깊이 밭 갈고 부지런히 김을 매어 그 부모를 봉양하지 못하게 하면, 그 부모가 추위와 굶주림에 이르게 되어도 衣食을 기대어 의지할 수 없으며, 형제와 처자가 뿔뿔이 흩어져 집안을 능히 서로 보존하지 못하게 될 것이니, 이는 죽어가는 자를 구하는데도 넉넉하지 못한 백성들이 어느 겨를에 효제孝悌와 충신忠信을 닦을 수 있겠습니까?"

주해

- 不贍(불섬) : 넉넉하지 못하다. 贍(넉넉할 섬)

《管子·國蓄》에 나온다. "歲適美, 則市糶無予, 而狗彘食人食. 歲適凶, 則市糴釜十繈, 而道有餓民, 然則豈壤力固不足, 而食固不贍也哉!" 糴(쌀사들일 적) 繈(짐승이름 강)

● 仰給(앙급) : 의지하다. 의뢰하다.
《史記·平準書》에 나온다. "七十餘萬口, 衣食皆仰給縣官."

彼ㅣ陷溺其民이어든 王이 往而征之하시면 夫誰與王敵이리잇고

"저들이 그 백성을 함정과 물에 빠뜨리고 왕께서 가서 바로잡으면 누가 왕과 대적하겠습니까?"

陷은 陷於阱이요 溺은 溺於水니 暴虐之意라 征은 正也니 以彼暴虐其民으로 而率吾尊君親上之民하여 往正其罪면 彼民이 方怨其上하여 而樂歸於我하리니 則誰與我爲敵哉리오

'함陷'은 함정에 빠뜨림이요, '익溺'은 물에 빠뜨림이니 모두 포학하다는 뜻이다. '정征'은 바로잡다는 것이니 저들이 그 백성들을 포학하게 대하기 때문에 우리의 人君을 높이고 윗사람을 친히 하는 백성들을 거느리고 가서 그 죄를 바로잡으면, 저 백성들이 바야흐로 그 나라의 윗사람을 원망하며 나에게 즐겨 돌아올 것이니, 누가 나와 더불어 대적하리오?

주해

● 征(정) : 바로잡다. '正'과 같다. 征(바로잡을 정)
"征是正其虐民之罪."(四書補註備旨)

● 陷(빠질 함) 溺(빠질 닉)

【備旨】

> 彼ㅣ爲政不仁하여 以陷其民於阱하며 溺其民於水ㅣ如此면 民怨之深矣니 王이 率吾尊君親上之民하여 往而征其虐民之罪면 彼民이 方怨其上하여 而樂歸於我하리니 夫誰與王敵哉리오 此所以制梃可撻也니라

"저들이 政事를 다스림이 不仁하여 그 백성들을 함정에 빠뜨리며, 그 백성들을 물에 빠뜨림이 이와 같으면 백성들의 원망이 심할 것이니, 왕께서 우리의 존군친상尊君親上하는 백성들을 거느리고 가서 그 백성을 포학하게 대하는 죄를 바로잡으시면, 저 백성들이 바야흐로 그 나라의 윗사람을 원망하며 즐겁게 나에게 돌아올 것이니 누가 왕과 대적하겠습니까? 이것이 몽둥이를 만들어 가히 매질할 수 있는 이유입니다."

故로 曰仁者는 無敵이라 하니 王請勿疑하소서

"그러므로 가로되 '어진 자는 적이 없다.' 라고 하니, 왕께서는 청컨대 의심하지 마십시오."

仁者無敵은 蓋古語也라 百里可王는 以此而已니 恐王疑其迂闊이라 故로 勉使勿疑也라
孔氏曰 惠王之志는 在於報怨하고 孟子以論은 在於救民하니

所謂惟天吏則可以伐之니 蓋孟子之本意시니라

'인자무적仁者無敵'은 대개 옛 말이다. 百里 땅을 가지고 왕 노릇 할 수 있다는 것은 바로 이 때문이니, 왕이 그 우활迂闊하다고 의심할까 염려해서 의심치 말도록 권면勸勉한 것이다.

孔氏 가로되 "혜왕惠王의 뜻은 원한을 갚는데 있고 孟子의 논변은 백성을 구하는데 있다. 이른바 오직 천리天吏만이 정벌할 수 있다는 것이니, 대개 孟子의 본뜻이시다."

주해

- 仁者(인자) : '인군仁君'을 말한다.
- 迂闊(우활) : 현실에 부합하지 않다. 迂(멀 우) 闊(멀 활)
  《漢書·王吉傳》에 나온다. "上以其言迂闊, 不甚寵異也." 寵(사랑할 총)
- 孔氏(공씨) : 名은 문중文仲, 字는 經父이다.
  "孔氏, 名文仲, 字經父, 臨江人."(大全註疏)
- 天吏(천리) : 천명을 받들어 백성을 다스리는 사람. 吏(벼슬아치 리)
  《孟子·公孫丑上》에 나온다. "無敵於天下者, 天吏也." 이에 대해 趙岐의 註에 "天吏者, 天使之也. 爲政當爲天所使, 誅伐無道, 故謂之天吏也."라고 풀이했다. 誅(벨 주)

【備旨】

故로 古語에 有曰 仁者之君은 天下無敵이라 하니 知仁者之無敵이면 則知百里可王이 亦有驗諸仁政之施耳라 王請勿以臣言爲疑하시고 而斷然以施仁政爲務면 雖以梁而王이 可矣니 尙何先人之耻를 不可雪也哉아

"그러므로 옛 말에 두어 가로되 '어진 人君은 天下에 적敵이 없다.'라

고 했으니, 인자仁者가 적敵이 없다는 이치를 알면 곧 100리의 땅을 가지고도 왕 노릇 할 수 있다는 것이 또한 인정仁政을 베푸는데서 징험할 수 있음을 알 것입니다.

왕께서는 청컨대 臣의 말을 의심치 말고 단연코 仁政을 베푸는데 힘쓰면, 비록 양梁나라를 가지고도 왕 노릇을 할 수 있으니, 오히려 어찌 先人의 부끄러움을 씻어내지 못하리오?"

[1·6]

孟子ㅣ見梁襄王하시고

孟子께서 양梁 양왕襄王을 만나 보시고,

襄王은 惠王子니 名赫이라

양왕襄王은 혜왕惠王의 아들이니, 이름이 혁赫이다.

【備旨】

昔에 孟子ㅣ在梁에 適襄王이 嗣惠王而卽位어늘 孟子ㅣ見之하시니 蓋欲觀其動靜하여 以卜其仁政之不能行於其父者를 或得行於其子也니라

옛날에 孟子께서 양梁나라에 머무를 때에 마침 양왕襄王이 혜왕惠王을 이어 즉위卽位하자 孟子께서 그를 만나 보셨다. 이는 대개 그 동정動靜

을 살펴 그 아버지가 인정仁政을 능히 행하지 못한 것을 혹 그 자식에게서 행해질 수 있는가를 살피고자 한 것이다.

주해

● 適(마침 적) 嗣(이을 사)

出語人曰 望之不似人君이요 就之而不見所畏焉이러니 卒然問曰 天下는 惡乎定고하여늘 吾ㅣ對曰 定于一이라 호라

나와서 사람들에게 말씀하여 가라사대 "멀리서 바라보아도 人君 같지가 않으며, 가까이 나아가도 위엄스러운 바를 볼 수 없는데, 갑자기 묻기를 '天下를 어떻게 안정시킬 수 있겠습니까?' 하니, 내가 답하여 가로되 '천하를 일통一統하면 안정될 것입니다.' 라고 하였노라."

語는 告也라 不似人君 不見所畏는 言其無威儀也라 卒然은 急遽之貌라 蓋容貌辭氣는 乃德之符니 其外如此 則其中之所存者를 可知라
王問 列國分爭하니 天下는 當何所定고하여늘 孟子ㅣ對以必合於一 然後定也시니라

'어語'는 고告하는 것이다. '불사인군不似人君'과 '불견소외不見所畏'는 위의威儀가 없다는 말이다. '졸연卒然'은 갑작스러운 모양이다. 대개 용모容貌와 사기辭氣는 바로 德의 부신符信이니, 그 겉모습이 이와 같으

면 그 마음에 보존된 바를 알 수 있다.

왕이 "열국列國이 나뉘어져 다투고 있으니 天下는 마땅히 어느 곳으로 안정되겠습니까?" 라고 물으니, 孟子께서 "반드시 일통一統이 된 후에 안정될 것입니다."라고 답하신 것이다.

주해

- 出語人(출어인) : 나와서 수행한 사람들에게 말하다.
  "出語之人, 想是同志隨行者, 非泛泛外人也."(四書補註備旨)
- 定于一(정우일) : 일통一統으로 안정되다. '一'은 '一統'을 말한다.
- 符信(부신) : 부절符節이나 인장印章과 같은 신물. 符 (부신 부)
  《後漢書·袁安傳》에 나온다. "安乃劾景擅發邊兵, 驚惑吏人, 二千石不待符信而輒承景檄, 當伏誅." 劾(조서 핵) 擅(멋대로 천) 驚(놀랄 경) 輒(문득 첩) 檄(격문 격)
  新安陳氏가 말했다. "德存於中, 容貌辭氣, 乃德之符驗, 可見於外者."(大全註疏)
- 惡(어찌 오) 遽(갑자기 거)

【備旨】

> 及見襄王 容貌辭氣之陋하시고 遂知其不足與有爲라 乃出而語人曰 方吾之見王하니 遠而望之不似仁君之度요 近而就之不見所可畏之威焉이러니 且卒然急遽而問曰 今列國分爭하니 天下는 當惡乎而後定고 하여늘 吾ㅣ對之曰 今天下勢分無統이라 此所以不定이니 必合於一而後定也니라

(孟子께서) 양왕襄王의 용모容貌와 사기辭氣의 비루鄙陋함을 보시고,

마침내 그가 족히 더불어 일을 논하지 못할 것을 아셨다.

이에 나와서 사람들에게 말씀하여 가라사대 "바야흐로 내가 왕을 보아하니 멀리서 바라보아도 人君 같은 풍도風度가 없으며, 가까이 나아가도 두려워할만한 위엄을 볼 수가 없는데, 또한 갑자기 급작스럽게 물어 가로되 '지금 열국이 나뉘어져 다투고 있으니 天下를 마땅히 어떻게 한 이후에 안정시킬 수 있겠습니까?' 라고 하니, 내 답하여 가로되 '지금 天下는 세력이 나뉘어져 통일되지 못하고 있습니다. 이것이 바로 천하가 안정되지 못한 이유이니, 반드시 하나로 합해진 이후에 안정될 것입니다.'라고 하였습니다."

孰能一之오 하여늘

"누가 능히 통일시킬 수 있습니까?"하거늘

王이 問也라

왕이 물은 것이다.

주해

- 孰(누구 숙)

【備旨】

王이 又問曰 今列國之君이 勢均力敵하니 孰能合而一之오

왕이 또 물어 가로되 "지금 열국列國의 人君들이 세력이 균등均等하고 힘이 필적匹敵하니 누가 능히 합하여 통일시킬 수가 있습니까?"

對曰 不嗜殺人者ㅣ能一之라 호라

답하여 가라사대 "살인殺人을 좋아하지 않는 人君이 능히 통일할 수 있습니다."

嗜는 甘也라

'기嗜'는 달갑게 여기는 것이다.

【備旨】

吾ㅣ對曰 必也以不忍爲心하고 以好生爲德 而不嗜殺人者ㅣ爲能統一之라

내(孟子)가 답하여 가로되 "반드시 '불인不忍'으로 마음을 삼고, '호생好生'으로 德을 삼아 살인殺人을 좋아하지 않는 人君이 능히 통일할 수 있습니다."

주해

● 不忍(불인) : 사람을 차마 하지 못하는 마음. 곧 '不忍人之心'을 말한다. 《孟子·公孫丑》上에 나온다. "人皆有不忍人之心. 先王有不忍人之心, 斯有

不忍人之政矣. 以不忍人之心, 行不忍人之政, 治天下可運之掌上."

● 覺軒蔡氏가 말했다. "好生不嗜殺, 天地生物之心也. 必得天地此心然後, 可爲天之子, 爲民之父母, 萬歲人牧之龜鑑也."(大全註疏) 龜(거북 귀) 鑑(거울 감)

孰能與之오 하여늘

"누가 능히 그에게 돌아가겠습니까?" 하거늘

王復問也 與猶歸也

왕이 다시 물은 것이다. '여與'는 '귀歸'와 같다.

【備旨】

王이 復問曰 今天下之民이 各事其主어늘 雖有不嗜殺之君이나 孰能舍彼趨此하여 歸而與之오

왕이 다시 물어 가로되 "지금 天下의 백성들이 각각 그 군주君主를 섬기고 있거늘, 비록 살인을 좋아하지 않는 君主가 있으나 누가 능히 그를 버리고 이 사람을 좇아 돌아가 함께 하겠습니까?"

對曰 天下ㅣ莫不與也니 王은 知夫苗乎잇가 七八月之間이 旱則苗ㅣ槁矣라가 天이 油然作雲하여 沛然下雨則苗ㅣ浡然興之矣나니 其如是면 孰能禦之리오 今夫天下之人牧이 未有不嗜殺人者也니 如有不嗜殺人者則天下之民이 皆引領而望之矣리니 誠如是也면 民歸之ㅣ由水之就下하리니 沛然을 誰能禦之리오호라

답하여 가라사대 "天下에 돌아오지 않는 이가 없을 것이니, 왕께서는 저 싹에 대해서 아십니까? 7, 8월 사이에 가뭄이 들면 싹이 마르다가 하늘에서 유연油然히 구름이 일어나 패연沛然히 비를 내리면 싹이 발연浡然히 일어나나니, 이와 같으면 누가 능히 막을 수 있으리오? 지금 천하의 人君 중에 살인을 좋아하지 않는 자가 없으니, 만약 살인을 좋아하지 않는 자가 있다면 곧 천하의 백성들이 모두 목을 빼고 그를 기다릴 것입니다. 진실로 이와 같다면 백성들이 돌아오는 것이 물이 아래로 흘러가는 것과 같을 것이니, 물이 패연沛然히 흐르는 것을 누가 능히 막으리오?"

周七八月은 夏五六月也라 油然은 雲盛貌요 沛然은 雨盛貌라 浡然은 興起貌라 禦는 禁止也라 人牧은 謂牧民之君也라 領은 頸也라 蓋好生惡死는 人心所同이라 故로 人君이 不嗜殺人則天下悅而歸之라

蘇氏曰 孟子之言이 非苟爲大而已라 然이나 不深原其意而詳究其實이면 未有不以爲迂者矣라 予觀孟子以來로 自漢高祖

及光武及唐太宗及我太祖皇帝히 能一天下者四君은 皆以不嗜殺人으로 致之요 其餘는 殺人愈多而天下愈亂하며 秦晉及隋는 力能合之而好殺不已라 故로 或合而復分하고 或遂以亡國하니 孟子之言이 豈偶然而已哉아

주周나라의 7, 8월은 하夏나라의 5, 6월과 같다. '유연油然'은 구름이 성한 모양이요, '패연沛然'은 비가 성한 모양이다. '발연浡然'은 일어나는 모양이다. '어禦'는 금지하는 것이다. '인목人牧'은 백성을 기르는 人君을 말한다. '영領'은 목이다. 대개 '살리는 것을 좋아하고 죽이는 것을 싫어하는 것'은 사람마음이 똑같은 것이다. 그러므로 人君이 살인을 좋아하지 아니하면 천하가 기뻐하여 그에게 돌아갈 것이다.

소씨蘇氏 가로되 "孟子의 말씀이 구차하게 큰 것만은 아니다. 그러나 그 뜻을 깊이 살피고 그 실제를 자세히 궁구하지 아니하면 우활迂闊하다고 여기지 않을 자가 없을 것이다. 내 살피건대 孟子 이래로 漢나라 고조高祖로부터 광무제光武帝와 唐나라 태종太宗 및 우리 태조황제太祖皇帝에 이르기까지 능히 天下를 통일한 네 人君은 모두 살인을 좋아하지 않음으로써 통일을 이루었으며, 그 나머지는 살인이 많아질수록 천하가 더욱 혼란스러웠다. 진秦나라와 진晉나라 및 수隋나라는 무력으로 능히 천하를 통합하였으나 살인을 좋아하여 그치지 아니하였다. 그러므로 혹은 통합을 하였으나 다시 분열되었고 혹은 마침내 나라를 망하게 했으니 孟子의 말씀이 어찌 우연일 따름이리오?"

주해

- 引領(인령) : 목을 빼서 멀리 바라보다. 곧 간절하게 바란다는 뜻이다. '引'은 '신伸'의 뜻이다.
  《左傳·成公十三年》 條에 나온다. "及君之嗣也, 我君景公引領西望曰 '庶撫我乎!'"

● 苗(싹 묘) 槁(마를 고) 沛(성할 패) 浡(성할 발) 禦(막을 어) 嗜(즐길 기) 領(목 영)

【備旨】

> 吾ㅣ對曰 苟有不嗜殺人之君出이면 則天下ㅣ莫不歸而與我也니 王亦知夫苗之性乎잇가 當七八月之間하여 旱則苗之生意槁矣라가 及天이 油然作雲하여 沛然下雨면 則苗之槁者ㅣ浡然興起矣나니 其苗之興이 如是면 孰能禦之하여 使止耶아
> 今夫天下之君이 職爲人牧者ㅣ肆爲暴虐하여 未有不嗜殺人者也니 如有一不嗜殺人者면 則天下之民이 中心悅服하여 皆引領而望之矣리니 夫誠望之如是也면 則民之歸之ㅣ猶水之就下하리니 沛然一往이면 其勢를 誰能禦之하여 使止耶아 故로 曰天下ㅣ莫不與也라
> 吾之與王問答이 如此나 然而非能有爲者니 奈之何哉아

내가 답하여 가라사대 "진실로 살인을 좋아하지 않는 人君이 나오면 천하 사람들이 돌아와 나를 따르지 않을 자가 없을 것이니, 왕께서는 또한 저 싹의 성질을 아십니까? 7, 8월 사이가 되어 가뭄이 들면 싹의 생기가 말랐다가, 하늘이 유연油然히 구름을 일으켜 패연沛然히 비를 내리면 메말랐던 싹이 발연浡然히 일어나니, 그 싹의 일어남이 이와 같으면 누가 능히 막아서 그치게 하리오?

이제 天下의 人君으로 인목人牧의 직분을 맡은 자가 방자하게 포학暴虐하여 살인을 좋아하지 않는 자가 없으니, 만약 한명이라도 살인을 좋아하지 않는 자가 있다면 天下의 백성들이 마음으로 기쁘게 감복하여

모두 목을 빼고 바라볼 것입니다. 진실로 이와 같기를 바란다면 백성들의 그에게 돌아감이 마치 물이 아래로 흐르는 것과 같을 것이니, 패연沛然히 한 번 흘러가면 그 형세를 누가 능히 막아서 그치게 하리오? 그러므로 '天下 사람들이 돌아오지 않는 이가 없다.'고 한 것입니다."

내가 왕과의 문답이 이와 같았다. 그러나 능히 이를 실천할 사람이 있지 아니하니 이를 어찌 하리오?

[1·7]

齊宣王이 問曰 齊桓 晉文之事를 可得聞乎잇가

제齊나라 선왕宣王이 물어 가로되 "제齊나라 환공桓公과 진晉나라 문공文公의 일을 가히 들어볼 수 있겠습니까?"

齊宣王은 姓 田氏요 名 辟彊이니 諸侯僭稱王也라 齊桓公 晉文公은 皆霸諸侯者라

제齊나라 선왕宣王은 성이 전씨田氏요, 이름이 벽강辟彊이니, 제후諸侯이면서 왕을 참칭僭稱하였다. '제환공齊桓公'과 '진문공晉文公'은 모두 제후諸侯 중의 패자霸者이다.

주해

- 齊宣王(제선왕) : 전국시대戰國時代 田氏 제齊나라의 人君. 齊나라 위왕威王의 子, 이름은 벽강辟彊, 재위기간은 19년(B.C.319-B.C.301)이다.
- 事(사) : 패업을 이룬 일.
- 辟(임금 벽) 彊(군셀 강) 僭(참람할 참) 稱(일컬을 칭)

【備旨】

齊宣王이 問曰 五霸迭興에 桓文이 爲盛하니 其當時取威定霸之事를 亦可使寡人得聞之乎잇가

제齊나라 선왕宣王이 물어 가로되 "오패五覇가 번갈아 흥하여 환공桓公과 문공文公이 번성하니, 그 당시에 위엄을 갖추어 패업을 이룬 일을 또한 가히 과인寡人으로 하여금 들어보게 하실 수 있습니까?"

주해

● 五覇(오패) : 춘추시대 제후諸侯 중에 패업霸業을 이룬 다섯 사람. 곧 제齊나라의 환공桓公, 진晉나라의 문공文公, 진秦나라의 목공穆公, 송宋나라의 양공襄公, 초楚나라의 장왕莊王 등을 말한다.

孟子ㅣ對曰 仲尼之徒ㅣ無道桓文之事者라 是以로 後世에 無傳焉하니 臣이 未之聞也호니 無以則王乎인뎌

孟子께서 답하여 가라사대 "중니仲尼의 무리들은 환공桓公과 문공文公의 일에 대해 말한 적이 없습니다. 이 때문에 후세에 전해진 것이 없으니, 臣도 들어보지 못했습니다. 왕께서 기어이 말하라고 하시면 王道에 대해서 말하겠습니다."

道는 言也라
董子曰 仲尼之門에 五尺童子도 羞稱五霸는 爲其先詐力而後

仁義也라 하니 亦此意也라 以는 已로 通用이니 無已는 必欲言之而不止也라 王은 謂王天下之道라

'道'는 말함이다.

동자董子 가로되 "중니仲尼의 門下 중에 오척동자五尺童子도 오패五覇에 대해 칭하기를 부끄럽게 여겼으니, 이는 그들이 속임수와 무력을 앞세우고 인의仁義를 뒤로 했기 때문이다."라고 했으니, 또한 이 뜻이다.

'이以'는 '이已'와 통용하니, '무이無已'는 반드시 그것을 말하고자 하여 그치지 않는 것이다. '왕王'은 天下에 왕 노릇하는 道를 말한다.

주해

- 董子(동자) : 漢나라의 유학자인 동중서董仲舒(B.C.170-B.C.120)를 말함. 저서로 《董子文集》·《春秋繁露》 등이 있다.
  西山眞氏가 말했다. "孟子後, 能深闢五伯者, 惟仲舒爲然."(大全註疏)
  闢(열 벽)

【備旨】

孟子ㅣ對曰 臣學이 本之仲尼하니 仲尼之徒ㅣ尊王賤覇하여 無有稱道桓文之事者라 是以로 後世에 無傳述焉하니 臣이 未之有聞也라 王이 必欲臣言之不已인댄 其惟王天下之道乎인저

孟子께서 답하여 가라사대 "臣의 학문은 중니仲尼에게 근본한 것이니, 중니仲尼의 문도門徒들은 왕도王道를 높이고 패도覇道를 천시하여, 환공桓公 문공文公의 일을 일컬은 자가 없습니다.

이 때문에 후세에 전술傳述한 것이 없으니 臣도 들어본 적이 없습니

다. 그러나 왕께서 반드시 신에게 기어이 말하라고 하신다면, 오직 천하에 왕 노릇하는 道를 말하겠습니다."

曰 德이 何如則可以王矣리 잇고
曰 保民而王이면 莫之能禦也리이다

가로되 "德이 어떠하면 곧 왕 노릇을 할 수 있습니까?"
가라사대 "백성을 보호하며 왕 노릇을 하면 능히 막을 자가 없을 것입니다."

保는 愛護也라

'보保는 애호愛護하는 것이다.

주해

● 德 : 덕德은 곧 道를 말한다.
"德卽道也. 存諸心爲德, 發諸事爲道."(四書補註備旨)
● 保民(보민) : 백성들을 보호하다. '保'는 '애호愛護'의 뜻이다.
慶源輔氏가 말했다. "保, 如保赤子之保."(四書補註備旨)
新安陳氏가 말했다. "王道甚大, 其要只在保民. 保民而王一句, 爲此章之綱領."(四書補註備旨)

【備旨】

宣王曰 人君之德이 當何如면 則可以王天下矣리 잇고
孟子曰 王道甚大하되 其要는 只在保民하니 誠能愛恤保

護하여 斯民이 勿使失所면 則可得民心之歸하여 而王天下를 莫之能禦也리이다

선왕宣王이 가로되 "人君의 德이 마땅히 어떠하면 곧 가히 天下에 왕 노릇을 할 수 있습니까?"

孟子 가라사대 "왕도王道가 매우 크나 그 요체要諦는 다만 보민保民에 있으니, 진실로 능히 백성들을 애휼愛恤하고 보호保護하여 이 백성들이 제 자리를 잃지 않게 하면, 가히 民心이 돌아옴을 얻게 되어 天下에 왕 노릇하는 것을 능히 막을 자가 없을 것입니다."

曰 若寡人者도 可以保民乎哉잇가

曰 可하니이다

曰 何由로 知吾의 可也잇고

曰 臣이 聞之胡齕하니 曰王이 坐於堂上이어시늘 有牽牛而過堂下者러니 王이 見之하시고 曰牛는 何之오 對曰 將以釁鐘이니이다 王曰 舍之하라 吾ㅣ不忍其觳觫 若無罪而就死地하노라 對曰 然則廢釁鐘與잇가 曰何可廢也리오 以羊易之라 하사소니 不識케이다 有諸잇가

가로되 "과인寡人과 같은 사람도 백성을 보호할 수 있습니까?

가라사대 "가능합니다."

"무엇으로 말미암아 나의 가능함을 알 수 있습니까?
가라사대 "신臣이 호흘胡齕에게 들으니 이렇게 말했습니다. 왕께서 당상堂上에 앉아 계시는데 소를 끌고 당하堂下를 지나는 자가 있자, 왕께서 이를 보시고 '소를 어디에 쓰려고 하는가?' 라고 묻자, 대답하기를 '장차 희생으로 삼아서 그 피를 갈라진 종鍾의 틈새에 바르려고 합니다.' 라고 했습니다. 그러자 왕께서 '놓아주어라. 내가 차마 소가 두려워 벌벌 떨면서 죄 없이 사지死地로 끌려가게 할 수가 없도다.' 라고 말하자, 대답하기를 '그러면 흔종釁鍾을 폐지할까요?' 라고 하니, 왕께서 '어찌 폐지할 수 있겠느냐! 양羊으로 소를 대신하도록 하라.' 고 하셨습니다. 그러므로 이러한 일이 있었는지 모르겠습니다."

胡齕은 齊臣也라 釁鐘은 新鑄鐘成而殺牲取血하여 以塗其釁郄也라 觳觫은 恐懼貌라
孟子ㅣ述所聞胡齕之語하사되 而問王컨대 不知果有此事否아 하시니라

'호흘胡齕'은 제齊나라의 신하이다. '흔종釁鍾'은 새로 주조한 종이 완성되면 희생을 잡아 피를 취하여 그 틈에 칠하는 것이다. '곡송觳觫'은 두려워하는 모양이다.

孟子께서 호흘胡齕에게 들은 이야기를 서술하시되 '왕께서 과연 이러한 일이 있었습니까?'하고 물으신 것이다.

주해

- 牛何之(우하지) : '소를 어디로 끌고 가는가?' 또는 '소는 어디에 쓰려고 하는가?' '하지何之'는 '하왕何往' 또는 '하용何用'의 뜻이다.
- 釁鐘(흔종) : 鐘의 틈에 피를 바르다.
"釁鐘是因鐘之釁而釁之, 謂塡釁也."(四書補註備旨)

● 齕(깨물 흘) 釁(틈 흔, 피바를 흔) 觳(뿔잔 곡) 觫(두려워할 속) 塗(바를 도) 郄(큼 극)

【備旨】

> 宣王이 因問曰 保民은 乃人君之大德이니 若寡人者도 可以保民乎哉잇가
> 孟子曰 若王者도 可以保民也니이다
> 宣王曰 何由而知吾可也잇고
> 孟子曰 臣嘗聞之胡齕하니 曰王이 一日에 坐於堂上이어시늘 適有牽牛而過堂下者러니 王見之하시고 因問牽牛者 曰此牛는 將何之오 率牽牛者ㅣ對曰 將殺之하여 以爲釁鐘之用也니이다 王이 乃止之曰 舍此牛而勿殺之하라 吾ㅣ不忍其觳觫恐懼 似乎無罪而就死地也로다 牽牛者ㅣ對曰 牛旣舍면 則將廢釁鐘之事與잇가 王曰 釁鐘大事니 何可廢也리오 其以羊易之면 則鐘得以釁이요 而牛得以全矣리라 하사소니 臣所聞於胡齕者ㅣ如此하니 不識케이다 王은 果有此事否也아

선왕宣王이 인하여 물어 가로되 "보민保民은 이에 人君의 큰 德이니, 과인寡人 같은 사람도 가히 보민保民을 할 수 있습니까?"

孟子 가라사대 "왕 같은 사람도 가히 보민保民을 할 수 있습니다."

선왕宣王이 가로되 "무엇으로 말미암아 내가 할 수 있다는 것을 아십니까?"

孟子 가라사대 "臣이 일찍이 호흘胡齕에게 들으니 이렇게 말했습니다. 왕께서 어느 날 堂上에 앉아 계시는데 마침 소를 끌고 堂下를 지나

가는 자가 있었습니다. 왕께서 그것을 보시고 인하여 소를 끄는 자에게 묻기를 '이 소는 장차 어디에 쓰려고 하는가?' 하시니, 소를 끄는 자가 대답하기를 '장차 죽여서 그 피를 종鐘의 갈라진 틈새에 바르려고 합니다.'라고 하였습니다.

왕이 이에 저지하며 말하기를 '이 소를 놓아주고 죽이지 말라. 내가 차마 그 소가 두려워 벌벌 떨며 죄 없이 사지死地로 끌려가게 할 수가 없도다.'라고 하시니, 소를 끄는 자가 대답하기를 '소를 이미 놓아주면 장차 종鐘의 틈새에 피를 바르는 일을 폐지할까요?' 라고 하였습니다. 그러자 왕께서 '종鐘의 틈새에 피를 바르는 일은 큰일이니 어찌 가히 폐지할 수 있으리오? 그것을 羊으로 바꾸면 종鐘은 갈라진 틈새에 피를 칠할 수 있고, 소는 생명을 온전하게 보존할 수 있을 것이다.'라고 하셨습니다. 臣이 호흘胡齕에게 들은 바가 이와 같으니, 왕께서는 과연 이러한 일이 있었는지 모르겠습니다."

曰 有之하니이다
曰 是心이 足以王矣리이다 百姓은 皆以王爲愛也어니와 臣은 固知王之不忍也하노이다

가로되 "그러한 일이 있었습니다."
가라사대 "이 마음으로 족히 왕 노릇을 할 수 있습니다. 백성들은 모두 왕이 인색하다고 여기겠지만, 臣은 진실로 왕께서 차마 하지 못하심을 알고 있습니다."

王이 見牛之觳觫而不忍殺은 卽所謂惻隱之心이니 仁之端也라 擴而充之면 則可以保四海矣라 故로 孟子ㅣ指而言之하사

欲王察識於此而擴充之也시니라 愛는 猶吝也라

왕이 소가 두려워 벌벌 떠는 것을 보고 차마 죽이지 못한 것은 이른바 측은지심惻隱之心이니 仁의 실마리이다. 그것을 확충해나가면 사해四海를 보호할 수 있다. 그러므로 孟子께서 지적하여 이를 언급하시고, 왕이 이를 살피고 인식해서 확충해 나가도록 하신 것이다. '애愛'는 '인吝'과 같다.

주해

- 愛(애) : 아끼다. 인색하다. 愛(아낄 애)
  "愛是吝財, 指易之以羊說."(四書補註備旨)
- 不忍(불인) : 차마하지 못하다. 여기서는 '소가 죽게 된 것을 마음으로 아파한다.'는 뜻이다.
  "不忍是心痛牛之死."(四書補註備旨)

【備旨】

> 王이 乃承認曰 易牛之事는 吾誠有之니이다
> 孟子曰 王道는 不外乎保民이요 而保民은 不外乎不忍이니 是는 王易牛之心이 足以保民而王矣리이다 然이나 百姓無識하여 皆以王之以羊易牛로 爲愛惜其財也어니와 臣은 由王不忍其觳觫之言으로 思之컨댄 固知王之痛其死而不忍也하노이다

왕이 이에 인정을 하고 가로되 "소를 羊으로 바꾸게 한 일이 진실로 내게 있었습니다."

孟子 가라사대 "王道는 보민保民을 벗어나지 않으며, 보민保民은 불

인不忍을 벗어나지 않으니, 이는 王의 소를 羊으로 바꾸는 마음이 족히 백성을 보호하여 왕 노릇을 할 수가 있다는 것입니다. 그러나 백성들은 이 점을 알지 못하고 모두 왕께서 소를 羊으로 바꾼 것이 바로 그 재물을 아껴서 그랬다고 여길 것입니다. 하지만 臣은 왕께서 그 소가 두려워 벌벌 떠는 것을 차마 하지 못하겠다는 말씀으로 말미암아 생각하건대, 진실로 왕께서 소의 죽음을 애통哀痛하게 여겨 차마 하지 못하심을 알고 있습니다."

王曰 然하다 誠有百姓者로다마는 齊國이 雖褊小나 吾何愛一牛이리오 卽不忍其觳觫 若無罪而就死地라 故로 以羊易之也호이다

왕이 가로되 "그렇습니다. 진실로 이렇게 비난하는 백성들이 있습니다. 하지만 제齊나라가 비록 작으나 내가 어찌 소 한 마리에 인색하겠습니까? 그 소가 두려워 벌벌 떨며 마치 죄 없이 사지死地에 끌려 나가는 것을 차마하지 못하여 羊으로 소를 바꾸도록 한 것입니다."

言以羊易牛하니 其迹似吝하여 實有如百姓所譏者라 然이나 我之心은 不如是也라

羊으로 소를 바꾸게 하니 그 행적이 마치 재물에 인색한 것 같아서 실제로 백성들이 기롱譏弄하는 바가 있는 듯 하지만, 그러나 자신의 마음은 이와 같지 않다고 말한 것이다.

주해

- 褊少(편소) : 협소하다. 褊(좁을 편)

  "褊少, 是狹窄見財出有限意."(四書補註備旨)
- 迹(자취 적) 吝(인색할 인) 譏(나무랄 기)

【備旨】

> 王曰 夫子之言이 誠然也로다 蓋以羊易牛하니 其迹似吝하여 實有如百姓所譏者로다마는 但我之心이 豈如是哉아 齊國壤地ㅣ雖云褊小나 而一牛之利ㅣ不足爲國之輕重이 亦明矣니 吾何愛吝於一牛리오 特不忍其觳觫 若無罪而就死地하니 心中不忍이라 故로 以羊易之耳라 此心을 惟夫子ㅣ知之로되 而百姓不知也로다

왕이 가로되 "夫子의 말씀이 참으로 그렇습니다. 대개 羊으로 소를 대신하니 그 행적이 재물에 인색한 듯하여 실제로 백성중에 이를 기롱譏弄하는 자가 있는 것 같습니다. 하지만 내 마음이 어찌 이와 같겠습니까?

제齊나라의 땅이 비록 작다고 말할 수 있으나, 소 한 마리의 이로움이 나라의 경중輕重이 될 수 없음이 또한 분명하니, 내가 어찌 소 한 마리에 인색하겠습니까? 다만 그 소가 두려워 벌벌 떨며 죄 없이 사지死地에 끌려 나가는 것을 차마 하지 못한 것입니다. 이는 내 마음이 차마 하지 못해서 羊으로 소를 대신했을 뿐입니다. 이런 마음을 오직 夫子께서는 아시지만 백성들은 이를 알지 못합니다."

曰王은 無異於百姓之以王爲愛也하소서 以小易大어니 彼惡知之리 잇고 王若隱其無罪而就死地則牛羊을 何擇焉이리 잇고

王笑曰 是誠何心哉런고 我非愛其財而易之以羊也언마는 宜乎百姓之謂我愛也로다

가라사대 "왕께서는 백성들이 왕을 보고 재물에 인색하다고 여기는 것을 괴이하게 여기지 마소서. 작은 것으로 큰 것을 대신하게 하였는데, 저들이 어찌 이것을 알겠습니까? 왕이 만약 죄 없이 사지死地에 끌려 나가는 것을 측은하게 여기셨다면 곧 소와 羊을 어찌 가리셨습니까?"

왕이 웃으며 가로되 "이것이 진실로 무슨 마음입니까? 내가 그 재물에 인색하여 소를 羊으로 바꾼 것이 아니건만, 마땅히 백성들이 내가 인색하다고 말하겠도다."

異는 괴怪也라 隱은 痛也라 擇은 猶分也라 言牛羊이 皆無罪而死어늘 何所分別而以羊易牛乎아 孟子ㅣ故設此難하여 欲王反求而得其本心이러니 王이 不能然이라 故로 卒無以自解於百姓之言也라

'이異'는 괴이하게 여기는 것이다. '은隱'은 아프게 여기는 것이다. '택擇'은 분별하는 것이다. 소와 羊이 모두 죄 없이 끌려가 죽거늘 어느 쪽을 분별하여 羊으로 소를 대신한 것이냐고 물은 것이다.

孟子께서 고의로 이러한 난제難題를 가설하여 왕이 돌이켜 구하여 그 본심本心을 얻도록 한 것이다. 그러나 왕이 능히 그렇게 하지 못하였기

때문에 마침내 백성들의 비난에 대해 스스로 해명하지 못한 것이다.

주해

● 隱(은) : 가련하게 여기다. 곧 '不忍'의 뜻이다.
趙岐의 注에 "痛也."라고 했으며, 楊伯峻은 '애통哀痛'과 '가련可憐'의 뜻으로 풀이했다.
慶源輔氏가 말했다. "宣王既無講學之功, 不知反求之理, 而徒自辯解於百姓之言. 故孟子又設此以問難之. 蓋欲王反求而得其本心不忍之實, 而王猶不能然也."(四書補註備旨)

【備旨】

孟子ㅣ難之曰 王은 無怪乎百姓之以王爲愛也하소서 以羊之小而易牛之大하니 迹有可疑라 彼百姓이 惡知王之心爲不忍也리오 王若果不忍其無罪就死地면 則牛無罪羊하고 亦無罪어늘 何所擇而以羊易牛乎아
王이 不能自察識也하고 但順其所難之意而笑曰 吾以羊易牛하니 不知當時是誠何心哉로다 我實非愛其財 而何故以羊之小로 易牛之大也오 是吾之心을 且不能自解矣니 宜乎百姓不識吾心하여 而謂我愛也로다

孟子가 문난問難하여 가라사대 "왕께서는 백성들이 왕을 보고 인색하다고 여기는 것을 괴이하게 여기지 마소서. 작은 羊으로 큰 소와 바꾸었으니 행적에 가히 의심을 살만한 것이 있습니다. 저 백성들이 어찌 왕의 마음이 불인不忍하다는 것을 알겠습니까? 왕께서 만약 과연 죄 없이 사지死地로 끌려 나가는 것을 차마 하지 못한 것이라면, 소도 죄가 없고 羊도 죄가 없거늘 어느 쪽을 가려서 羊을 소로 대신한 것입

니까?"

왕이 능히 스스로 살펴서 알지 못하고 다만 그 문난問難의 뜻에 따라 웃으며 가로되 "내가 羊으로 소를 대신했으니, 당시에 진실로 이것이 무슨 마음이었는지를 알지 못하겠노라. 나는 진실로 그 재물에 인색한 것이 아니거늘 무엇 때문에 작은 羊으로 큰 소를 대신했으리오? 이러한 내 마음을 또한 능히 스스로 알 수 없으니, 마땅히 백성들이 내 마음을 알지 못하고 나를 보고 인색하다고 말할 것이로다."

주해

- 問難(문난) : 어려운 문제에 대하여 서로 논의하다.
  《晉書·苻堅載記上》에 나온다. "問難五經, 博士多不能對."

曰 無傷也라 是乃仁術也니 見牛코 未見羊也일새니이다 君子之於禽獸也에 見其生하고 不忍見其死하며 聞其聲하고 不忍食其肉하나니 是以로 君子는 遠庖廚也니이다

가라사대 "걱정하실 필요가 없습니다. 이것이 仁을 행하는 방법이니 소만 보고 羊은 보지 못했기 때문입니다. 君子가 짐승에 대해 그 살아있는 모습은 보되 그 죽는 모습은 차마 보지 못하며, 죽을 때 슬피 우는 소리를 듣고는 그 고기를 차마 먹지 못하나니, 이로써 君子는 푸줏간과 주방廚房을 멀리하는 것입니다."

無傷은 言雖有百姓之言이나 不爲害也라 術은 謂法之巧者라 蓋殺牛는 旣所不忍이요 釁鐘은 又不可廢니 於此에 無以處之

면 則此心이 雖發而終不得施矣라 然이나 見牛니 則此心已發而不可遏이요 未見羊이니 則其理未形而無所妨이라 故로 以羊易牛 則二者ㅣ得以兩全而無害니 此所以爲仁之術也라

聲은 謂將死而哀鳴也라 蓋人之於禽獸에 同生而異類라 故로 用之以禮하고 而不忍之心이 施於見聞之所及이니 其所以必遠庖廚者는 亦以預養是心 而廣爲仁之術也라

'무상無傷'은 비록 백성들의 비난이 있으나 해롭지 않다는 말이다. '술術'은 방법이 교묘한 것을 말한다.

대개 소를 죽이는 것은 이미 차마 하지 못하는 바요, 흔종釁鐘은 또한 폐지할 수 없는 것이니, 이에 그것을 대처할 수 없으면 이 마음이 비록 발동하였으나 끝내 시행할 수 없는 것이다. 그러나 소를 보았으니 이 마음이 이미 발동하여 막을 수가 없으며, 羊을 보지 않았으니 그 이치가 아직 나타나지 아니하여 방해할 바가 없다. 그러므로 羊으로 소를 대신하면 두 가지가 모두 온전하여 해가 없게 되니 이것이 바로 仁을 행하는 방법이다.

'성聲'은 짐승이 장차 죽으면서 슬피 우는 것이다. 대개 사람은 금수禽獸에게 있어서 같은 생명이되 부류가 다르다. 그러므로 이를 이용하되 禮로써 하며, 차마 하지 못하는 마음이 보고 듣는 것이 미치는 곳에서 베풀어지는 것이다. 그 푸주간과 주방廚房을 멀리하는 이유는 또한 이 마음을 미리 길러서 仁을 행하는 방법을 넓히려고 하기 때문이다.

주해

- 是乃仁術 : 이것이 바로 인술仁術이다. '是'는 '以羊易牛'를 말한다. '술術'은 난제難題를 해결하는 좋은 방법을 말한다.

  "是指以羊易牛. 仁就發用上說. 於難處之際, 而有善處之方, 謂之術."(四書補註備旨)

朱子가 말했다. "術字, 本非不好底字. 只緣後來把做變詐看了便道是不好, 不知天下事有難處, 須看有箇巧底道理始得."(大全註疏) 詐(속일 사)

● 庖廚(포주) : 푸주간과 주방. 또는 주방. 庖(부엌 포) 廚(부엌 주) "庖是宰處, 廚是烹處."(四書補註備旨) 宰(죽일 재) 烹(삶을 팽)

【備旨】

> 孟子ㅣ因爲之解曰 雖百姓이 皆以王爲愛나 然이나 亦無傷也라 王之處此는 是全好生之德於難處之中이요 乃爲仁之巧術也니 何者오
>
> 見牛之觳觫이니 則此心已發 而不可遏이요 未見羊之觳觫이니 則其理未形 而無所妨이라 故로 以未見之羊으로 易已見之牛하여 使釁鐘不廢 而牛得全하여 以遂不忍之心也니 非仁術乎아
>
> 大凡君子之於禽獸也에 見其平日之生하고 不忍見其今日之死하며 聞其哀死之聲하고 不忍食其旣死之肉이니 是以로 君子는 雖以禮用之하되 有不得已하며 必遠庖廚而不忍於見死聞聲은 以預養此心 而廣爲仁之術也라 王之所爲ㅣ正合於君子요 臣所以知王爲不忍也니 雖有百姓之言이나 庸可傷이리오

孟子께서 인하여 그(宣王)를 위하여 풀어서 가라사대 "비록 백성들이 모두 왕을 보고 인색하다고 여기나, 그러나 또한 걱정하실 필요가 없습니다. 왕께서 이 문제를 대처하신 것은 이는 난처한 가운데 '호생지덕好生之德'을 온전하게 한 것이며, 仁을 행하는 교묘한 방법이니 무엇 때문이리오?

소가 두려워 벌벌 떠는 것을 보았으니 이 마음이 이미 발동하여 막을 수가 없으며, 羊이 두려워 벌벌 떠는 것은 보지 못했으니 그 이치가 아직 나타나지 아니하여 방해할 바가 없습니다. 그러므로 아직 보지 못한 羊으로 이미 본 소를 대신하여 흔종釁鍾도 폐하지 않고 소도 온전하게 되어 '불인지심不忍之心'을 이루었으니 仁을 행하는 방법이 아니리오?

대범 君子는 금수禽獸에 대하여 그것이 평일에 살아 있는 모습은 보되 그것이 오늘 죽는 모습은 차마 보지 못하며, 짐승이 죽을 때 슬피 우는 소리를 듣고는 차마 그 이미 죽은 고기를 먹지 못하는 법입니다. 이로써 君子는 비록 禮로써 금수를 이용하되 부득이 하는 것이 있으며, 반드시 푸주간과 주방廚房을 멀리하여 금수가 죽거나 죽으면서 우는 소리를 차마 하지 못하는 것은 미리 이 마음을 길러 仁을 행하는 방법을 넓히기 위한 것입니다.

왕께서 행하신 바는 바로 君子에 부합하며 臣이 왕의 차마 하지 못한 마음을 아는 바이니, 비록 백성들에게 비난하는 말이 있으나 어찌 근심하리오?"

주해

- 好生之德(호생지덕) : 생명을 소중하게 아끼며 살육을 피하는 품덕. 《尙書·大禹謨》에 나온다. "與其殺不辜, 寧失不經, 好生之德, 洽於民心." 辜(허물 고)

王이 說(열)曰 詩云 他人有心을 予忖度之라하니 夫子之謂也로소이다 夫我乃行之하고 反而求之하되 不得吾心이라니 夫子ㅣ言之하시

니 於我心에 有戚戚焉하여이다 此心之所以合於王者는 何也잇고

왕이 기뻐하여 가로되 "《詩經》에 '남의 마음을 내가 헤아리노라.' 라고 했으니, 바로 夫子를 두고 한 말입니다. 내가 이에 '이양역우以羊易牛'를 행하였고 돌이켜 이를 구하였으나 도리어 내 마음을 얻지 못했는데, 夫子께서 말씀하시니 내 마음에 척척戚戚함이 있습니다. 이 마음이 王道에 부합하는 이유는 무엇입니까?"

詩는 小雅巧言之篇이라 戚戚은 心動貌라
王이 因孟子之言하여 而前日之心이 復萌하니 乃知此心이 不從外得이나 然이나 猶未知所以反其本而推之也라

《詩》는 〈小雅·巧言〉 편이다. '척척戚戚'은 마음이 움직이는 모습이다.
왕이 孟子의 말씀으로 인하여 전날의 마음이 다시 싹트니, 이에 이런 마음이 밖으로부터 얻어지는 것이 아님을 알게 되었다. 그러나 여전히 그 근본을 돌이켜 미루어 나갈 바를 알지 못하였다.

주해

- 戚戚(척척) : 마음이 움직이는 모양. 戚(가까울 척)
  趙岐의 注에 "戚戚然, 心有動也."라고 풀이했다.
  "戚戚, 卽前日不忍觳觫之心復動意."
  《老殘遊記》 第2回에도 나온다. "夢湘先生論得透闢極了, 於我心有戚戚焉."
  透(통할 투) 闢(열 벽)
- 反而求之 : 돌이켜 이를 구하다. 곧 소와 羊을 가려서 선택한 연고를 구했다는 말이다.

"是求牛羊何擇之故."(四書補註備旨)

- 不得吾心 : 내 마음을 얻지 못하다. 곧 '불인不忍'하게 된 이유를 모른다는 뜻이다.

"是不得所以不忍處."(四書補註備旨)

- 忖(헤아릴 촌) 度(헤아릴 탁) 萌(싹 맹)

【備旨】

> 王이 因孟子解其所難 而有得於心하여 乃說曰 巧言之詩에 有云 他人有心을 予能忖度 而知之라 하니 正寡人有心을 夫子ㅣ忖度之謂也로소이다 夫以羊易牛之事는 我乃行之하여 自以爲不忍矣러니 及聞夫子ㅣ牛羊何擇之難하고 反而求之하니 則又不得其所以不忍者라
> 夫子ㅣ以見牛未見羊으로 言之於我하시니 前日不忍之心이 復戚戚然 而又動焉하여이다 此非夫子能忖度之시면 則我亦何自而得其本心哉아 然이나 此不忍之心은 特加於一牛耳이어늘 夫子ㅣ乃曰 是心이 足王이라 하시니 吾ㅣ不知其所以合於王者는 何也잇고

王이 孟子께서 그 문난問難을 풀어줌으로 인하여 마음에 체득한 바가 있어 이에 기뻐하여 가로되 "〈巧言〉의 詩에 이르기를 '남의 마음을 내가 능히 헤아려 알 수 있도다.'라고 했는데, 바로 과인寡人의 마음을 夫子께서 헤아리신 것을 두고 한 말입니다.

무릇 羊으로 소를 대신한 일은 내가 이에 행하여 스스로 '불인지심不忍之心'으로 여겼습니다. 하지만 夫子의 羊과 소를 가려서 선택한 문난問難을 듣고 돌이켜 구하였지만 또한 그것이 바로 '불인지심不忍之心'이 되

는 이유를 얻지 못하였습니다.

그러다가 夫子께서 소는 보고 羊은 보지 못한 일로 나에게 말씀해 주시니, 前日의 '불인지심不忍之心'이 다시 척척연戚戚然하게 또 움직이게 되었습니다. 이는 夫子께서 능히 내 마음을 헤아린 것이 아니라면 내가 또한 무엇으로 말미암아 그 본심本心을 얻을 수 있었으리오?

그러나 이 '불인지심不忍之心'은 다만 소 한 마리에 더해진 것이거늘, 夫子께서는 이에 가라사대 '이 마음으로 족히 왕 노릇을 할 수 있다.'라고 하시니, 나는 그것이 왕 노릇하는데 부합되는 이유를 알지 못하겠습니다."

曰 有復於王者ㅣ曰 吾ㅣ力足以擧百鈞 而不足以擧一羽하며 明足以察秋毫之末 而不見輿薪이라 하면 則王은 許之乎잇가

曰 否라

今에 恩足以及禽獸 而功不至於百姓者는 獨何與잇고 然則一羽之不擧는 爲不用力焉이며 輿薪之不見은 爲不用明焉이며 百姓之不見保는 爲不用恩焉이니 故로 王之不王은 不爲也언정 非不能也니이다

가라사대 "왕께 아뢰는 자가 말하기를 '내 힘은 족히 백균百鈞을 들어올릴 수 있으나 깃털 하나는 들지 못하며, 눈의 밝기는 족히 추호秋毫의 끝도 살필 수 있으나 수레에 가득 실은 섶은 보지 못합니다.' 라

고 한다면 곧 왕께서는 이를 인정하시겠습니까?"
가로되 "인정하지 못합니다."
(가라사대) "지금 은택恩澤이 족히 금수禽獸에 미치면서도 功이 백성에게 이르지 못하는 것은 유독 무엇 때문입니까? 그렇다면 깃털 하나도 들지 못하는 것은 힘을 쓰지 않기 때문이며, 수레에 가득 실은 섶은 보지 못하는 것은 눈의 시력을 쓰지 않기 때문이며, 백성들이 보호를 받지 못하는 것은 은택을 베풀지 않기 때문입니다. 그러므로 왕께서 왕 노릇을 하지 못하는 것은 하지 않기 때문이지 할 수 없는 것이 아닙니다."

復는 白也라 鈞은 三十斤이니 百鈞은 至重難擧也라 羽는 鳥羽니 一羽는 至輕易擧也라 秋毫之末은 毛至秋而末銳하니 小而難見也라 輿薪은 以車載薪이니 大而易見也라 許는 猶可也라 今恩以下는 又孟子之言也라
蓋天地之性에 人爲貴라 故로 人之與人은 又爲同類而相親이라 是以로 惻隱之發은 則於民切而於物緩하고 推廣仁術은 則仁民易而愛物難이어늘 今에 王此心이 能及物矣면 則其保民而王은 非不能也요 但自不肯爲耳니라

'복復'은 아뢰는 것이다. '균鈞'은 서른 근이니 백균百鈞은 지극히 무거워 들어 올리기 어려운 것이다. '우羽'는 새의 깃털이니 깃털 하나는 지극히 가벼워 쉽게 들 수 있는 것이다. '추호지말秋毫之末'은 털이 가을이 되면 끝이 가늘고 작아서 보기가 어렵다. '여신輿薪'은 수레에 땔나무를 실은 것이니 커서 알아보기가 쉽다. '허許'는 可하다는 말과 같다. '금은今恩' 이하는 다시 孟子의 말씀이다.

대개 天地의 性 가운데 사람이 귀한 것이다. 그러므로 사람이 사람

과 함께 하는 것은 또한 동류同類이면서 서로 친하기 때문이다. 이로써 측은지심惻隱之心의 발동은 사람에게는 절실하고 물건에게는 느슨하게 되며, 인술仁術을 미루어 넓히는 일은 사람을 어질게 대하기는 쉬우나 물건을 사랑하기는 어려운 것이다. 이제 왕의 이 마음이 능히 물건에 미치면 그 백성을 보전하여 왕노릇 하는 일이 능히 할 수 없는 것이 아니요, 다만 스스로 기꺼이 하지 않을 뿐이다.

주해

- 鈞(균) : 이십 근 혹은 서른 근. 鈞(이십 근 균)
- 不用力 : 힘이 있으나 힘을 쓰지 않다.
  "不用力有力而不用."(四書補註備旨)
- 不用明 : 눈의 밝음이 있으나 쓰지 않다.
  "不用明有明而不用."(四書補註備旨)
- 不用恩 : 은택을 베풀 수 있으나 베풀지 않다.
  "不用恩有恩而不用."(四書補註備旨)
- 不爲 : 능히 왕노릇을 할 수 있으나 기꺼이 하지 않다.
  "是能爲而不肯爲."(四書補註備旨)
- 非不能 : 은택을 베풀 수 없는 것이 아니라 은택을 베풀지 않다
  "非無恩可用而不能爲."(四書補註備旨)
- 輿薪(여신) : 수레에 가득 실은 땔나무. 輿(수레 여) 薪(섶 신)
- 雙峯饒氏가 말했다. "集註惻隱之發, 是就心上說. 推廣仁術則仁民易而愛物難, 是就術上說. 人性靈, 所以仁民易. 物無知, 如何感得他動. 所以愛物難."(大全註疏)
- 緩(느슨할 완)

【備旨】

孟子ㅣ又設喩以啓之曰 有人復白於王者曰 吾之力이 足以擧百鈞之重 而不足以擧一羽之輕하며 吾之明이 足以

察秋毫之末之小 而不足以見輿薪之大라 하면 則王은 許之爲誠然乎잇가

王曰 否라 人未有擧重而不能擧輕하며 見小而不能見大者也니이다

孟子曰 王旣知此면 則知保民而王은 無難事矣리라 蓋民物之待吾仁者ㅣ有緩急이요 而吾之施仁於民物者ㅣ有難易어늘 今王이 不忍一牛之死하여 恩足以及禽獸하니 是能擧百鈞 察秋毫也로되 而乃坐視斯民之危하여 功不至於百姓하니 是一羽之不擧 輿薪之不見也라 恩能及於所難이나 而獨不能及於所易하니 其故獨何與잇고 然則一羽之不擧는 非無力也라 爲不用力焉이며 輿薪之不見은 非無明也라 爲不用明焉이며 百姓之不見保는 非無恩也라 爲不用恩焉이라 旣不用恩하여 因以不王이라 故로 王可以王 而不王者는 乃能之而不爲也요 非欲爲之而不能也니이다

孟子께서 또 비유를 가설하여 왕을 계도啓導하여 가라사대 "어떤 사람이 왕께 아뢰어 말하기를 '내 힘이 족히 백균百鈞의 무게를 들어올릴 수 있으나 깃털 하나의 가벼움은 들지 못하며, 나의 시력이 족히 추호지말秋毫之末의 작은 것도 살필 수 있으나 수레에 가득 실은 섶의 큰 것은 보지 못합니다.'라고 한다면, 왕께서는 이를 인정하여 진실로 그럴 것이라고 여기겠습니까?"

왕이 가로되 "인정할 수 없습니다. 사람이 무거운 것은 들면서 능히 가벼운 것을 들지 못하며, 작은 것은 보면서 능히 큰 것을 보지 못하는

경우는 없습니다."

맹자 가라사대 "왕께서 이미 이러한 도리를 아신다면 곧 백성을 보전하여 왕 노릇하는데 어려운 일이 없다는 것도 아실 것입니다. 대개 백성과 물건들이 내가 베푸는 仁을 기다리는데 완급緩急이 있으며, 내가 백성과 물건들에게 仁을 베푸는데 어렵고 쉬움이 있습니다. 이제 왕께서 소 한 마리의 죽음을 차마하지 못하여 은택이 족히 금수禽獸에까지 미치니, 이는 능히 백균百鈞을 들고 추호秋毫의 끝을 살피면서 이 백성들의 위난危難은 좌시坐視하여 功이 백성에게 이르지 못한 것이니, 이는 깃털 하나도 들지 못하고 수레에 가득 실은 섶을 보지 못하는 것입니다.

은택이 능히 어려운 곳에는 미치나 유독 쉬운 곳에는 능히 미치지 못하니, 그 연고가 유독 무엇때문입니까? 그러므로 깃털 하나를 들지 못하는 것은 힘이 없어서가 아니라 힘을 쓰지 않기 때문이며, 수레에 가득 실은 섶을 보지 못하는 것은 눈이 밝지 않은 것이 아니라 눈의 밝음을 쓰지 않기 때문이며, 백성들이 보호를 받지 못하는 것은 은택이 없어서가 아니라 은택을 쓰지 않기 때문입니다. 이미 은택을 쓰지 않았기 때문에 왕 노릇을 하지 못하는 것입니다. 그러므로 왕께서 왕 노릇을 할 수 있으나 왕 노릇을 하지 않는 것은 능히 할 수 있는데도 하지 않는 것이요, 왕 노릇을 하고자 하나 능히 못하는 것은 아닙니다."

曰 不爲者와 與不能者之形이 何以異잇고
曰 挾太山하여 以超北海를 語人曰 我不能이라 하면 是誠不能也어니와 爲長者折枝를 語人曰 我不能이라 하면 是는 不爲也언정 非不能

라 하면 是誠不能也어니와 爲長者折枝를 語人曰 我不能이라 하면 是는 不爲也언정 非不能也니 故로 王之不王은 非挾太山以超北海之類也라 王之不王은 是ㅣ折枝之類也니이다

가로되 "하지 않는 것과 하지 못하는 것의 형상은 무엇이 다릅니까?" 가라사대 "태산太山을 끼고 북해北海를 뛰어넘는 일을 사람들에게 말하기를 '나는 할 수 없다.' 라고 하면 이는 진실로 할 수 없는 것이요, 어른을 위해 나뭇가지 하나를 꺾는 일을 사람들에게 말하기를 '나는 할 수 없다.' 라고 하면 이는 하지 않는 것이지 할 수 없는 것이 아닙니다. 그러므로 왕께서 왕 노릇을 하지 않는 것은 태산太山을 끼고 북해北海를 뛰어넘는 類의 일이 아닙니다. 왕께서 왕 노릇을 하지 않는 것은 나뭇가지 하나를 꺾는 類의 일인 것입니다."

形은 狀也라 挾은 以腋持物也라 超는 躍而過也라 爲長者折枝는 以長者之命으로 折草木之枝니 言不難也라
是心固有하여 不待外求요 擴而充之는 在我而已니 何難之有리오

'형形'은 형상이다. '협挾'은 겨드랑이에 물건을 끼고 지니는 것이다. '초超'는 뛰어 넘는 것이다. '어른을 위해 나뭇가지를 꺾는다.'는 것은 장자長者의 命으로 초목草木의 가지를 꺾는 것이니, 어렵지 않다는 말이다. 이런 마음은 본디 있는 것으로 밖에서 구할 필요가 없으며, 확충해 나가는 것은 나에게 달려있을 뿐이니 무슨 어려움이 있으리오?

주해

- 形(형) : 현상. 모양.
  "形是模樣. 異是分別."(四書補註備旨)
- 挾(낄 협) 折(꺾을 절) 腋(겨드랑이 액) 躍(뛸 약)

【備旨】

王이 問曰 夫子ㅣ謂我之不王은 是不爲요 非是不能어늘 敢問 不爲者와 與不能者之形이 何以異잇고
孟子曰 如挾太山之重하여 以超北海之廣은 此事之至難者니 語人曰 我不能이라 하면 是誠不能而非誣也어니와 至於承長者之命 而爲之折枝는 此本無難事니 語人曰 我不能이라 하면 是怠惰而不肯爲也언정 非力有不足而不能也니 然則推吾固有之恩 而加同類之人이면 亦何難之有리오 故로 王之不保民而王은 非挾太山以超北海之類也라 王之不保民而自王은 是折枝之類也니 異之形이 如此니이다

왕이 물어 가로되 "夫子께서 이르시기를 '내가 왕 노릇하지 못하는 것은 하지 않는 것이요, 능히 할 수 없는 것이 아니다.'라고 하셨거늘, 감히 묻자온대 하지 않는 것과 하지 못하는 것의 형상은 무엇이 다릅니까?"

孟子 가라사대 "예를 들어 무거운 태산太山을 끼고 넓은 북해北海를 뛰어넘는 일은 지극히 어려운 일이므로 남에게 일러 말하기를 '내가 할 수 없다.'라고 하면 진실로 할 수 없는 일이며 남을 속이는 것이 아닙니다. 하지만 어른의 명을 받들어 그를 위해 나뭇가지 하나를 꺾

는 일에 있어서는 본디 어려울 것이 없으므로 남에게 일러 말하기를 '내가 할 수 없다.'라고 하면 게을러서 기꺼이 하지 않는 일이며 힘이 부족해서 능히 할 수 없는 것이 아닙니다.

그렇다면 내게 고유固有한 은택을 미루어 동류同類의 사람들에게 더한다면 또한 무슨 어려움이 있으리오? 그러므로 왕께서 백성을 보호하여 왕 노릇을 하지 않는 것은 태산을 끼고 북해를 뛰어넘는 類의 일이 아닙니다. 왕께서 백성을 보호하여 스스로 왕 노릇을 하지 않는 것은 나뭇가지를 꺾는 類의 일이니 두 가지 경우의 다른 형상이 이와 같습니다."

老吾老하여 以及人之老하며 幼吾幼하여 以及人之幼면 天下는 可運於掌이니 詩云 刑于寡妻하여 至于兄弟하여 以御于家邦이라 하니 言擧斯心하여 加諸彼而已니 故로 推恩이면 足以保四海요 不推恩이면 無以保妻子니 古之人이 所以大過人者는 無他焉이라 善推其所爲而已矣니 今에 恩足以及禽獸 而功不至於百姓者는 獨何與니잇고

"나의 노인을 노인으로 여겨 남의 노인에 미치며, 나의 어린아이를 어린아이로 여겨 남의 어린아이에게 미치면, 天下는 손바닥에 놓고 움직일 수 있습니다. 詩에 이르기를 '과덕寡德한 부인에게 모범이 되어 형제에게 이르며 나라를 다스리도다!' 라고 하니, 이 마음을 들어 저기에 더할 뿐임을 말한 것입니다.

그러므로 은택을 미루면 족히 사해四海를 보전할 것이요, 은택을 미루지 않으면 처자妻子도 보전하지 못할 것입니다. 옛 성현들이 일반사람들 보다 크게 뛰어난 것은 다른 것이 아니라 그 할 바를 잘 미루었을 따름입니다. 지금 왕의 은택은 족히 금수禽獸에 미치나 功은 백성들에게 이르지 않는 것은 유독 무엇 때문입니까?"

老는 以老事之也니 吾老는 謂我之父兄이요 人之老는 謂人之父兄이라 幼는 以幼畜之也니 吾幼는 謂我之子弟요 人之幼는 謂人之子弟라 運於掌은 言易也라 詩는 大雅思齊之篇이라 刑은 法也라 寡妻는 寡德之妻니 謙辭也라 御는 治也라 不能推恩이면 則衆叛親離라 故로 無以保妻子라

蓋骨肉之親은 本同一氣하니 又非但若人之同類而已라 故로 古人이 必由親親推之 然後에 及於仁民하고 又推其餘 然後에 及於愛物하니 皆由近以及遠이요 自易以及難이어늘 今에 王反之하니 則必有故矣라 故로 復推本而再問之하시니라

'노老'는 노인으로써 섬기는 것이니, '오로吾老'는 나의 父兄을 말한 것이요, '인지로人之老'는 남의 父兄을 말한 것이다. '유幼'는 어린아이로써 기르는 것이니, '오유吾幼'는 나의 子弟를 말한 것이요, '인지유人之幼'는 남의 子弟를 말한 것이다. '운어장運於掌'은 쉽다는 말이다. 詩는 〈大雅·思齊〉 편이다. '형刑'은 法이다. '과처寡妻'는 德이 부족한 부인이니 겸사이다. '어御'는 다스림이다. 능히 은택을 미루지 못하면 백성들이 배반하고 친척들이 떠나게 된다. 그러므로 처자妻子를 보호할 수 없다.

대개 '골육지친骨肉之親'은 본래 하나의 기운에서 나왔으니, 또한 다만 다른 사람들처럼 동류同類일 뿐만이 아니다. 그러므로 옛 사람들이

반드시 '친친親親'으로 말미암은 후에 백성들을 어질게 대하는데 미치고, 또 그 나머지를 미룬 후에 물건을 사랑하는데 미치니, 모두 가까운 것으로 말미암아 먼 곳에 미친 것이요, 쉬운 것으로 말미암아 어려운 데에 미친 것이다. 하지만 지금 왕은 이에 반反하고 있으니, 반드시 연고가 있을 것이다. 그러므로 다시 근본을 미루어 재차 물으신 것이다.

주해

- 家邦(가방) : 집안과 나라. 또는 '나라'에 대한 범칭. 여기서는 나라의 뜻이다.
  《詩·大雅·思齊》 편에 나온다. "刑於寡妻, 至於兄弟, 以御於家邦."
  "家邦指國."(四書補註備旨)
- 寡妻(과처) : 德이 적은 부인. 곧 '정처正妻' 또는 '적처嫡妻'를 말한다. 寡(적을 과) 嫡(정실 적)
  《詩·大雅·思齊》 편에 나온다. "刑於寡妻, 至於兄弟, 以禦於家邦." 이에 대해 《毛傳》에 "寡妻, 適妻也."라고 했고, 鄭玄의 箋에 "寡妻, 寡有之妻, 言賢也."라고 풀이했다.
- 古之人 : 옛 성현 또는 옛 제왕들을 말한다.
- 骨肉之親(골육지친) : '지친至親'. 곧 부모와 형제와 자녀처럼 지극히 가까운 사이를 말한다.
  《墨子·尙賢下》에 나온다. "當王公大人之於此也, 雖有骨肉之親, 無故富貴, 面目美好者, 誠知其不能也, 不使之也."
- 寡(적을 과) 御(다스릴 어)

【備旨】

夫王之不王은 由於不用恩이니 今之欲王은 惟在於推恩而已라 必也 先盡孝弟하여 以老吾之老而後에 推之以及人之老하여 使人亦得以老其老焉하며 先施慈惠하여 以幼吾之幼而後에 推之以及人之幼하여 使人亦得以幼其幼焉이라

如是면 則擧天下之老與幼ㅣ無一不被吾老老幼幼之恩하여 其恩之及於天下也는 特運諸掌耳니 詩云 刑法於寡德之妻하여 至於我之兄弟하여 推之以御於家邦이라 하니 蓋言文王이 能擧仁心하여 施之於家 而家齊하고 施之於國 而國治하니 總不外斯心之運用而已라 然則老老幼幼ㅣ獨非此心之所推乎아 故로 人君이 能推老老幼幼之恩이면 則包含徧覆하여 足以保四海之大 而無難이니 所謂是心足王者ㅣ此也요 不能推老老幼幼之恩이면 則衆叛親離하여 且無以保其妻子온 況四海乎아

古之聖帝明王 其功業隆盛이 所以大過人者ㅣ豈有他道哉리오 惟親親而仁民하고 仁民而愛物하여 善推其所爲之序而已矣니 今에 王恩足以及禽獸이나 而功乃不至於百姓하여 倒行逆施하여 不能善推者는 獨何故與니 잇고

"무릇 왕께서 왕 노릇을 못하는 것은 은택을 베풀지 않기 때문이니, 이제 왕 노릇을 하고자 함은 오직 은택을 미루는데 달려있을 따름입니다. 반드시 먼저 효제孝悌를 다하여 나의 노인을 노인으로 섬긴 이후에 이를 미루어 남의 노인에게 미쳐 사람들로 하여금 또한 그 노인을 노인으로 섬기게 하며, 먼저 자혜慈惠를 베풀어 나의 어린아이를 어린아이로 대한 연후에 이를 미루어 남의 어린아이에게 미쳐 사람들로 하여금 또한 그 어린아이를 어린아이로 대할 수 있게 해야 합니다.

이와 같이 하면 온 天下의 노인과 어린아이가 한 명이라도 나의 노인을 노인으로 섬기고 어린아이를 어린아이로 대하는 은택이 아님이 없어, 그 은택이 天下에 미치는 것이 다만 손바닥에 놓고 움직이는 것처럼 쉬울 뿐입니다.

詩에 이르기를 '과덕寡德한 부인에게 모범이 되어 내 형제에게 이르며, 이를 미루어 집안과 나라를 다스리도다!'라고 했습니다. 대개 文王이 능히 어진 마음을 들어 이를 집안에 베푸니 집안이 가지런히 되고, 이를 나라에 베푸니 나라가 다스려져 모두 이러한 마음을 운용運用하는데 지나지 않았음을 말한 것입니다.

그렇다면 노인을 노인으로 섬기고 어린아이를 어린아이로 대하는 것이 유독 이 마음을 미룬 바가 아니겠습니까? 그러므로 人君이 능히 노인을 노인으로 섬기고 어린아이를 어린아이로 대하는 은혜를 미루게 되면 두루 포용하고 빠짐없이 뒤덮게 되어 족히 커다란 사해四海를 보전하는데 어려움이 없을 것이니, 이른바 이 마음으로 족히 왕 노릇을 할 수 있다는 것이 이것이요, 능히 노인을 노인으로 섬기고 어린아이를 어린아이로 대하는 은혜를 미루지 못하면 무리가 배반하고 친척들이 떠나가서 또한 그 처자妻子도 보호할 수 없거늘 하물며 사해四海이리오!

옛 성제聖帝와 명왕明王들의 그 공업功業이 융성하여 크게 남들보다 뛰어난 이유가 어찌 다른 방도가 있었으리오? 오직 친한 이를 친히 대하고 백성들에게 仁을 베풀었으며, 백성들에게 仁을 베풀어 물건들을 사랑하였으니, 오직 그 행할 바의 차례를 잘 미루었을 따름입니다. 그런데 지금 왕의 은혜는 족히 금수禽獸에게 미치나 功은 곧 백성들에게 이르지 못하며, 거꾸로 행하고 거슬러 시행하여 능히 잘 미루지 못한 것은 유독 무슨 까닭입니까?"

주해

● 包含偏覆(포함편부) : 모두 포용하고 빠짐없이 두루 뒤덮다. '포함包含'은 포괄하고 포용함이다. '편복偏覆'은 두루 뒤덮다는 말이다. 偏(두루 편) 覆(덮을 부)

'包容'은 漢나라 환관桓寬의 《鹽鐵論·地廣》 편에 나온다. "王者包含並覆, 普愛無私, 不爲近重施, 不爲遠遺恩." 鹽(소금 염)

'偏覆'은 《韓非子·大體》 편에 나온다. "上不天則下不偏覆, 心不地則物不畢載." 畢(모두 필)

權然後에 知輕重하며 度然後에 知長短이니 物皆然이어니와 心爲甚하니 王請度(탁)之하소서

"저울질을 한 후에 경중輕重을 알며, 재어본 후에 장단長短을 알 수 있으니, 사물이 모두 그러하지만 마음은 더욱 심하니, 왕께서는 청하건대 이 점을 헤아리소서."

權은 稱錘也요 度은 丈尺也라 度之는 謂稱量之也라 言物之輕重長短은 人所難齊라 必以權度로 度之而後에 可見이어니와 若心之應物은 則其輕重長短之難齊하여 而不可不度(탁)以本然之權度ㅣ 又有甚於物者라
今에 王恩及禽獸 而功不至於百姓하니 是는 其愛物之心이 重且長하고 而仁民之心이 輕且短하여 失其當然之序而不自知也라 故로 上文에 旣發其端하시고 而於此에 請王度(탁)之也하시니라

'권權'은 저울의 추錘요, '도度'는 장척丈尺이다. '탁지度之'는 저울질하고 재는 것을 말한다. 사물의 경중輕重과 장단長短은 사람이 똑같이 하기 어려운 바이니 반드시 권도權度로써 헤아린 이후에 알 수 있다. 마음이 사물에 응하는 경우는 그 경중輕重과 장단長短을 똑같이 하기 어려우므로 가히 본연의 權度로써 헤아리지 않을 수 없으니 또한 사물보

다 심한 점이 있다.

지금 왕의 은택이 금수禽獸에 미쳤으나 功이 백성들에게 이르지 아니하니, 이는 그 사물을 사랑하는 마음이 무겁고 또 긴 것이며, 백성을 어질게 대하는 마음이 가볍고 또 짧아서 그 당연한 차례를 잃고서도 스스로 알지 못한 것이다. 그러므로 上文에서 이미 그 실마리를 발하고 여기에서 왕이 이 점을 헤아리도록 청하신 것이다.

주해

- 度之(탁지) : 이 점을 헤아리다. '之'는 '인민애물仁民愛物의 완급緩急'을 말한다. 度(헤아릴 탁)
  "度指仁民愛物之緩急言."(四書補註備旨)
  朱子가 말했다. "物易見, 心無形, 度物之輕重長短易, 度心之輕重長短難. 度物差了, 只是一事; 心差了時, 萬事差. 所以心爲甚. 又曰愛物宜輕, 仁民宜重. 此是權度. 以此去度."(大全註疏)
- 丈尺(장척) : 길이를 재는 단위. 10尺을 1丈이라 하고, 10寸을 1尺이라 함.
- 權度(권도) : 사물의 輕重과 長短을 재는 저울과 자. 權(저울추 권) 度(자 도) 《周禮·地官·掌葛》에 나온다. "掌葛掌以時徵絺綌之材於山農……以權度受之." 絺(칡베 치) 綌(칡베 격)
- 稱(저울 칭) 錘(저울 추)

【備旨】

王이 特不裁度之耳라 彼物有輕重이니 必權以稱之然後에 知其孰輕孰重이며 物有長短이니 必度以量之然後에 知其孰長孰短이라 凡物이 皆有然者온 況心爲萬化之原이니 其輕重長短之難齊를 苟不以本然之理로 爲之權度면 則所行이 錯亂하니 又豈但一物之失已哉리오

是心之不可無權度ㅣ 更有甚於物焉이어늘 今에 王不忍

一牛하되 而忍於百姓하나니 是愛物之心이 反重且長하며 仁民之心이 反輕且短하여 失其當然之序者는 亦不度故也니 王請以本然之權度로 度之면 則知己之處民物者ㅣ有大不得其平者矣리라

"왕께서 다만 이를 재거나 헤아리지 못하셨을 뿐입니다. 저 물건에 경중輕重이 있으니 반드시 저울로 잰 후에 무엇이 무겁고 무엇이 가벼운지를 알 수 있으며, 물건에 장단長短이 있으니 반드시 자로써 잰 후에 무엇이 길고 무엇이 짧은지를 알 수가 있습니다.

모든 물건에 다 그러한 점이 있거늘 하물며 마음은 온갖 변화의 근원이니 가지런하게 다스리기 어려운 (마음의) 경중輕重과 장단長短을 진실로 본연本然의 이치로써 그 권도權度를 삼지 아니하면, 행한 바가 어지럽게 될 것이니 또한 어찌 다만 한 물건이 경중輕重과 장단長短을 잃었을 뿐이리오!

이 마음에 가히 권도權度가 없을 수 없음이 물건보다 더욱 심한 것이 있거늘 지금 왕께서 소 한 마리는 차마 하지 못하나 백성들에게는 차마 하시는 것입니다. 이는 물건을 사랑하는 마음이 도리어 무겁고 또 길며, 백성에게 仁하는 마음이 도리어 가볍고 짧아서 그 당연한 차례를 잃은 것은 또한 헤아리지 않았기 때문입니다. 왕께서 청컨대 본연本然의 권도權度로써 헤아리면 자신이 백성과 물건들에 대처한 일이 크게 그 공평함을 얻지 못했다는 사실을 아실 것입니다."

주해

● 錯亂(착란) : 무질서하고 어지러움. 錯(어지러울 착)
《漢書·劉歆傳》에 나온다. "今聖上德通神明, 繼統揚業, 亦閔文學錯亂."

抑王은 興甲兵하며 危士臣하여 構怨於諸侯 然後에야 快於心與잇가

"생각컨대 왕께서는 갑병甲兵을 일으키며 장졸將卒들을 위태롭게 하여 제후들과 원한을 맺은 후에야 마음이 즐겁겠습니까?"

抑은 發語辭라 士는 戰士也라 構는 結也라
孟子ㅣ以王愛民之心이 所以輕且短者는 必其以是三者爲快也라 然이나 三事는 實非人心之所快니 有甚於殺觳觫之牛者라 故로 指以問王하여 欲其以此而度之也시니라

'억抑'은 발어사이다. '사士'는 전사戰士이다. '구構'는 맺음이다.

孟子께서 왕의 백성을 사랑하는 마음이 가볍고 또한 짧은 이유가 필시 이 세 가지로 즐거움을 삼기 때문이라고 여기신 것이다. 그러나 세 가지 일은 실제로 人心이 기뻐할 바가 아니니, 두려워 벌벌 떠는 소를 죽이는 것 보다 심한 면이 있다. 그러므로 이를 지적하여 왕에게 물어 이로써 헤아리게 하고자 하신 것이다.

주해

- 甲兵(갑병) : 견고한 갑옷과 날카로운 병기. 곧 군대를 말한다.
  《詩·秦風·無衣》 편에 나온다. "王於興師, 脩我甲兵, 與子偕行." 《荀子·王制》 편에도 나온다. "故不戰而勝, 不攻而得, 甲兵不勞而天下服."
- 士臣(사신) : 사졸과 장수. '士'는 전졸戰卒을 말하고, '臣'은 장수將帥를 말한다. 帥(장수 수)
  "士是戰卒, 臣是將帥."(四書補註備旨)
- 抑(생각할 억) 觳(두려워할 곡) 觫(두려워할 속)

【備旨】

夫愛民之心이 宜重且長이로되 而王이 反輕且短者ㅣ豈無故耶아 抑王은 必欲興甲兵以示威하며 危士臣以取勝하니 構怨於鄰國之諸侯하여 以稱雄天下然後에 快足於心與잇가 苟以是爲快면 則殘萬民之命이 有甚於殺觳觫之牛者어늘 曷不於此而度之리오

"무릇 백성을 사랑하는 마음이 마땅히 무겁고 또 길어야 하되 王께서는 도리어 가볍고 또 짧게 여기신 것이 어찌 연고가 없겠습니까?

생각건대 왕께서는 필시 갑병甲兵을 일으켜 시위示威를 하며, 사신士臣을 위태롭게 하여 승리를 취하고자 하니, 이웃나라의 제후들과 원한을 맺어 天下의 영웅이라고 칭한 후에 마음이 즐겁고 만족하시겠습니까?

진실로 이것을 즐거움으로 삼으시면 만민萬民의 목숨을 해치는 것이 두려워 벌벌 떠는 소를 죽이는 것 보다 심한 점이 있거늘 어찌 여기에서 이를 헤아리지 않으십니까!"

王曰 否라 吾何快於是리오 將以求吾所大欲也로이다

왕이 가로되 "아닙니다. 내가 어찌 이 일(三事)에 즐거움을 느끼겠습니까? 장차 내가 크게 하고자 하는 바를 구하기 때문입니다."

不快於此者는 心之正也요 而必爲此者는 欲誘之也니 欲之所誘者ㅣ獨在於是라 是以로 其心이 尙明於他而獨暗於此하니

此其愛民之心이 所以輕短 而功不至於百姓也니라

'이런 일에 즐거움을 느끼지 않는다.'는 것은 마음이 바른 것이요, 반드시 이 일(三事)을 하려고 하는 것은 욕심이 유혹한 것이다. 욕심이 유혹하는 바가 유독 여기(三事)에 있기 때문에, 그 마음이 오히려 다른 곳에서는 밝으나 유독 여기에서는 어두운 것이다. 이는 그가 백성을 사랑하는 마음이 가볍고 짧아서 功이 백성들에게 이르지 못한 이유인 것이다.

주해

● 是 : 앞에서 나온 '三事'를 말한다.
● 大欲(대욕) : 크게 하고자 하는 것. 곧 다음에 나오는 '辟土地、朝秦楚、莅中國、撫四夷' 등의 일을 말한다.
新安陳氏가 말했다. "所大欲者, 人欲之橫流, 所以不能仁民, 而擴天理之公也."(大全註疏)

【備旨】

王曰 夫子ㅣ謂我快乎此三者하니 否也라 吾何快於是而爲之리오 然이나 所以必爲此者는 將以求吾所大欲이라 故로 不得已而爲之也니이다

王이 가로되 "夫子께서 이르시기를 '내가 이 세 가지에 쾌족快足하게 여긴다.'고 하시니, 이는 그렇지 않습니다. 내가 어찌 이 일에 쾌족快足하여 그렇게 하겠습니까? 그러나 반드시 이 일을 하는 이유는 장차 내가 크게 하고자 하는 바를 구하기 때문입니다. 그러므로 부득이 이 일을 하는 것입니다."

曰 王之所大欲을 可得聞與잇가

王笑而不言하신대

曰 爲肥甘이 不足於口與며 輕煖이 不足於體與잇가 抑爲采色이 不足視於目與며 聲音이 不足聽於耳與며 便嬖ㅣ不足使令於前與잇가 王之諸臣이 皆足以供之하나니 而王은 豈爲是哉시리잇고

曰否라 吾不爲是也로이다

曰 然則王之所大欲을 可知已니 欲辟土地하며 朝秦楚하여 莅中國而撫四夷也로소이다 以若所爲로 求若所欲이면 猶緣木而求魚也니이다

가라사대 "왕께서 크게 하고자 하는 바를 들어 볼 수 있습니까?"
왕이 웃기만 하고 말하지 않자,
(맹자) 가라사대 "살찌고 단 음식이 입에 부족하며, 가볍고 따뜻한 옷이 몸에 부족하십니까? 아니면 아름다운 채색이 눈으로 보기에 부족하며, 아름다운 음악소리가 귀로 듣기에 부족하며, 좌우에서 모시는 사람들을 면전에서 부리는데 부족하십니까? 이러한 것들은 왕의 여러 신하들이 모두 충분히 공급하나니, 왕께서는 어찌 이런 것들을 위해서 그러십니까?"
가로되 "아닙니다. 내가 이런 것들을 위해서 그런 것이 아닙니다."
가라사대 "그렇다면 왕께서 크게 하고자 하는 바를 알 수가 있습니다. 국토를 넓히고 진秦나라와 초楚나라의 조회를 받아 중원의 맹주가 되어 사이四夷를 안무按撫하고자 하시는 것입니다. 그러나 이와 같이 하는 일로써 이와 같이 하고자 하는 바를 구하는 것은 마치 나무에 올라가 물고기를 구하는 것과 같습니다."

便嬖은 近習嬖幸之人也라 已는 語助辭라 辟는 開廣也라 朝는 致其來朝也 秦楚는 皆大國이라 莅는 臨也라 若은 如此也라 所爲는 指興兵結怨之事라 緣木求魚는 言必不可得이라

'편폐便嬖'는 가까이 모시며 총애를 받는 사람이다. '이已'는 어조사다. '벽辟'은 개척하여 넓히는 것이다. '조朝'는 그들이 찾아와 조회하게 만드는 것이다. '진秦'나라와 '초楚'나라는 모두 대국大國이다. '리莅'는 임하는 것이다. '약若'은 이와 같음이다. '소위所爲'는 군사를 일으켜 원한을 맺는 일을 가리킨다. '연목구어緣木求魚'는 필시 얻지 못한다는 말이다.

주해

- 便嬖(편폐) : 군주가 가까이 총애하는 사람. '총신寵臣' 또는 '폐행嬖幸'과 같다. 嬖(사랑할 폐) 寵(사랑할 총)
  "便嬖是左右侍御者."(四書補註備旨)
- 使令(사령) : 사람을 부리다. 일을 시키다.
- 嬖行(폐행) : 총애하다. 총애를 받고 친압親狎하는 사람.
  《後漢書·楊震傳》에 나온다. "方今九德未事, 嬖幸充庭."
- 近習(근습) : 친근하다. 군주의 총애를 받는 사람.
  《禮記·月令》 편에 나온다. "(仲冬之月)省婦事, 毋得淫, 雖有貴戚近習, 毋有不禁."
- 辟(열 벽) 撫(어루만질 무) 莅(다다를 리)

【備旨】

孟子曰 王之所大欲을 可得而聞與잇가
王이 以所欲之大 有難以語人者로 但忖之一笑 而不言한대
孟子ㅣ 固知大欲之所在하여 姑先詰之曰 王之所大欲이

果爲肥甘之美味丨不足充於王之口與며 輕煖之衣服이 不足被於王之體與잇가 抑爲華采之麗色이 不足視於王之目與며 靡麗之聲音이 不足聽於王之耳與며 便習嬖幸之人이 不足使令於王之前與잇가 凡此數者之欲은 王之諸臣이 皆足以供之하여 固無待於求矣어늘 而王은 豈爲是哉시리잇고

王曰 否라 此非吾之所大欲이니 吾原不爲是 而興兵構怨也로이다

孟子曰 王旣不爲是라 하시니 然則王之所大欲을 可知已로다 意者컨대 欲辟士地하여 使封疆日廣하며 朝秦楚하여 使大國稱藩하여 莅中國而宅中以圖大하며 撫西夷而荒服皆賓貢也로소이다 是所欲이 旣大면 則所以求之者丨亦大矣니 若夫以興兵搆怨之所爲로 求若一統無外之所欲이면 猶攀援樹木而求魚니 豈有可得之理哉리오

孟子 가라사대 "왕께서 크게 하고자 하는 바를 들어 볼 수 있습니까? 왕이 크게 하고자 하는 바에는 남에게 말하기 어려운 것이 있기 때문에, 다만 속으로 헤아리고 웃으면서 말을 하지 않았다.

그러자 孟子께서 진실로 크게 하고자 하는 바가 있음을 아시고서 잠시 힐문詰問하여 가라사대 "왕께서 크게 하고자 하는 바가 과연 살찌고 단 아름다운 맛이 왕의 입맛을 채우는데 부족하며, 가볍고 따뜻한 의복이 왕의 몸으로 입기에 부족합니까? 아니면 화려한 채색의 고운 색이 왕의 눈으로 보기에 부족하며, 화려하고 아름다운

음악소리가 왕의 귀로 듣기에 부족하며, 가까이 좌우에서 총애하는 사람들이 왕의 앞에서 시중 드는데 부족하기 때문입니까? 무릇 이러한 몇 가지 욕망들은 왕의 여러 신하들이 모두 충분히 공급하여 진실로 구할 필요가 없거니와, 왕께서는 어찌 이런 것들을 위해서 그러십니까?"

왕이 가로되 "아닙니다. 이것들은 내가 크게 하고자 하는 바가 아닙니다. 나는 원래 이것들을 위하여 군사를 일으켜 이웃나라와 원한을 맺으려는 것이 아닙니다."

孟子 가라사대 "왕께서 기왕에 이것들 때문이 아니라고 하시니, 그렇다면 왕께서 크게 하고자 하는 바를 알 수가 있습니다. 생각컨대 토지를 개척하여 영토를 날로 넓히고자 하며, 진秦나라와 초楚나라의 조회朝會를 받아 大國들을 번국藩國으로 칭하게 만들고 중원에 진출해서 맹주가 되어 대국을 꿈꾸며, 사이四夷를 안무按撫하여 황복荒服들이 모두 귀순하여 공물貢物을 바치도록 하려는 것입니다. 이렇게 하고자 하는 바가 이미 크면 구하려는 바도 또한 크게 되니, 군사를 일으켜 이웃나라와 원한을 맺는 행위로써 이와 같이 천하를 통일하여 一家로 삼고자 하는 욕망을 구하려는 경우는 마치 나무를 타고 올라가 물고기를 구하는 것과 같으니 어찌 얻을 수 있는 이치가 있겠습니까?"

주해

- 靡麗(미려) : 정미精美하고 화려하다. 靡(고울 미)
  《孔子家語·刑政》 편에 나온다. "文錦珠玉之器, 雕飾靡麗, 不粥於市." 雕(새길 조) 粥(팔 육, '육鬻'과 통함)
- 封疆(봉강) : 天子가 제후諸侯에게 하사下賜한 땅. 곧 제후의 영토를 말한다. 疆(지경 강)
- 荒服(황복) : 고대에 왕기王畿 밖의 지역에 위치한 오복五服 중의 하나. 荒(거칠 황)

'오服'은 5백리를 한 구역으로 삼아 京畿지역으로부터 순서대로 5개 구역(후복侯服、전복甸服、수복綏服、요복要服、황복荒服)으로 나누었다. 일반적으로 '綏服'까지의 영토를 한족의 영역으로 구분한다. '服'은 천자에게 복종하며 천자를 섬긴다는 뜻이다. 甸(경기 전) 綏(편안할 수)

《書·益稷》 편에 나온다. "弼成五服, 至於五千." 이에 대해 孔傳에 "五服, 侯、甸、綏、要、荒服也. 服, 五百里. 四方相距爲方五千里."라고 풀이했다.

한편 '五服'說 외에 '九服'說도 있다. '九服'은 京畿지역으로부터 차례대로 9개 구역(후복侯服、전복甸服、남복男服、채복采服、위복衛服、만복蠻服、이복夷服、진복鎭服、번복藩服)으로 나누었다. 일반적으로 '衛服'까지의 영토를 한족의 영역으로 구분한다. 蠻(남방민족 만) 夷(동방민족 이) 藩(울타리 번)

《周禮·夏官·職方氏》 편에 나온다. "乃辨九服之邦國 : 方千里曰王畿, 其外方五百里曰侯服, 又其外方五百里曰甸服, 又其外方五百里曰男服, 又其外方五百里曰采服, 又其外方五百里曰衛服, 又其外方五百里曰蠻服, 又其外方五百里曰夷服, 又其外方五百里曰鎭服, 又其外方五百里曰藩服."

- 賓貢(빈공) : 귀순歸順하여 공물貢物을 바침. 貢(바칠 공)
- 若夫(약부) : ~에 대해서는, ~과 같은 경우는. '至于'와 같다. 句首나 단락을 시작할 때 사용된다.

  《易·繫辭下》에 나온다. "若夫雜物撰德, 辯是與非, 則非其中爻不備." 撰(지을 찬)
- 一統無外(일통무외) : 제왕이 천하를 통일하여 '一家'로 삼다.

  '無外'는 《公羊傳·隱公元年》 條에 나온다. "王者无外, 言奔, 則有外之辭也." 이에 대해 何休의 註에 "王者以天下爲家, 无絶義."라고 풀이했다.
- 攀援(반원) : 잡고 의지해서 올라가다. 攀(잡을 반) 援(당길 원)

  《莊子·馬蹄》에 나온다. "是故禽獸可係羈而遊, 鳥雀之巢可攀援而窺." 蹄(굽 제) 羈(굴레 기) 窺(엿볼 규)
- 忖(헤아릴 촌) 詰(힐문할 힐)

王曰 若是其甚與잇가
曰殆有甚焉하니 緣木求魚는 雖不得魚나 無後災어니와 以若所爲로 求若所欲이면 盡心力而爲之라도 後必有災하리이다
曰可得聞與잇가
曰鄒人이 與楚人戰則王은 以爲孰勝이니 잇고
曰楚人이 勝하리이다
曰然則小固不可以敵大며 寡固不可以敵衆이며 弱固不可以敵强이니 海內之地ㅣ方千里者ㅣ九에 齊ㅣ集有其一하니 以一服八이 何以異於鄒敵楚哉리잇고 蓋亦反其本矣니이다

왕이 가로되 "이토록 그것이 심한 것입니까?"
가라사대 "아마도 이것보다 더 심할 것입니다. 나무에 올라가 물고기를 구하는 경우는 비록 물고기를 얻지 못해도 나중에 재앙이 없거니와, 이와 같이 행하는 바로써 이와 같은 욕망을 구한다면 마음과 힘을 다하여 그 일을 하더라고 나중에 반드시 재앙이 있을 것입니다."
가로되 "(그 이유를) 가히 들어 볼 수 있겠습니까?"
가라사대 "추鄒나라가 초楚나라가 더불어 싸우면 왕께서는 누가 이긴다고 생각합니까?"
가로되 "초楚나라가 이길 것입니다."
가라사대 "그러므로 小國은 진실로 大國을 대적할 수 없으며, 백성의 수가 적은 나라는 진실로 백성의 수가 많은 나라를 대적하지 못하며, 弱國은 진실로 强國을 대적하지 못하는 것입니다. 해내海內의 땅에 方천리千里인 나라가 아홉인데 제齊나라의 땅을 모두 합치면 그 중 하나

를 차지하게 되니, 하나로써 나머지 여덟을 복속服屬시키려는 것이 어찌 추鄒나라가 초楚나라를 대적하는 것과 다르리오? 대개 또한 그 근본을 돌이켜야 합니다."

殆蓋는 皆發語辭라 鄒는 小國이요 楚는 大國이라 齊集有其一은 言集合齊地면 其方千里니 是有天下九分之一也라 以一服八은 必不能勝이니 所謂後災也라 反本은 說見(현)下文하니라

'태殆'와 '개蓋'는 모두 발어사이다. '추鄒'는 소국小國이요, '초楚'는 대국大國이다. '齊集有其一'은 제齊나라의 땅을 모두 합치면 그 땅이 方 천리千里가 되니, 이는 천하의 9분의 1을 차지한다는 말이다. '하나로써 나머지 여덟을 복속시키려는 것'은 반드시 이길 수가 없으니 이른바 '뒷날의 재앙'이라는 것이다. '반본反本'은 설명이 下文에 보인다.

주해

- 甚(심) : '연목구어緣木求魚'를 가리킨다.
- 海內之地, 方千里者九 : '해내海內의 땅에 方 천리千里를 가진 나라가 모두 아홉 나라이다. '九國'은 곧 제齊、초楚、연燕、진秦、한韓、조趙、위魏、송宋、중산中山을 말한다.
  新安陳氏가 말했다. "千里者九, 齊楚燕秦韓趙魏宋中山也."(大全註疏)
- 反其本 : 그 근본을 돌이켜 생각하다. '本'은 '大欲之本'을 말한다.
- 殆(아마도 태) 災(재앙 재) 鄒(나라이름 추) 寡(적을 과)

【備旨】

王曰 大欲之求ㅣ果若是緣木求魚之甚與잇가
孟子曰 殆有甚於緣木求魚者也니 何則고 緣木求魚는 雖

不得魚나 然이나 止不得魚耳니 無有後日之災어니와 以若興兵搆怨之所爲로 求若一統無外之所欲인댄 盡心力而爲之라도 不惟大欲不可得이요 而災且及其後矣리니 此所以爲有甚也로라

王曰 所謂後災者를 可得而聞與잇가

孟子曰 欲知後災之說인댄 當審天下之勢니 設使鄒人이 與楚人戰則王은 以爲誰勝이니잇고

王曰 鄒非楚敵也ㅣ明矣니 吾以爲楚人이 勝하리이다

孟子曰 鄒旣不可敵楚니 然則國之小者ㅣ固不可以敵國之大며 民之寡者ㅣ固不可以敵民之衆이며 力之弱者ㅣ固不可以敵力之强이니 今海內之地ㅣ方千里者ㅣ大槩有九에 而齊集合其地하여 僅有其一하니 以齊千里之一로 服海內千里之八은 其大小衆寡强弱之不敵이니 何以異於鄒敵楚哉리잇고 吾ㅣ知其必敗矣리니 所謂後災者ㅣ此也라 王欲求大欲인댄 蓋亦反其所以求大欲之本矣니 何必以興兵搆怨으로 爲哉리오

왕이 가로되 "대욕大欲을 구하는 일이 과연 이처럼 연목구어緣木求魚보다 심합니까?"

孟子 가라사대 "아마도 연목구어緣木求魚 보다 심한 경우가 있으니 무엇을 말하는 것인가? 연목구어緣木求魚는 비록 고기를 잡지 못하나 다만 고기를 잡지 못할 뿐이니, 후일의 재앙은 없습니다. 이와 같이 군사를 일으켜 이웃나라와 원한을 맺는 행위로써 이처럼 천하를 통일하여 一家로 삼으려는 욕망을 구하고자 하면, 마음과 힘을 다하여 그 일을 하더라도 대욕大欲을 얻지 못할 뿐만 아니라 재앙이 또한 그 뒤에

미칠 것입니다. 이것이 바로 연목구어緣木求魚 보다 더 심하게 되는 이유입니다."

왕이 가로되 "이른바 '後日의 재앙'이라는 것을 가히 들어 볼 수 있겠습니까?"

孟子 가라사대 "'後日의 재앙'이라는 말을 아시고자 한다면 마땅히 天下의 형세를 살펴야 합니다. 예를 들어 추鄒나라 사람이 초楚나라 사람과 더불어 싸운다면 왕께서는 누가 이긴다고 생각하십니까?"

왕이 가로되 "추鄒나라는 초楚나라의 적수가 아님이 분명하니, 나는 楚나라가 이긴다고 생각합니다."

孟子 가라사대 "추鄒나라가 이미 초楚나라를 대적할 수 없으니, 그렇다면 곧 小國이 진실로 가히 大國을 대적하지 못하며, 백성이 적은 나라가 진실로 가히 백성이 많은 나라를 대적하지 못하며, 약국弱國이 진실로 가히 강국强國을 대적하지 못하는 것입니다. 지금 해내海內의 땅에 方 천리千里인 나라가 대개 아홉인데, 제齊나라의 땅을 모두 합치면 그 중 겨우 하나를 차지하게 됩니다. 제齊나라처럼 方 千里를 지닌 한 나라가 해내海內의 方 千里를 지닌 여덟 나라를 복속시키려 하는 것은 그 小國이 大國을, 백성이 적은 나라가 백성이 많은 나라를, 弱國이 强國을 대적하지 못하는 경우와 같으니 이것이 어찌 추鄒나라가 초楚나라를 대적하는 것과 다르겠습니까? 나는 제齊나라가 반드시 패할 것을 알고 있으니, 이른바 '후일의 재앙'이라는 것이 바로 이것입니다. 왕께서 대욕大欲을 구하고자 하시면 대개 또한 그 대욕大欲을 구하는 바의 근본을 돌이켜 보아야 하거늘, 어찌 반드시 군사를 일으켜 이웃나라와 원한을 맺게 되는 일을 하려고 하십니까?"

주해

● 設使(설사) : 가령. 예를 들어. '假如'와 같다.
《鶡冠子·天權》 편에 나온다. "設使知之, 其知之者屈已知之矣. 若其弗知者, 雖師而說尙不曉也." 鶡(관이름 갈)

今王이 發政施仁하사 使天下仕者로 皆欲立於王之朝하며 耕者로 皆欲耕於王之野하며 商賈로 皆欲藏於王之市하며 行旅로 皆欲出於王之塗하시면 天下之欲疾其君者ㅣ皆欲赴愬於王하리니 其若是면 孰能禦之리잇고

"이제 왕께서 정령政令을 펴고 인정仁政을 베풀어 천하의 벼슬하는 자들로 하여금 모두 왕의 조정에서 벼슬하고자 하게 하며, 밭가는 자들로 하여금 모두 왕의 들에서 경작하게 하고자 하며, 행상行商과 좌고坐賈들로 하여금 모두 왕의 시장에 물건을 쌓아두고 장사하고자 하게 하며, 나그네들로 하여금 모두 왕의 길로 나서게 하고자 하시면, 天下에 자신들의 人君을 미워하고자 하는 자들이 모두 왕에게 달려와 하소연 하고자 할 것이니, 이와 같이 된다면 누가 능히 이를 막겠습니까?"

行貨曰商이요 居貨曰賈라 發政施仁은 所以王天下之本也라 近者ㅣ悅하고 遠者ㅣ來면 則大小强弱은 非所論矣라 蓋力求所欲이면 則所欲者ㅣ反不可得이요 能反其本이면 則所欲者ㅣ不求而至니 與首章意同하니라

재화를 가지고 다니면서 파는 것을 '상商'이라 하고, 재화를 자리잡고 파는 것을 '고賈'라 한다. '발정시인發政施仁'은 天下에 왕 노릇하는 근본이다. 가까이 있는 자들이 기뻐하고 먼 곳에 있는 자들이 찾아오면 곧 小國이 大國을 대적하지 못하거나 弱國이 强國을 대적하지 못한다는 말은 논할 것이 없다.

대개 힘써 하고자 하는 바를 구한다면 하고자 하는 바는 도리어 얻을 수가 없으며, 능히 그 근본을 돌이키면 하고자 하는 바가 구하지 않아도 이르게 될 것이다. 이는 首章의 뜻과 같다.

주해

- 商賈(상고) : 행상行商과 좌고坐賈. 곧 상인을 말한다. 賈(장사 고)
  "商賈阜通貨財."(四書補註備旨) 阜(성할 부)
  《周禮·天官·太宰》에 나온다. "六曰商賈, 阜通貨賄." 이에 대해 鄭玄의 註에 "行曰商, 處曰賈."라고 풀이했다. 賄(선물 회)
- 疾(미워할 질) 赴(나아갈 부) 愬(하소연할 소) 禦(막을 어)

【備旨】

然이나 所謂反本者는 何也오 今王이 誠能發愛民之善政하여 而一皆施愛民之仁心이면 則澤被於一邦하고 聲聞於四海하여 將見仁恩所感하여 使天下之仕者로 皆欲立於王之朝以行其道하며 耕者로 皆欲耕於王之野以安其業하며 商賈로 知王之市廛無征하여 皆欲藏於其市하며 行旅로 知王之關津不暴하여 皆欲出於其塗하면 天下之欲疾其君之虐者ㅣ 望王之弔民伐罪하여 皆欲來而赴愬於王하리이다

民之歸仁이 不約而同이 如此하니 其如是면 孰能禦之而使勿歸哉리잇고 至此 則大小衆寡强弱은 非所論矣리니 臣所謂保民而王이면 莫之能禦者ㅣ 夫豈誣哉아

"그러나 이른바 근본을 돌이킨다는 것은 무엇이겠습니까? 이제 왕께서 진실로 능히 백성을 사랑하는 선정善政을 펴서 한결 같이 모두

백성을 사랑하는 인심仁心을 베푸시면 은택이 한 나라에 미치고 명성이 사해四海에 전해질 것입니다. 그렇게 되면 장차 인애仁愛와 은덕恩德에 감화를 입어 천하의 벼슬하는 자들로 하여금 모두 왕의 조정에 서서 그 道를 행하고자 하게 하며, 밭가는 자들로 하여금 모두 왕의 들에서 경작하여 그 業을 안정시키고자 하게 하며, 행상行商과 좌고坐賈로 하여금 왕의 시전市廛에서 징세徵稅하지 않음을 알아서 모두 그 시장에 물건을 쌓아두고 장사하고자 하게 하며, 나그네로 하여금 왕의 관문을 지키는 관리들이 횡포를 부리지 않음을 알아 모두 그 길로 나아가고자 하게 하면, 天下에 자신들의 人君이 포학暴虐함을 미워하고자 하는 자들이 왕께서 조문벌죄弔民伐罪하기를 바라고 모두 달려와 왕에게 하소연을 할 것입니다.

백성들이 인정仁政을 펴는 나라로 귀의歸依하는 일이 기약하지 않아도 같게 되는 것이 이와 같으니, 그런 일들이 이와 같다면 누가 능히 이들을 막아 돌아오지 못하게 할 수 있겠습니까? 이렇게 되면 小國이 大國을 대적하지 못하며, 백성이 적은 나라가 백성이 많은 나라를 대적하지 못하며, 약국弱國이 강국强國을 대적하지 못한다는 말은 논할 바가 아니니, 臣이 이른바 백성을 보호하여 왕 노릇을 하면 능히 막을 자가 없다는 말이 어찌 속이는 일이겠습니까?"

주해

- 仁恩(인은) : 인애仁愛와 은덕恩德.
  漢나라 동중서董仲舒의 《春秋繁露·十指》 편에 나온다. "親近來遠, 同民所欲, 則仁恩達矣."
- 市廛(시전) : 市中의 점포. 廛(가게 전)
  《孟子·公孫丑上》에 나온다. "市, 廛而不征." 이에 대해 趙岐의 註에 "廛, 市宅也."라고 풀이했다.
- 關津(관진) : 바다와 육지의 요로要路나 요처要處를 지키는 관문. 또는 관문을 지키는 관리. 津(나루터 진)

《資治通鑒·後梁太祖開平元年》條에 나온다. "軍士或思鄉里逃去, 關津輒執之." 이에 대해 胡三省의 註에 "關, 往來必由之要處 ; 津, 濟度必由之要處." 라고 풀이했다.

● 弔民伐罪(조민벌죄) : 피해를 입은 백성들을 위로하고, 죄지은 자를 토벌하다. '吊民伐罪'라고도 한다. 吊(불쌍히여길 조)
《宋書·索虜傳》에 나온다. "興雲散雨, 慰大旱之思; 弔民伐罪, 積後己之情." 旱(가물 한)

● 不約而同(불약이동) : 서로 사전에 상의하지 않더라도 서로의 생각과 행동이 완전히 일치하다.
宋나라 朱熹의 《答汪長孺書》에 나온다. "其徒有今日悟道而明日醉酒罵人者, 嘗擧賈生論胡亥語戲之, 今乃復見此, 蓋不約而同也." 罵(욕할 매)

王曰 吾惛하여 不能進於是矣로니 願夫子는 輔吾志하여 明以教我하소서 我雖不敏이나 請嘗試之호리이다

曰 無恆產而有恆心者는 惟士ㅣ爲能이어니와 若民則無恆產이면 因無恆心이니 苟無恆心이면 放辟邪侈를 無不爲已니 及陷於罪然後에 從而刑之면 是는 罔民也니 焉有仁人이 在位하여 罔民을 而可爲也리오

왕이 가로되 "내 어리석어 능히 이에 나아가지 못하니, 원컨대 夫子께서 내 뜻을 보좌輔佐하여 밝게 나를 가르치소서. 내가 비록 불민不敏하나 청컨대 이를 시험해 보겠습니다."
가라사대 "항산恒產이 없어도 항심恒心을 가질 수 있는 자는 오직 선

비만이 능히 할 수 있거니와, 백성과 같은 경우는 항산恒産이 없으면 인하여 항심恒心도 없게 됩니다. 진실로 항심恒心이 없으면 방벽放辟함과 사치邪侈함을 하지 않음이 없을 것입니다. 죄에 빠진 후에 그에 따라서 형벌을 내리면 이는 백성을 법망으로 그물질하는 것이니, 어찌 어진 사람이 지위에 있으면서 백성을 그물질하는 일이 있겠습니까?"

恆은 常也요 産은 生業也니 恆産은 可常生之業也라 恆心은 人所常有之善心也라 士는 嘗學問하여 知義理라 故로 雖無常産이나 而有常心이어니와 民則不能然矣라 罔은 猶羅網이니 欺其不見而取之也라

'항恒'은 떳떳함이요, '산産'은 생업生業이다. '항산恒産'은 가히 떳떳이 살 수 있는 業이다. '항심恒心'은 사람이 떳떳이 지니고 있는 선심善心이다. '사士'는 일찍이 학문을 하여 의리義理를 알기 때문에 비록 항산恒産이 없어도 항심恒心이 있거니와 백성은 능히 그럴 수가 없다. '망罔'은 그물과 같으니 그 보지 못함을 속여서 취하는 것이다.

주해

- 吾惛不能進於是 : '혼惛'은 '혼昏'과 같다. '是'는 '발전시인發政施仁'을 말한다. 惛(어리석을 혼)
  "惛是資質愚昧. 是指發政施仁."(四書補註備旨)
- 輔吾志(보오지) : 나의 뜻을 보좌輔佐하다. '輔'는 개도開導하다는 뜻이다. "輔是開導引翼意."(四書補註備旨) 翼(도울 익)
- 恒産(항산) : 토지土地、전원田園、방옥房屋 등의 재산을 말한다.
  초순焦循의《孟子正義》에 "恆産者, 田里樹畜, 民則恃以長養其生者也."라고 풀이했다. 恃(믿을 시)

● 恒心(항심) : 항상 보존하고 있는 善心.
趙岐의 註에 "恆心, 人所常有善心也."라고 풀이했다.
● 放辟邪侈(방벽사치) : 방종하고 치우치며 간사하고 음탕한 짓을 일삼다.
'방벽사치放僻邪侈'라고도 한다. 辟(치우칠 벽) 侈(사치할 치) 僻(치우칠 벽)
趙岐의 註에 "放溢辟邪, 侈於姦利."라고 했다. 溢(넘칠 일)
"放是縱軼. 辟則偏陂. 邪是枉曲. 侈則淫蕩. 一字深一字."(四書補註備旨)
軼(편안할 일) 陂(치우칠 피) 枉(굽을 왕)
● 焉(어찌 언) 罔(그물 망) 欺(속일 기)

【備旨】

王이 有感於仁政之言曰 王天下ㅣ誠不外於仁政하니 是仁政大道也는 惟敏者ㅣ爲能行之로라 吾ㅣ賦質惛昧하여 不能有爲 而進於是矣로니 願夫子는 開吾之惛하여 以輔吾欲爲之志하소서 政如何而發하며 仁如何而施를 一一明以敎我하소서 我雖惛而不敏이나 請以夫子所敎者로 嘗試而行之하리이다
孟子曰 仁政은 必先於制産이니 彼無常生之産 而有常存之心者는 惟士ㅣ嘗學問知義理者아 能之요 若凡民 則無常生之産이면 因無常存之心이니 苟無常存之心이면 則無以檢其身하여 而放辟邪侈之事를 無不爲已니 及陷於罪然後에 從而刑之하여 以懲其罪면 猶欺其不見而取之니 是는 罔民也니 焉有保民之仁人이 在上位하여 罔民之事而可爲也리오 夫民無恒産이면 其弊一至於此하니 則恒産之所繫ㅣ不洵大乎아

왕이 인정仁政에 관한 말씀에 감응이 있어 가로되 "天下에 왕 노릇하는 일이 진실로 인정仁政에서 벗어나지 않으니, 이 인정仁政의 대도大道는 오직 영민英敏한 자만이 능히 행할 수 있습니다. 내가 타고난 자질이 어둡고 어리석어 능히 행하여 이에 나아갈 수 없으니, 원컨대 夫子께서는 나의 어리석음을 개도開導하여 내가 하고자 하는 뜻을 보좌輔佐하여 주십시오. 정령政令을 어떻게 펴며, 인정仁政을 어떻게 베푸는 지를 하나하나 밝게 나를 가르치소서! 내가 비록 어리석고 불민不敏하나 청컨대 夫子께서 가르치는 바를 시험삼아 행하고자 합니다."

孟子 가라사대 "인정仁政은 반드시 백성들의 재산을 제정해주는 일이 우선이니, 저들이 상생常生의 재산이 없어도 상존常存의 마음이 있는 것은 오직 선비처럼 일찍이 학문을 배워 의리를 아는 자라야 능히 할 것이요, 범민凡民과 같은 경우는 상생常生의 재산이 없으면 인하여 상존常存의 마음도 없게 됩니다. 진실로 상존常存의 마음이 없으면 그 몸을 검속檢束할 수 없어 방벽放辟하며 사치邪侈함을 하지 아니함이 없을 것입니다. 죄罪에 빠진 후에 그에 따라서 형벌을 내려 그 죄罪를 징계懲戒하면, 마치 보지 못한다고 속여서 취하는 것과 같습니다. 이는 백성을 그물질하는 것이니, 어찌 백성을 보호하는 어진 사람이 자리에 있으면서 백성을 속이는 일을 할 수 있겠습니까? 무릇 백성에게 항산恒産이 없으면 그 폐단이 한결 같이 이에 이르게 되니, 항산恒産에 달려있는 바가 진실로 크지 않겠습니까?"

주해

- 常生(상생) : 고정 재산. 곧 항산恒産과 같다. '상성常姓'이라고도 한다. 《管子·法禁》 편에 나온다. "身無職事, 家無常姓." 이에 대해 唐나라 尹知章의 註에 "姓, 生也。身旣無職事, 家又無常生."라고 풀이했다.
- 懲(징계할 징) 洵(참으로 순) 繫(맬 계)

是故로 明君이 制民之産하되 必使仰足以事父母하며 俯足以畜妻子하여 樂歲에 終身飽하고 凶年에 免於死亡하나니 然後에 驅而之善故로 民之從之也ㅣ輕하니이다

"이런 까닭으로 명군明君은 백성의 재산을 제정하되 반드시 위로 족히 부모를 섬기게 하며, 아래로 족히 처자를 기를 수 있게 합니다. 풍년에는 일년 내내 몸을 배부르게 하고 흉년에는 굶어죽지 않도록 하나니, 그런 후에 백성들을 가르쳐 善으로 가게 합니다. 그러므로 백성들이 따르기가 쉬운 법입니다."

輕은 猶易也 此는 言民有常産而有常心也라

'경輕'은 이易와 같다. 이는 백성에게 상산常産이 있어야 상심常心이 있다는 말이다.

주해

- 明君(명군) : 영명英明한 人君. 곧 仁人을 말한다.
  "明君, 卽仁人. 所謂能保民者."(四書補註備旨)
- 制民之産 : 백성의 재산을 제정하다.
  "制民者, 制有區劃量度意. 民産, 卽恒産."(四書補註備旨)
- 驅(구) : 유도하다. 가르치다. '敎'의 뜻이다. 驅(몰 구)

【備旨】

> 是故로 明君이 知恒產所繫之重이 如此하여 其制民之產也에 必度地居民하고 計口授田하여 使仰焉足以奉事其父母하며 俯焉足以畜養其妻子하여 豊樂之歲엔 則終身能煖飽하고 凶荒之年에 亦可免於死亡하나니 蓋民之遂其生이 如此 然後에 設教驅而之善이라 故로 民有所資而無所累하여 其從善也ㅣ自輕易而無難矣리니 所謂民有恒產이면 因有恒心者也라

"이런 까닭으로 명군明君은 항산恒產에 달려있는 것이 이처럼 중요한지를 알아서 그 백성의 재산을 제정하는데 토지를 헤아려서 백성들을 살게 하고, 식구를 계산하여 전답을 나누어 주며, 백성들로 하여금 위로 족히 그 부모를 받들게 모시게 하며, 아래로 족히 그 처자를 기르게 합니다. 또한 풍년이든 해에는 일년 내내 능히 따뜻하게 옷 입고 배부르게 먹을 수 있게 하며, 흉년이든 해에는 또한 굶어죽지 않도록 해줍니다.

대개 백성들이 생계를 이루는 것이 이와 같은 후에 가르침을 베풀어 善으로 가도록 할 수 있습니다. 이렇게 되면 백성들에게 자뢰資賴할 바가 있고 매인 바가 없어 그들이 善을 따르는 일이 저절로 쉽고 어려움이 없게 되나니, 이른바 백성에게 항산恒產이 있으면 인하여 항심恒心이 있게 된다는 것입니다."

주해

- 度地(탁지) : 토지의 면적을 헤아리다. 度 (헤아릴 탁)
- 煖飽(난포) : 따뜻하게 옷 입고 배부르게 먹다. 곧 '포식난의飽食暖衣'의 뜻이다. 煖(따뜻할 난) 飽(배부를 포)

今也에 制民之產하되 仰不足以事父母하며 俯不足以畜妻子하여 樂歲에 終身苦하고 凶年에 不免於死亡하나니 此惟救死而恐不贍이어니 奚暇에 治禮義哉리오

"지금에 백성들의 재산을 제정하되 위로 족히 부모를 섬길 수가 없고 아래로 족히 처자를 기를 수가 없어, 풍년에도 일년 내내 곤고困苦하고 흉년에도 굶어 죽는 것을 면할 수가 없습니다. 이는 오직 죽음에서 구제하는데도 넉넉하지 못할까 두려우니 어느 겨를에 예의禮義를 다스리겠습니까?"

贍은 足也라 此는 所謂無常產而無常心者也라

'섬贍'은 넉넉함이다. 이는 이른바 상산常產이 없으면 상심常心도 없다는 말이다.

주해

- 贍(넉넉할 섬) 奚(어찌 해) 暇(겨를 가)

【備旨】

今也에 制民之產하되 不遵古法하여 使民不得盡力於農畝하여 而徒困於徵求하며 仰不足以奉事父母하며 俯不足以畜養妻子하여 雖當樂歲나 亦終身困苦하고 一遇凶年이면 便不免於死亡하나니 當此之時하여 民惟有救死

而恐不贍이어니 奚暇治禮義以爲善哉리오 此는 所謂民無恒産이면 因無恒心者也니라

"지금에 백성들의 재산을 제정하되 고법古法을 따르지 아니하여 백성들로 하여금 농사일에 진력盡力하지 못하고 다만 세금을 가혹하게 징수하며, 위로 족히 부모를 섬기지 못하게 하고 아래로 족히 처자를 기르지 못하게 합니다. 또한 비록 풍년을 만났으나 또한 일년 내내 몸이 곤고困苦하고, 한번 흉년을 만나면 죽음에서 면할 수가 없습니다. 이 때를 당하여 백성들은 오직 죽음을 구제하는데도 넉넉하지 못할까 두려우니, 어느 겨를에 예의禮義를 다스려 善을 행할 수 있겠습니까? 이것이 이른바 백성에게 항산恒産이 없으면 인하여 항심恒心도 없다는 것입니다."

주해

● 徵求(징구) : 세금을 징수하다. '徵收'와 같다. 徵(거둘 징)

王欲行之 則盍反其本矣니 잇고

"왕께서 이를 행하고자 하시면서 어찌 그 근본을 돌이키지 않으십니까?"

盍은 何不也라

使民有常産者는 又發政施仁之本也니 說見(현)下文이라

'합盍'은 '어찌 ~하지 않으리오'이다.

백성에게 상산常産이 있게 한다는 것은 또한 政令을 펴서 인정仁政을 베푸는 근본이니, 설명이 下文에 보인다.

주해

- 行之 : '行'은 펴고 베푸는 것이다. '之'는 仁政을 말한다.
  "行指發施. 之指仁政."(四書補註備旨)
- 反其本 : '本'은 제산制產을 말한다.
- 盍(어찌아니할 합)

【備旨】

由此觀之컨대 發政施仁은 是所以王天下之本也니 王若欲發政施仁하여 而行保民之道면 則盍反其本 而制民之產哉니잇고

"이로 말미암아 살피건대 정령政令을 펴서 인정仁政을 베푸는 것은 이는 천하에 왕 노릇을 하는 근본이니, 왕께서 만약 정령政令을 펴서 인정仁政을 베풀어 백성을 보전하는 道를 행하고자 하시면 어찌 근본을 돌이켜 백성들의 재산을 제정하지 않으십니까?"

五畝之宅에 樹之以桑이면 五十者ㅣ可以衣帛矣며 雞豚狗彘之畜을 無失其時면 七十者ㅣ可以食肉矣며 百畝之田을 勿奪其時면 八口之家ㅣ可以無飢矣며 謹庠序之敎하여 申之以孝悌

之義면 頒白者ㅣ不負戴於道路矣리니 老者ㅣ衣帛食肉하며 黎民이 不飢不寒이요 然而不王者ㅣ未之有也니이다

오묘五畝의 집에 뽕나무를 심으면 나이 50 된 자가 비단옷을 입을 수 있으며, 계돈雞豚과 구체狗彘를 기르는데 그 때를 잃지 않게 하면 나이 70 된 자가 고기를 먹을 수 있으며, 백묘百畝의 토지에 그 농사짓는 때를 빼앗지 않으면 여덟 식구가 딸린 집안이 굶주리지 않을 수 있으며, 상서庠序의 가르침을 삼가서 효제孝悌의 義를 펴면 반백頒白의 노인들이 도로에서 지고 이는 수고를 하지 않을 것입니다. 나이든 자가 비단옷을 입고 고기를 먹으며, 백성들이 굶주리지 않고 추위에 떨지 않는데, 그러고서도 왕 노릇을 못하는 자는 있지 않습니다."

此는 言制民之產之法也라

趙氏曰 八口之家는 次上農夫也라 此는 王政之本이요 常生之道라 故로 孟子ㅣ爲齊梁之君하여 各陳之也시니라

楊氏曰 爲天下者는 擧斯心하여 加諸彼而已라 然이나 雖有仁心仁聞이나 而民不被其澤者는 不行先王之道故也라 故로 以制民之產으로 告之하시니라

此章은 言人君은 當黜霸功하고 行王道요 而王道之要는 不過推其不忍之心하여 以行不忍之政而已라 齊王이 非無此心이나 而奪於功利之私하여 不能擴充以行仁政이라 雖以孟子ㅣ反覆曉告하사 精切如此로되 而蔽固已深하여 終不能悟하니 是可歎也로다

이는 백성들의 재산을 제정하는 법을 말한 것이다.

趙氏 가로되 "여덟 식구가 딸린 집은 상농부上農夫 다음가는 집이다. 이것은 왕정王政의 근본이요, 상생常生의 道이다. 그러므로 孟子께서 제齊나라 양梁나라의 人君을 위하여 각각 말씀하신 것이다."

楊氏 가로되 "天下를 다스리는 것은 이 마음을 들어 저기에 더할 따름이다. 그러나 비록 어진 마음과 어진 소문이 있어도 백성들이 그 은택을 받지 못한 것은 先王의 道를 행하지 않기 때문이다. 그러므로 백성들의 재산을 제정하는 일로써 고하신 것이다."

이 장은 人君이 마땅히 패공覇功을 내치고 왕도王道를 행해야 하며, 王道의 요체要諦는 그 차마하지 못하는 마음을 미루어 차마하지 못하는 政事를 행하는데 지나지 않음을 말한 것이다. 제齊나라 왕에게 이러한 마음이 없는 것은 아니나 공리公利의 사사로움에 빼앗겨 능히 확충해서 인정仁政을 행하지 못하였다. 비록 孟子께서 반복하여 깨우치시는데 정밀하고 간절함이 이와 같았으나, 폐고蔽固가 이미 심하여 끝내 깨닫지를 못하니 이는 가히 탄식할 만하다.

주해

- 庠序(상서) : 고대의 지방학교. 은대殷代에는 '상庠'이라 했고, 주대周代에는 '서序'라 했다. 庠(학교 상) 序(학교 서)
- 上農夫(상농부) : 농사짓는 조건과 수익이 비교적 좋은 농부로서 아홉 명의 식구를 먹여 살릴 수 있다. '上農'과 같다.
  《管子·揆度》 편에 나온다. "上農挾五, 中農挾四, 下農挾三." 挾(낄 협)
  《孟子·萬章下》 편에도 나온다. "上農夫食九人." 이에 대해 趙岐의 註에 "一夫一婦佃田百畝. 百畝之田, 加之以糞, 是爲上農夫, 其所得穀, 足以食九口." 라고 풀이했다. 佃(밭갈 전) 糞(똥 분)
- 覇功(패공) : '패도霸道'와 같다. 覇(으뜸 패)
  《隋書·李德林傳》에 나온다. "有敎無類, 童子羞於霸功. 見德思齊, 狂夫成於聖業."
- 曉告(효고) : 알려서 깨우치다. '효유曉諭'와 같다.

《漢書·尹翁歸傳》에 나온다. "翁歸輒召其縣長吏, 曉告以姦黠主名." 輒(문뜩 첩) 黠(간교할 힐)

● 蔽固(폐고) : 융통성이 없이 고집스러움. '폐고蔽錮'와 같다. 蔽(가릴 폐) 錮(막을 고)

《後漢書·儒林傳下·謝該》에 나온다. "時尙書令韓歆上疏, 欲爲《左氏》立博士, 範升與歆爭之未決……後群儒蔽固者數廷爭之." 歆(받을 흠)

● 畝(이랑 묘, 무) 豚(작은돼지 돈) 彘(큰돼지 체) 奪(빼앗을 탈)

【備旨】

集解云 此節은 與前對梁王者로 不異로되 但彼對小惠言하여 見王者之大道하고 此對霸功言하여 見王者之正道하며 彼對上盡心說하고 此根上保民說하니라

《集解》에 이르되 "이 절은 앞 절의 양왕梁王에 대한 것과 다르지 않되, 다만 앞 절에서는 '소혜小惠'에 대해 말하여 王者의 대도大道를 나타냈고, 여기에서는 패공霸功에 대해 말하여 王者의 정도正道를 나타냈다. 또한 앞 절에서는 人君의 진심盡心에 대해 말하였고, 여기에서는 人君의 보민保民에 근거해서 말하였다."

孟子集註

卷二

梁惠王章句 (下)

凡十六章

모두 16장이다.

[2·1]

莊暴ㅣ見孟子曰 暴ㅣ見於王하니 王이 語暴以好樂이어시늘 暴ㅣ未有以對也하니 曰好樂이何如하니잇고

孟子曰 王之好樂이 甚則齊國은 其庶幾乎인저

장포莊暴가 孟子를 뵙고 가로되 "제(포暴)가 왕을 뵈었더니, 왕께서 저에게 음악을 좋아한다고 말씀하셨으나 저는 어떻게 대답할지 몰랐습니다."
또 가로되 "음악을 좋아한다면 어떻습니까?"
孟子 가라사대 "왕께서 음악을 심히 좋아하시면 곧 제齊나라는 그 거의 다스려질 것입니다."

莊暴는 齊臣也라 庶幾는 近辭也니 言近於治라

'장포莊暴'는 제齊나라의 신하이다. '서기庶幾'는 가깝다는 말이니, 다스림에 가까움을 말한다.

주해

- 好樂甚 : 음악을 극히 좋아하다. 樂(음악 악)
"甚, 極也. 猶言好到至極處."(四書補註備旨)
- 庶幾(서기) : 거의. 가깝다. '근사近似'와 같다. 庶(거의 서) 幾(거의 기)
《易·繫辭下》에 나온다. "顔氏之子, 其殆庶幾乎?" 이에 대해 高亨의 註에 "庶幾, 近也, 古成語, 猶今語所謂'差不多', 贊揚之辭."라고 풀이했다. 殆(거의 태)
- 暴(사나울 포)

【備旨】

> 莊暴ㅣ見孟子曰 暴ㅣ嘗入見於王하니 王이 語暴以己之好樂이어시늘 當時可否未決하여 暴ㅣ未有以對之也하니 敢問 好樂이 果有妨於治乎잇가
> 孟子曰 好樂이 無妨하니 特患王之好未甚耳라 使王好樂甚而充之하여 以盡其量焉이면 則齊國은 其庶幾於治乎인저

장포莊暴가 孟子를 뵙고 가로되 "제(포暴)가 일찍이 조정에 들어가 왕을 뵈었는데, 왕께서 저에게 자신이 음악을 좋아한다고 말씀하셨습니다. 당시에는 음악을 좋아하는 가부可否를 결정하지 못하여 제가 대답을 하지 못했습니다. 감히 묻건대 음악을 좋아하는 것이 과연 다스림에 방해가 됩니까?"

孟子 가라사대 "음악을 좋아하는 것은 나라를 다스리는데 해가 없으니, 다만 왕께서 심히 음악을 좋아하지 않을까 근심할 뿐입니다. 가사假使 왕께서 음악을 심히 좋아하시며 이를 확충하여 그 국량局量을 다하시면, 곧 제齊나라는 그 다스림에 거의 가까울 것입니다."

주해

● 特(다만 특)

他日에 見於王曰 王이 嘗語莊子以好樂하사소니 有諸잇가
王이 變乎色曰 寡人이 非能好先王之樂也라 直好世俗之樂耳로이다

얼마 후 (孟子께서) 왕을 뵙고 가라사대 "왕께서 일찍이 장포莊暴에게 음악을 좋아한다고 말씀하셨다는데, 그런 일이 있었습니까?" 왕이 안색이 변하여 가로되 "과인은 능히 선왕先王의 음악을 좋아하지 못하고, 다만 세속의 음악을 좋아할 뿐입니다."

變色者는 慚其好之不正也라

'변색變色'이란 그가 좋아하는 것이 바르지 못함을 부끄러워한 것이다.

주해

● 先王之樂 : 옛 先王이 남긴 음악. 곧 '咸池'、'大章'、'大韶'、'大夏'、'大濩'、'武' 등의 음악을 말한다. 韶(풍류이름 소) 濩(음악이름 호)
《莊子·天下》 편에 나온다. "黃帝有咸池, 堯有大章, 舜有大韶, 禹有大夏, 湯有大濩, 武王、周公作武."

"先王之樂, 咸英韶濩, 是也."(四書補註備旨)

● 世俗之樂 : 통속적이고 천근淺近한 음악. 곧 민간음악을 말한다.

"世俗之樂, 如新聲俚曲, 是也."(四書補註備旨)

● 直(다만 직) 慚(부끄러울 참)

【備旨】

孟子ㅣ因暴不能復問하여 以悉其意故로 他日에 見於王曰 王이 嘗語莊子以好樂하사소니 有是事否乎아

王慚其好之不正하여 而變乎色曰 寡人之所好는 非能進於古而好先王之樂也라 直囿於今 而好世俗之樂耳로소니 安可使聞於賢者哉아

孟子께서 장포莊暴가 능히 다시 물어서 그(王) 뜻을 이해하지 못한 연고로 인하여 얼마 후 왕을 만나 가라사대 "왕께서 일찍이 장자莊子에게 음악을 좋아한다고 말씀하셨다고 하는데 이러한 일이 있었습니까?

왕이 그 좋아하는 음악이 바르지 못함을 부끄러워하면서 안색을 바꾸어 가로되 "과인의 좋아하는 바는 능히 옛날에 나아가 선왕의 음악을 좋아한 것이 아닙니다. 다만 지금에 얽매어 세속의 음악을 좋아할 뿐이니, 어찌 가히 현자賢者(孟子)께 들려줄 수 있겠습니까?"

주해

● 悉(이해할 실) 囿(얽매일 유)

曰 王之好樂이 甚則齊其庶幾乎인저 今之樂이 由古之樂也니이다

가라사대 "왕께서 음악을 심히 좋아하시면 곧 제齊나라는 거의 다스려질 것입니다. 지금의 음악이 옛날의 음악과 같습니다."

今樂은 世俗之樂이요 古樂은 先王之樂이라

'금악今樂'은 세속의 음악이요, '고악古樂'은 先王의 음악이다.

주해

- 由(유) : 같다. '유猶'와 같다. 由(같을 유)

【備旨】

孟子曰 王은 無以好世俗之樂으로 爲慚也니 顧王之所好何如耳니이다 王之於樂에 非徒嗜其音 而好之甚焉이면 則齊其庶幾於治乎니 而何論夫樂之今古也리오 古樂을 好之甚이면 固足以治요 今樂을 好之甚이면 亦足以治니 今之樂이 猶古之樂也어늘 而何異哉리오

孟子 가라사대 "왕께서는 세속의 음악을 좋아하는 것을 부끄럽게 여길 필요가 없으니, 왕께서 좋아하는 바가 어떠한지를 돌아볼 뿐입니다. 왕께서 음악에 대해 한갓 그 소리만 즐길 뿐만 아니라, 심히 좋아하면 곧 제齊나라가 그 거의 다스려질 것이니, 어찌 음악의 古今을 논하겠습니까? 옛 음악을 심히 좋아하면 진실로 족히 나라를 다스릴 수 있으

며, 지금의 음악을 심히 좋아하면 또한 족히 나라를 다스릴 수 있습니다. 지금의 음악이 바로 옛날의 음악과 같거늘 무엇이 다르겠습니까?"

曰 可得聞與잇가
曰 獨樂樂과 與人樂樂이 孰樂이니잇고
曰 不若與人이니이다
曰 與少樂樂과 與衆樂樂이 孰樂이니잇고
曰 不若與衆이니이다

가로되 "그 이유를 들어 볼 수 있겠습니까?"
가라사대 "홀로 음악을 즐기는 것과 사람들과 더불어 음악을 즐기는 것 중에 어느 편이 더 즐겁겠습니까?"
가로되 "사람들과 더불어 즐기는 것만 같지 못합니다."
가라사대 "소수의 사람과 더불어 음악을 즐기는 것과 다수의 사람과 더불어 음악을 즐기는 것 중에 어느 편이 더 즐겁겠습니까?
가로되 "다수의 사람과 더불어 즐기는 것만 같지 못합니다."

獨樂이 不若與人이요 與少樂이 不若與衆은 亦人之常情也라

홀로 즐기는 것이 사람들과 더불어 즐기는 것만 같지 못하며, 소수와 더불어 즐기는 것이 다수와 더불어 즐기는 것만 같지 못한 것은 또한 사람의 상정常情이다.

주해

- 樂樂(요악) : 음악을 즐기다. 樂(좋아할 요) 樂(음악 악)

【備旨】

王曰 所謂好樂甚이면 而齊其庶幾者라 하시니 可得聞其說與잇가
孟子ㅣ先卽常情以引之曰 獨自鼓樂以爲樂과 與人鼓樂以爲樂이 二者ㅣ孰爲樂之甚이니 잇고
王曰 獨樂이면 則情隔 而不孚하여 不若與人之爲甚也니이다
孟子曰 與少鼓樂以爲樂과 與衆鼓樂以爲樂이 二者ㅣ孰爲樂之甚이니 잇고
王曰 與少면 則情孚 而未廣하여 不若與衆之爲甚也니이다

왕이 가로되 "이른바 '음악을 심히 좋아하면 齊나라가 그 거의 다스려진다.'라고 하시니, 그 말씀을 가히 들어 볼 수 있겠습니까?"

孟子께서 먼저 상정常情에 나아가 이를 인용하여 가라사대 "홀로 스스로 음악을 연주하여 즐거움으로 삼는 것과 사람들과 더불어 음악을 연주하여 즐거움으로 삼는 것, 이 두 가지 중에 어느 것이 더 심히 즐겁겠습니까?"

왕이 가로되 "홀로 즐기면 곧 마음에 거리가 생겨 미덥지 못하니 사람들과 더불어 크게 즐기는 것만 같지 못합니다."

孟子 가라사대 "소수와 더불어 음악을 연주하여 즐거움으로 삼는 것과 다수와 더불어 음악을 연주하여 즐거움으로 삼는 것, 두 가지 중에 어느 것이 더 크게 즐겁겠습니까?"

왕이 가로되 "소수와 더불어 즐거움으로 삼으면 곧 마음은 미더우나 넓지 못하여 다수와 더불어 심히 즐거움으로 삼는 것만 같지 못합니다."

주해

- 鼓樂(고악) : 음악을 연주하다. 鼓(두드릴 고)
- 隔(떨어질 격) 孚(미쁠 부)

臣이 請爲王言樂하리이다

"臣이 청컨대 王을 위하여 음악에 대해 말씀드리겠습니다."

此以下는 皆孟子之言也라

이 아래는 모두 孟子의 말씀이다.

【備旨】

孟子曰 王如知此면 臣請爲王言樂하리이다

孟子 가라사대 "왕께서 만약 이런 도리를 아신다면, 臣이 청컨대 王을 위하여 음악에 대해 말씀드리겠습니다."

今王이 鼓樂於此어시든 百姓이 聞王의 鐘鼓之聲과 管籥之音하고 擧疾首蹙頞而相告曰 吾王之好鼓樂이여 夫何使我로 至於此極也하여

父子ㅣ不相見하며 兄弟妻子ㅣ離散고하며 今王이 田獵於此어시든 百姓이 聞王의 車馬之音하며 見羽旄之美하고 擧疾首蹙頞而相告曰 吾王之好田獵이여 夫何使我로 至於此極也하여 父子ㅣ不相見하며 兄弟妻子ㅣ離散고하면 此는 無他라 不與民同樂也니이다

"지금 왕께서 여기에서 음악을 연주하시면 백성들이 왕의 종고鐘鼓 소리와 관약管籥의 소리를 듣고는 모두 머리를 아파하고 이마를 찌푸리면서 서로 고하여 말하기를 '우리 왕께서 음악 연주를 좋아하심이여! 어찌 우리들로 하여금 이러한 곤궁함에 이르게 하여 부자父子가 서로 만나지 못하며, 형제와 처자가 서로 헤어지게 하는고!' 라고 하며, 지금 왕께서 여기에서 사냥을 하시면 백성들이 왕의 거마車馬 소리를 듣고 우모羽旄의 아름다움을 보고는 모두 머리를 아파하고 이마를 찌푸리면서 서로 고하여 말하기를 '우리 왕께서 사냥을 좋아하심이여! 어찌 우리들로 하여금 이러한 곤궁함에 이르게 하여 부자父子가 서로 만나지 못하며, 형제와 처자가 서로 헤어지게 하는고!' 라고 하면, 이는 다름이 아니라 백성들과 함께 즐기지 않기 때문입이다."

鐘鼓管籥은 皆樂器也라 擧는 皆也라 疾首는 頭痛也라 蹙은 聚也요 頞은 額也니 人憂戚이면 則蹙其額이라 極은 窮也라 羽旄은 旌屬이라 不與民同樂은 謂獨樂其身而不恤其民하여 使之窮困也라

종鐘·고鼓·관管·약籥은 모두 악기이다. '거擧'는 모두이다. '질수疾首'는 머리가 아픈 것이다. '축蹙'은 취합聚合이요, '알頞'은 이마이니, 사람이 근심하면 곧 그 이마를 찌푸리게 된다. '극極'은 곤궁함이다. '우모羽旄'은 깃발 등속이다. '백성들과 더불어 즐기지 않음'은 홀로 그 몸만 즐기고 그 백성들을 구휼하지 아니하여, 그들로 하여금 곤궁하게 만든다는 말이다.

주해

- 鐘鼓(종고) : 고대 예악기禮樂器인 종과 북. 鐘(쇠북 종) 鼓(북 고)
  《詩·周南·關雎》 편에 나온다. "窈窕淑女, 鍾鼓樂之." 窈(그윽할 요) 窕(정숙할 조)
- 管籥(관약) : 생황笙簧이나 단소短簫 등의 관악기. 管(피리 관) 籥(피리 약)
  趙岐의 註에 "管, 笙. 籥, 簫. 或曰籥若笛, 短而有三孔."라고 했다. 笛(피리 적)
  《荀子·樂論》에 나온다. "竽笙簫和, 筦籥發猛."
  新安陳氏가 말했다. "管, 笙也. 籥如笛而六孔. 或曰簫也."(大全註疏)
- 憂戚(우척) : 근심하고 번뇌하다. '戚'은 '慽'과 같다. 戚(근심할 척) 慽(근심할 척)
  《墨子·尙賢中》에 나온다. "是以美善在上, 而所怨謗在下, 寧樂在君, 憂慼在臣." 謗(헐뜯을 방)
- 旄(깃대장식 모) 蹙(찌푸릴 축) 頞(이마 알)

【備旨】

> 試以好樂未甚者로 言之컨대 今王이 肆好樂之情하여 鼓樂於此어시든 百姓이 聞王의 鍾鼓所擊之聲과 管籥所吹之音하고 擧皆疾痛其首하고 蹙聚其額而相告曰 吾王之好鼓樂이여 於己之情適矣로다 夫何使我百姓으로 至於此窮苦之極也하여 以父子則不相見하며 以兄弟妻子則

至於離散고하니 若是其不樂也라 不特鼓樂爲然也라
今王이 肆馳驅之情하여 田獵於此어시든 百姓이 聞王車馬所馳之音하며 見羽旄所建之美하고 擧皆疾痛其首하고 蹙聚其額而相告曰 吾王之好田獵이여 於己之情適矣로다 夫何使我百姓으로 至於此窮苦之極也하여 以父子則不相見하고 以兄弟妻子則至於離散고하니 若是其不樂也라
夫民之疾怨其上이 有如此者는 無他라 蓋由平日獨樂其身하고 不能推好樂之心以行仁政하여 而與民同樂故也니 此非好樂未甚之所致하여 而不能庶幾於治者乎아

"시험 삼아 음악을 심히 좋아하지 않는 것으로 말하건대, 이제 왕께서 마음대로 음악을 좋아하여 여기에서 음악을 연주하시면, 백성들이 왕의 종고鐘鼓치는 소리와 피리 부는 소리를 듣고는 모두 그 머리를 아파하고 그 이마를 찌푸리면서 서로 고하여 말하기를 '우리 왕께서 음악 연주를 좋아하심이여! 자신의 마음에 알맞도다! 무릇 어찌하여 우리 백성들로 하여금 이러한 곤궁함에 이르게 하여, 부자父子끼리 곧 서로 만나지 못하고, 형제와 처자가 곧 서로 헤어지게 하는고!'라고 하니, 이처럼 백성들이 즐거워하질 않습니다. 다만 음악 연주에 대해서만 그러한 것이 아닙니다.

지금 王께서 마음대로 말을 내몰아 여기에서 사냥을 하시면, 백성들이 왕의 거마車馬 달리는 소리를 듣고, 우모羽旄를 세운 아름다움을 보고는 모두 그 머리를 아파하고 그 이마를 찌푸리면서 서로 고하여 말하기를 '우리 왕께서 사냥을 좋아하심이여! 자신의 마음에 알맞도다! 무릇 어찌하여 우리 백성들로 하여금 이러한 곤궁함에 이르게 하여,

부자父子끼리 서로 만나지 못하고, 형제兄弟와 처자妻子가 서로 헤어지게 하는고!'라고 하니, 이처럼 백성들이 즐거워하질 않습니다.

무릇 백성들이 그 人君을 미워하고 원망함이 이와 같은 것은 다른 이유가 없습니다. 대개 평소에 홀로 그 몸을 즐겁게 하고 능히 음악을 좋아하는 마음을 미루어 인정仁政을 행하며 백성들과 더불어 즐기지 못한 연고로 말미암은 것입니다. 그러므로 이것이 바로 음악을 심히 좋아하지 않은 소치所致 때문에 능히 거의 다스려지지 못한 것이 아니겠습니까?"

주해

- 馳驅(치구) : 말을 채찍질하여 빨리 달림. '치구馳毆' 또는 '치구馳駈'라고도 함. 馳(달릴 치) 驅(몰 구) 毆(몰 구) 駈(몰 구)
  《孟子·滕文公下》에 나온다. "吾爲之範我馳驅, 終日不獲一, 爲之詭遇, 一朝而獲十." 獲(얻을 획) 詭(속일 궤)
- 肆(방자할 사) 擊(칠 격) 獵(사냥 렵)

今王이 鼓樂於此어시든 百姓이 聞王의 鐘鼓之聲과 管籥之音하고 擧欣欣然有喜色而相告曰 吾王이 庶幾無疾病與아 何以能鼓樂也오 하며 今王이 田獵於此어시든 百姓이 聞王의 車馬之音하며 見羽旄之美하고 擧欣欣然有喜色而相告曰 吾王이 庶幾無疾病與아 何以能田獵也오 하면 此는 無他라 與民同樂也니이다

"지금 왕께서 여기에서 음악을 연주하는데 백성들이 왕의 종고鐘鼓 소리와 관약管籥의 소리를 듣고는 모두 흔흔연欣欣然히 희색喜色을 띠고 서로 고하여 말하기를 '우리 왕께서 아마도 질병疾病이 없으신가 보다! 어찌 능히 음악을 연주하시는고?' 라고 하며,
지금 왕께서 여기에서 사냥을 하시면 백성들이 왕의 거마車馬 소리를 듣고 우모羽旄의 아름다움을 보고는 모두 흔흔연欣欣然히 희색喜色을 띠고 서로 고하여 말하기를 '우리 왕께서 아마도 질병疾病이 없으신가 보구나! 어찌 능히 사냥을 하시는고?' 라고 하면, 이는 다름이 아니라 백성과 함께 즐기시기 때문입니다."

與民同樂者는 推好樂之心하여 以行仁政하여 使民各得其所也라

'백성들과 더불어 즐김'은 음악을 좋아하는 마음을 미루어 인정仁政을 행하여 백성들로 하여금 각각 그 제자리를 얻게 한다는 것이다.

주해

- 庶幾(서기) : 다행히. 아마도.
  《漢書·公孫弘傳》에 나온다. "朕夙夜庶幾獲承至尊." 朕(나 짐) 夙(일찍 숙)
  "庶幾是欣幸辭."(四書補註備旨)
- 各得其所(각득기소) : 사람이나 사물이 모두 각각 필요한 자기 자리를 얻다.
  《易·繫辭下》에 나온다. "日中爲市, 致天下之民, 聚天下之貨, 交易而退, 各得其所."
  《論語·子罕》 편에도 나온다. "吾自衛反魯, 然後樂正, 〈雅〉、〈頌〉 各得其所."
- 欣(기뻐할 흔)

【備旨】

試以好樂之甚者로 言之컨대 今王이 鼓樂於此어시든 其鍾鼓管籥이 無異也나 然이나 百姓이 聞王所擊鍾鼓之聲과 所吹管籥之音하고 擧欣欣然有喜色而相告曰 吾王이 邇來庶幾幸無疾病與아 何以能鼓樂而使吾民으로 得聞至治之聲也오 하며

不特鼓樂爲然也니 今王이 田獵於此어시든 其車馬羽旄亦無異也나 然이나 百姓이 聞王所馳車馬之音하며 見所建羽旄之美하고 擧欣欣然有喜色而相告曰 吾王이 邇來庶幾幸無疾病與아 何以能田獵而使吾民으로 得睹太平之象也오

夫民之欣喜其上이 如此者는 無他라 蓋由平日切於愛民하고 能推好樂之心以行仁政하여 而與民同樂故也니 此非好樂甚者之所感하여 而能庶幾於治者乎아

"시험삼아 음악을 심히 좋아하는 것으로 말하건대, 지금 왕께서 여기에서 음악을 연주하시는데 그 종고鍾鼓와 관약管籥의 소리가 이전과 다름이 없으나, 그러나 백성들이 왕께서 치는 종고鍾鼓의 소리와 왕께서 부는 관약管籥의 소리를 듣고는 모두 흔흔연欣欣然히 희색喜色을 띠며 서로 고하여 말하기를 '우리 왕께서 요즈음 아마도 다행스럽게 질병疾病이 없으신가 보다! 어찌 능히 음악을 연주하여 우리 백성들에게 태평성대의 음악소리를 듣게 해주시는고?' 라고 합니다.

다만 음악 연주만 그러한 것이 아닙니다. 지금 왕께서 여기에서 사냥을 하는데 그 거마車馬와 우모羽旄 또한 이전과 다름이 없으나, 그러나 百姓들이 왕께서 거마車馬를 타고 달리는 소리를 듣고 왕께서 세운

우모羽旄의 아름다운 모습을 보고는 모두 흔흔연欣欣然히 희색喜色을 띠며 서로 고하여 말하기를 '우리 왕께서 요즈음 아마도 다행스럽게 질병疾病이 없으신가 보다! 어찌 능히 사냥하여 우리 백성들에게 태평성대의 모습을 보여 주시는고?'라고 합니다.

무릇 백성들이 그 人君이 하는 일을 보고 이렇게 기뻐하는 것은 다른 이유가 없습니다. 대개 평소에 백성을 사랑하는 마음이 간절하시고 능히 음악을 좋아하는 마음을 미루어 인정仁政을 행하시며 백성들과 더불어 즐거움을 함께 하신 연고로 말미암은 것입니다. 그러므로 이것이 바로 음악을 심히 좋아하는 것에 감화가 되어 능히 거의 다스려진 것이 아니겠습니까?"

주해

● 邇來(이래) : 요즈음. 근래. '近來'와 같다. 邇(가까울 이)
진晉나라 왕가王嘉의 《拾遺記·蜀》에 나온다. "及春秋時, 有子韋、子野、裨灶之徒, 權略雖險, 未得其門. 邇來世代興亡, 不復可記, 因以相襲." 裨(도울 비) 灶(부엌 조) 襲(이을 습)

今王이 與百姓同樂 則王矣시리이다

"이제 왕께서 백성들과 더불어 함께 즐기시면 곧 왕 노릇을 하실 것입니다."

好樂而能與百姓同之면 則天下之民이 歸之矣리니 所謂齊其庶幾者ㅣ如此라

范氏曰 戰國之時에 民窮財盡이어늘 人君이 獨以南面之樂으로 自奉其身이라 孟子ㅣ切於救民故로 因齊王之好樂하여 開

導其善心하여 深勸其與民同樂하여 而謂今樂이 猶古樂이라 하시니 其實은 今樂古樂이 何可同也리오 但與民同樂之意는 則無古今之異耳라 若必欲以禮樂治天下인댄 當如孔子之言하여 必用韶舞하고 必放鄭聲이니 蓋孔子之言은 爲邦之正道요 孟子之言은 救時之急務니 所以不同이니라

楊氏曰 樂以和爲主하니 使人聞鐘鼓管弦之音하고 而疾首蹙頞이면 則雖奏以咸英韶濩라도 無補於治也라 故로 孟子ㅣ告齊王以此하사 姑正其本而已시니라

음악을 좋아하되 능히 백성들과 더불어 함께 하면 곧 天下의 백성들이 귀의할 것이니, 이른바 제齊나라가 거의 다스려진다는 것이 이와 같다.

범씨范氏 가로되 "전국시대에 백성들이 궁핍하고 재물이 소진되었는데 人君만은 홀로 '남면지악南面之樂'을 사용하여 스스로 자기 몸을 받들었다. 이에 孟子께서 백성들을 구제하려는 간절한 생각 때문에 제齊나라 왕이 음악을 좋아한다는 사실에 기인起因하여 그 선심善心을 개도開導하였고, 그가 백성들과 더불어 함께 즐기도록 깊이 권면勸勉하였으며 '금악今樂이 고악古樂과 같다.'라고 말씀하셨다. 하지만 사실 금악今樂과 고악古樂이 어찌 같겠는가? 다만 백성들과 더불어 함께 즐긴다는 뜻이 곧 古今에 차이가 없을 뿐이다.

만약 반드시 예악禮樂으로 天下를 다스리고자 한다면 마땅히 孔子의 말씀처럼 반드시 소무韶舞를 사용하고 반드시 정성鄭聲을 추방해야 한다. 대개 孔子의 말씀은 나라를 다스리는 정도正道요, 孟子의 말씀은 당시當時의 병폐를 구제하는 급선무急先務이기 때문에 두 분의 말씀이 같지 않은 것이다."

양씨楊氏 가로되 "음악은 '화和'를 주로 삼으니, 사람들로 하여금 종고鐘

鼓와 관현管絃의 소리를 듣고 머리를 아파하고 이마를 찌푸리게 한다면, 비록 함지咸池、구영九英、소韶、호濩 등의 음악을 연주한다 할지라도 다스리는데 아무런 도움이 되지 않을 것이다. 그러므로 孟子께서 齊나라 왕에게 이 점을 告하여 잠시 그 근본을 바르게 하셨을 따름이다."

주해

- 與民同樂則王矣 : 백성들과 함께 즐기면 왕 노릇을 할 수 있다.
  "同樂, 指平日所欲與聚, 所惡勿施, 行仁政愛民上說. 王是天下之民歸心意." (四書補註備旨)
- 韶舞(소무) : 순舜 때의 악무樂舞 이름. 韶(풍류이름 소)
  《論語·衛靈公》 편에 나온다. "樂則韶舞." 何晏의 集解에 "韶, 舜樂也. 盡善盡美, 故取之."
  《漢書·禮樂志》에도 나온다. "昔黃帝作咸池, 顓頊作莖, 帝嚳作五英, 堯作招韶, 禹作夏, 湯作濩, 武王作武, 周公作勺." 顓(삼갈 전) 頊(힘쓸 욱) 莖(줄기 경) 嚳(고할 곡) 勺(구기 작)
- 鄭聲(정성) : 춘추시대 정鄭나라의 음악. 孔子가 제창한 '아악雅樂'과 달리 음란하고 야비한 음률 때문에 儒家의 배척을 받았다.
  《論語·衛靈公》 편에 나온다. "放鄭聲, 遠佞人. 鄭聲淫, 佞人殆." 佞(아첨할 녕)

【備旨】

> 夫觀民之憂喜ㅣ係於好樂之公私ㅣ如此니 今王이 誠能推好樂之心하여 仁以行政하여 與百姓同樂이면 則天下之民이 歸之而可以王矣리니 所謂好樂甚 而齊其庶幾者如此니 今樂古樂을 又何擇焉이리오

"무릇 살피건대 백성들이 근심하고 기뻐하는 것이 왕께서 음악을

좋아하는 공사公私에 달려있음이 이와 같으니, 지금 왕께서 진실로 능히 음악을 좋아하는 마음을 미루어 仁으로 政事를 행하되 백성들과 더불어 함께 즐거워하면, 곧 天下의 백성들이 왕께 귀의하여 가히 왕 노릇을 할 수 있을 것입니다.

이른바 음악을 심히 좋아하면 제齊나라가 거의 다스려진다는 것이 이와 같으니, 금악今樂과 고악古樂을 또한 어찌 가리겠습니까?"

[2·2]

齊宣王이 問曰 文王之囿ㅣ方七十里라 하니 有諸잇가
孟子對曰 於傳에 有之하니이다

제齊나라 선왕宣王이 물어 가로되 "文王의 원유苑囿가 方 7십리였다고 하는데, 그런 일이 있습니까?"
孟子께서 답하여 가라사대 "고서古書에 그런 일이 있습니다."

囿者는 蕃育鳥獸之所라 古者에 四時之田을 皆於農隙에 以講武事라 然이나 不欲馳騖於稼穡場圃之中이라 故로 度(탁)閒曠之地하여 以爲囿라 然이나 文王七十里之囿는 其亦三分天下에 有其二之後也與인저 傳은 謂古書라

'유囿'는 조수鳥獸를 번식하여 기르는 곳이다. 옛날에는 사시四時의 사냥을 모두 농한기에 실시하여 무예를 익혔다. 그러나 농작물과 채소밭 가운데를 말로 내달리지 않기 위해 광활하면서도 빈 땅을 헤아

려 원유苑囿로 삼은 것이다. 그러나 文王이 70리 원유苑囿를 둔 것도 또한 천하의 3분의 2를 소유한 뒤의 일이었을 것이다. '전傳'은 古書를 말한다.

주해

- 囿(유) : 동산. 정원. 곧 고대 제왕이 금수禽獸를 길러 사냥을 하던 '원유苑囿' 또는 '원림園林'을 말한다. 苑(동산 원) 囿(동산 유)
  "囿者, 有事則講武; 無事則遊觀."(四書補註備旨)
  漢나라 동중서董仲舒의 《春秋繁露·王道》에 나온다. "桀紂皆聖王之後, 驕溢妄行. 侈宮室, 廣苑囿, 窮五采之變, 極飾材之工." 驕(교만할 교) 溢(넘칠 일)
- 蕃育(번육) : 번식繁殖하여 기르다. '번연繁衍'과 같다. 蕃(많을 번) 衍(넘칠 연)
  《左傳·昭公元年》에 나온다. "余命而子曰虞, 將与之唐, 屬諸參, 而蕃育其子孫."
- 農隙(농극) : 농한기. 隙(틈 극)
- 講武(강무) : 무예를 익히다. '강講'은 '습習'과 통한다. 講(익힐 강)
  《國語·周語上》에 나온다. "三時務農, 而一時講武." 이에 대해 위소韋昭의 註에 "講, 習也."라고 했다.
- 馳騖(치무) : 질주하다. 내달리다. 馳(달릴 치) 騖(달릴 무)
  《逸周書·文傳解》에 나온다. "畈漁以時, 童不夭胎, 馬不馳騖, 土不失宜." 畈(밭 판)
- 稼穡(가색) : 씨뿌리고 거두는 일. 여기서는 '농작물'의 뜻으로 쓰였다. 稼(심을 가) 穡(거둘 색)
  《詩·大雅·桑柔》에 나온다. "降此蟊賊, 稼穡卒癢." 이에 대해 朱熹의 《集傳》에 "又降此蟊賊, 則我之稼穡又病, 而不得以代食矣."라고 풀이했다. 蟊(해충 모) 癢(가려울 양)
- 場圃(장포) : 채소밭. 圃(밭 포)
  《詩·豳風·七月》에 나온다. "九月築場圃, 十月納禾稼." 豳(나라이름 빈)
- 閒曠(한광) : 광활하면서도 사람이 사용하지 않는 곳. '閒'은 '閑'과 통한다. 曠(빌 광)

明나라 장일규蔣一葵의 《長安客話·鞏華城》에 나온다. "鞏華城有分守公署一所, 奠靖所一所, 營房五百間, 並嘉靖十九年增建. 餘皆閒曠之地, 無一居民廬舍." 鞏(묶을 공) 奠(바칠 전) 靖(편안할 정) 廬(오두막집 려)

● 騖(달릴 무)

【備旨】

> 齊宣王이 問曰 吾聞文王之囿ㅣ其地方七十里之廣이라하니 不知果有諸乎잇가 孟子ㅣ對曰 於傳所載에 有之하니이다

제齊나라 선왕宣王이 물어 가로되 "내 듣건대 文王의 원유苑囿가 그 땅이 方 7십리 정도로 넓었다고 하는데, 과연 그런 일이 있었는지 모르겠습니다."

孟子께서 답하여 가라사대 "고서古書에 실린 바 그런 일이 있었습니다."

曰 若是其大乎잇가

曰 民이 猶以爲小也니이다

曰 寡人之囿는 方四十里로되 民이 猶以爲大는 何也잇고

曰 文王之囿ㅣ方七十里에 芻蕘者ㅣ往焉하며 雉兎者ㅣ往焉하여 與民同之하시니 民이 以爲

小ㅣ不亦宜乎잇가

가로되 "그처럼 원유苑囿의 규모가 광대했습니까?
가라사대 "백성들이 오히려 작다고 여겼습니다."
가로되 "과인寡人의 원유苑囿는 方 40리인데도 백성들이 오히려 크다고 여기는 것은 무엇 때문입니까?"
가라사대 "文王의 원유苑囿가 方 70리지만 풀을 베고 땔나무를 하는 자들도 그 곳을 지나가고, 토끼와 꿩을 잡는 자들도 그 곳을 지나가며, 백성들과 더불어 함께 하시니 백성들이 작다고 여기는 것이 또한 마땅하지 않겠습니까?"

芻는 草也요 蕘는 薪也라

'추芻'는 풀이요, '요蕘'는 땔나무이다.

주해

- 芻(꼴 추) 蕘(땔나무 요) 雉(꿩 치) 兎(토끼 토)

【備旨】

宣王이 曰文王之囿ㅣ若是其七十里之大乎잇가
孟子曰 當日之民이 猶以七十里爲小也니이다
宣王이 曰寡人之囿는 其地方四十里니 特半於文王耳로되 民猶以爲大는 其故何也잇고
孟子曰 文王之囿는 雖方七十里之大나 然이나 文王不自私也라 民之芻以牧養與蕘以採薪者ㅣ皆往其中以取焉하

며 民之雉以逐禽하고 兎以逐獸者ㅣ皆往其中以取焉하여 以一國之民으로 共此七十里之囿하시니 物之所産有限하고 民之取用無窮하니 其以爲小ㅣ不亦宜乎잇가

선왕宣王이 가로되 "文王의 원유苑囿가 이처럼 70리가 될 정도로 광대했습니까?"

孟子 가라사대 "당시의 백성들이 오히려 70리를 작다고 여겼습니다."

선왕宣王이 가로되 "과인寡人의 원유苑囿는 그 땅이 方 40리니 다만 文王의 절반 크기일 뿐인데도 백성들이 오히려 크다고 여기는 것은 그 까닭이 무엇입니까?"

孟子 가라사대 "文王의 원유苑囿는 비록 方 70리가 될 정도로 광대하나, 그러나 文王은 스스로 사사롭게 여기지 않았습니다. 백성들 중에 풀로 가축을 기르고 땔나무로 땔감을 마련하는 자들이 모두 그 원유苑囿에 들어가 필요한 것을 취하였고, 백성들 중에 꿩으로 날짐승을 쫓고 토끼로 들짐승을 쫓는 자들이 모두 그 원유苑囿에 들어가 필요한 것을 취하여, 한 나라의 백성들과 더불어 이 7십리의 원유苑囿를 공유하셨습니다. 하지만 원유苑囿에서 생산되는 것들은 한계가 있고 백성들이 가져다 쓰는 것은 한계가 없으니, 백성들이 작다고 여기는 것이 또한 마땅하지 않겠습니까?"

주해

● 牧養(목양) : 짐승들을 방목해서 기르다.
한漢나라 조엽趙曄의 《吳越春秋·勾踐入臣外傳》에 나온다. "(吳王)乃赦越王得離其石室, 去就其宮室, 執牧養之事如故."

臣이 始至於境하여 問國之大禁 然後에 敢入하니 臣은 聞郊關之內에 有囿ㅣ方四十里에 殺其麋鹿者를 如殺人之罪라 하니 則是方四十里로 爲阱於國中이니 民이 以爲大ㅣ不亦宜乎잇가

"臣이 처음 제齊나라 국경에 이르러 나라에서 크게 정한 금령禁令을 물어본 후에 감히 들어올 수 있었습니다. 臣이 듣건대 사방 교외郊外의 관문關門안에 方 40리가 되는 원유苑囿가 있는데, 그 속에 사는 미록麋鹿을 죽인 자는 사람을 죽인 죄와 같이 다스린다고 했습니다. 이는 方 40리로 나라 가운데에 함정을 만든 것이니, 백성들이 크다고 여기는 것이 또한 마땅하지 않겠습니까?"

禮에 入國而問禁이라 國外百里ㅣ爲郊요 郊外有關이라 阱은 坎地以陷獸者니 言陷民於死也라

《禮記》에 '그 나라에 들어가면 금령禁令을 물어 본다.'고 했다. 국도國都 밖의 백 리 지역을 '교郊'라 하고, 교郊 밖에 관문關門이 있다. '정阱'은 땅에 구덩이를 파서 짐승을 빠지게 하는 것이니, 백성들을 죽음에 빠뜨린다는 말이다.

주해

- 大禁(대금) : 커다란 금령禁令.
  "大禁是禁令之大者."(四書補註備旨)
  《禮記·曲禮》 편에 나온다. "入境而問禁. 入國而問俗. 入門而問諱." 諱(꺼릴 휘)
- 郊關(교관) : 사방 교외郊外에 설치한 관문關門.

趙岐의 註에 "郊關, 齊四境之郊皆有關."라고 했고, 손석孫奭의 疏에 "四境郊皆有關者, 蓋四郊之門也."라고 했다.

● 麋(큰사슴 미) 阱(함정 정) 坎(구덩이 감)

【備旨】

> 若王之囿則異是矣니 臣이 始至於王之境하여 必問國之大禁然後에 敢入하니 臣因問禁而聞郊關之內에 有囿ㅣ方四十里之廣이로되 但百姓이 有殺其囿中之麋鹿者어든 卽加以重刑하여 如殺人之罪라 하니 則是方四十里로 爲陷阱於國中이요 以一國之中 而有四十里阱하니 民以爲大ㅣ不亦宜乎잇가
> 是則囿一也로되 公之於民이면 雖大ㅣ亦小하며 私之於己면 雖小ㅣ亦大니이다 王惟公其樂於民이 可耳어늘 何必以四十里與夫七十里者로 較大小哉아

"왕의 원유苑囿와 같은 경우는 곧 이와 다릅니다. 臣이 처음 왕의 국경에 이르러 반드시 나라에서 크게 정한 금령禁令을 물어본 후에 감히 들어 올 수 있었습니다. 臣이 금령禁令을 물어본 것으로 인하여 교관郊關의 내에 方 4십리가 되는 넓은 원유苑囿가 있다고 들었습니다. 다만 백성들 중에 그 원유苑囿에 사는 미록麋鹿을 죽인 자가 있으면 곧 무거운 형벌을 가하여 마치 사람을 죽인 죄와 같이 다스린다고 하니, 이는 方 4십리로 나라 가운데에 함정陷穽을 만든 것이요, 일국一國의 가운데 4십리의 함정이 있는 것이니, 백성들이 원유苑囿가 크다고 여기는 것이 또한 마땅하지 않겠습니까?

이는 곧 원유苑囿는 한 가지나 그것을 백성들에게 公的으로 사용하면 비록 규모가 크더라도 또한 작다고 여길 것이고, 그것을 자신에게

사사롭게 사용하면 비록 규모가 작을지라도 또한 크다고 여길 것입니다. 그러므로 王께서는 오직 그 즐거움을 백성들에게 공적으로 사용하시는 것이 可하시거늘, 어찌 반드시 4십리의 규모로 7십리의 규모와 더불어 大小를 비교하십니까?"

[2·3]

齊宣王이 問曰 交鄰國이 有道乎잇가

孟子ㅣ對曰 有하니 惟仁者아 爲能以大事小하나니 是故로 湯이 事葛하시고 文王이 事昆夷하시니이다 惟智者아 爲能以小事大하나니 故로 大王이 事獯鬻하시고 句踐이 事吳하니이다

제齊나라 선왕宣王이 물어 가로되 "이웃나라와 사귀는데 道가 있습니까?"

孟子께서 답하여 가라사대 "道가 있습니다. 오직 어진 사람만이 능히 大國의 신분으로 小國을 섬길 수 있습니다. 그러므로 탕왕湯王이 갈백葛伯을 섬기시고 文王이 곤이昆夷를 섬기신 것입니다.

오직 지혜로운 자만이 능히 小國의 신분으로 大國을 섬길 수 있습니다. 그러므로 大王이 훈육獯鬻을 섬기시고 구천句踐이 오吳나라를 섬기신 것입니다."

仁人之心은 寬洪惻怛하여 而無較計大小強弱之私라 故로 小國이 雖或不恭이나 而吾所以字之之心을 自不能已요

智者는 明義理하고 識時勢라 故로 大國이 雖見侵陵이나 而吾

所以事之之禮를 尤不敢廢라

湯事는 見後篇이요 文王事는 見詩大雅요 大王事는 見後章이니 所謂狄人은 卽獯鬻也라 句踐은 越王名이니 事見國語、史記하니라

어진 사람의 마음은 관대하고 넓으며 측은하게 생각하여 대소大小와 강약强弱을 비교하고 따지는 사사로움이 없다. 그러므로 소국小國이 비록 혹 공손하지 않더라도 내가 그들을 사랑하는 마음을 스스로 능히 그칠 수가 없다.

지혜로운 사람은 의리義理에 밝고 시세時勢를 안다. 그러므로 대국大國이 비록 침탈하여 능멸하더라도 내가 그들을 섬기는 禮를 더욱 감히 폐하지 않는다.

탕왕湯王의 일은 후편에 보이고, 文王의 일은 《詩經·大雅》 편에 보이고, 태왕大王의 일은 뒷장에 보인다. 이른바 (뒷장의) '적인狄人'이란 곧 훈육獯鬻을 말한다. '구천句踐'은 월越나라 王의 이름이니, 그 일이 《國語》와 《史記》에 보인다.

주해

- 仁者, 爲能以大事小 : '仁者'는 어진 人君을 말한다. '大小'는 모두 나라를 말한다.
  "仁者是仁者之君. 大小以國言. 事只是撫字周恤意."(四書補註備旨) 字(사랑할 자)
- 葛(갈) : 나라이름. 하대夏代의 봉국封國 중의 하나이며 '갈국葛國' 또는 '갈백국葛伯國'이라고도 한다.
  《書·仲虺之誥》에 나온다. "乃葛伯仇餉." 《春秋·桓十四年》 條에도 나온다. "邾人、牟人、葛人來朝." 虺(살무사 훼) 餉(건량 향) 邾(나라이름 주) 牟(탐할 모)
- 昆夷(곤이) : 고대 중국 서북방에 위치한 부족이름. 昆(맏 곤) 夷(동방민

족 이)

《詩·小雅·采薇序》에 나온다. "文王之時, 西有昆夷之患, 北有玁狁之難." 이에 대해 鄭玄의 箋에 "昆夷, 西戎也."라고 풀이했다. 玁(북방민족 험) 狁(북방민족 윤)

- 獯鬻(훈육) : 고대 중국 북방에 위치한 민족이름. '훈육獯粥'이라고도 한다. 夏代와 商代에는 '훈육獯鬻', 周代에는 '험윤玁狁', 秦代와 漢代에는 '흉노匈奴'로 각각 불리웠다.

  趙岐의 註에 "獯鬻, 北狄彊者, 今匈奴也."라고 풀이했다.

- 寬洪(관홍) : 관대하고 도량이 크다. '관굉寬宏'과 같다. 宏(클 굉)
- 惻怛(측달) : 슬퍼하다. 측은하게 생각하다. '측은惻隱'과 같다. 惻(슬퍼할 측) 怛(슬퍼할 달)

  慶源輔氏가 말했다. "寬洪仁者之量. 惻怛仁者之意."(大全註疏)

【備旨】

齊宣王이 問曰 當今列國이 分爭하여 無有寧日하니 不知交鄰國以講信修睦이 亦有道乎잇가

孟子ㅣ對曰 有道하니 惟仁者之君이라야 知有理不知有勢하나니 卽小國이 雖或不恭이나 而吾之量이 足以容之하여 爲能以己之大國而事鄰之小國하나니 是故로 葛小國也나 而湯이 事焉하시고 昆夷小國也나 而文王이 事焉하시니이다 此用仁以交鄰之小國者니 其一道矣요

惟智者之君이라야 知理之當然하고 又知勢之不得不然하나니 卽大國이 時或侵陵이나 而吾ㅣ且畏而奉之하여 爲能以己之小國而事鄰之大國이라 故로 獯鬻大國也니 而太王이 事焉하시고 吳大國也니 而句踐이 事焉하니이다 此用智以交鄰之大國者니 又一道矣라

제齊나라 선왕宣王이 물어 가로되 "지금의 열국列國들이 서로 분쟁分爭하여 편안할 날이 없으니, 이웃나라와 사귀면서 서로 신뢰를 쌓고 화목하게 지내는데 또한 道가 있는지 모르겠습니다."

孟子께서 답하여 가라사대 "이웃나라와 사귀는데 道가 있습니다. 오직 어진 人君만이 의리義理를 따질 줄 알되 시세時勢를 따질 줄은 모르니, 곧 小國이 비록 혹 공손하지 않더라도 나의 도량으로 족히 그들을 포용하여 능히 大國의 신분으로 주변의 小國들을 섬길 수 있습니다. 그러므로 갈백葛伯이 小國이나 탕왕湯王이 섬기셨고, 곤이昆夷가 小國이나 文王이 섬기셨습니다. 이는 仁을 사용하여 小國인 이웃나라를 사귄 것이니 그것이 하나의 道입니다.

오직 지혜로운 人君만이 의리義理의 당연함을 알고 또한 시세時勢가 부득불不得不 그런줄을 아니, 곧 大國이 때때로 혹 침탈하고 능멸하여도 내가 또한 두렵게 그들을 받들어 능히 小國의 신분으로 이웃의 大國을 섬길 수 있습니다. 그러므로 훈육獯鬻이 大國이니 태왕太王이 이를 섬기셨고, 吳나라가 大國이니 구천句踐이 이를 섬긴 것입니다. 이는 지혜를 사용하여 大國인 이웃나라를 사귄 것이니 또한 하나의 道입니다."

주해

● 講信修睦 : 서로 신뢰를 쌓고 화목하게 지내다. 睦 (화목할 목)
《禮記·禮運》 편에 나온다. "選賢與能, 講信修睦." 이에 대해 孔穎達의 疏에 "講, 談說也; 信, 不欺也. 脩, 習; 睦, 親也. 世淳無欺, 談說輒有信也……又凡所行習, 皆親睦也."라고 풀이했다. 輒(문득 첩)

以大事小者는 樂天者也요 以小事大者는 畏天者也니 樂天者는 保天下하고 畏天者는 保其國이니이다

"大國의 신분으로 小國을 섬기는 자는 하늘의 뜻을 즐기는 자요, 小國의 신분으로 大國을 섬기는 자는 하늘을 두려워하는 자입니다. 하늘의 뜻을 즐기는 자는 天下를 보전保全하고, 하늘을 두려워하는 자는 그 나라를 보전保全할 수 있습니다."

天者는 理而已矣니 大之字小와 小之事大ㅣ皆理之當然也라 自然合理故로 曰樂天이요 不敢違理故로 曰畏天이라 包含徧覆하여 無不周徧은 保天下之氣象也요 制節謹度하여 不敢縱逸은 保一國之規模也라

'천天'은 이치일 따름이니 大國이 小國을 사랑하는 것과 小國이 大國을 섬기는 것이 모두 이치의 당연함이다. 저절로 이치에 합당하기 때문에 '하늘의 뜻을 즐긴다.'고 말한 것이요, 감히 이치를 거스르지 않기 때문에 '하늘을 두려워한다.'고 말한 것이다.

널리 포용하고 빠짐없이 화육化育하여 두루 미치지 않음이 없는 것은 天下를 보전保全하는 기상이요, 비용을 절약하고 예법을 근수謹守하여 감히 방종하거나 안일安逸하지 않는 것은 한 나라를 保全하는 본보기이다.

주해

- 保天下 : 천하를 保全하다. 여기에서 '保'는 용보容保의 뜻이다.
- 保其國 : 그 나라를 保全하다. 여기에서 '保'는 보수保守의 뜻이다.

● 徧覆(편부) : 두루 덮어주다. 널리 빠짐없이 화육化育하다. 徧(두루 편) 覆(덮을 부)
《韓非子·大體》 편에 나온다. "上不天則下不徧覆, 心不地則物不畢載." 畢(모두 필)

● 氣象(기상) : 풍도風度.
《新唐書·王丘傳》에 나온다. "(王丘)氣象淸古, 行脩絜, 於詞賦尤高." 潔(깨끗할 결) 尤(더욱 우)

● 制節謹度(제절근도) : 비용을 절검節儉하고 예법을 근수謹守하다.
《孝經·諸侯》 편에 나온다. "在上不驕, 高而不危; 制節謹度, 滿而不溢." 이에 대해 唐 玄宗의 註에 "費用約儉, 謂之制節. 愼行禮法, 謂之謹度."라고 풀이했다. 驕(교만할 교) 溢(넘칠 일)

● 規模(규모) : 모범. 본보기. '전범典範' 또는 '방양榜樣'과 같다.
당唐나라 劉肅의 《大唐新語·極諫》에 나온다. "今天下新定, 開太平之運, 起義功臣, 行賞未遍, 高才碩學, 猶滯草萊, 而先令舞胡致位五品, 鳴玉曳組, 趨馳廊廟, 固非創業規模、貽厥子孫之道." 滯(막힐 체) 萊(명아주 래) 廊(복도 랑) 貽(끼칠 이) 厥(그 궐)

【備旨】

> 夫大之事小와 小之事大는 皆理也니 卽天也라 以大事小者는 是忘其勢之在己하고 誠心愛人하여 自然合理니 樂天者也요 以小事大者는 是順其勢之在人하고 安分自守하여 不敢違理니 畏天者也라 樂天者는 天地爲懷하고 萬物一體하니 非保天下之氣象乎아 畏天者는 循理而行하고 順時而動하니 非保一國之規模乎아

"무릇 대국大國의 신분으로 소국小國을 섬기는 것과 소국小國의 신분으로 대국大國을 섬기는 것은 모두 의리義理이니 곧 하늘의 뜻입

니다.

大國의 신분으로 小國을 섬기는 것은 이는 시세時勢가 자신에게 있음을 잊고 성심으로 남을 사랑하여 저절로 이치에 합당하게 되니 하늘의 뜻을 즐기는 자요, 小國의 신분으로 大國을 섬기는 것은 이는 그 시세時勢가 남에게 있음을 순응해서 분수에 맞게 본분을 지키고 감히 이치를 거스르지 않으니 하늘을 두려워하는 자입니다.

하늘의 뜻을 즐기는 자는 천지를 가슴에 품고 만물萬物과 한 몸이 되니 天下를 이는 保全하는 기상이 아니겠습니까? 하늘을 두려워하는 자는 이치에 따라 행하고 시세時勢에 순응해서 행하니 한 나라를 보전保全하는 본보기가 아니겠습니까?"

주해

- 安分自守(안분자수) : 자신의 본분本分을 지키며 분수를 넘지 않다. '안분수기安分守己'와 같다.

詩云 畏天之威하여 于時保之라 하니라

"《詩經》에 이르되 '하늘의 위엄을 두려워하여 이에 나라를 보전保全하노라!' 라고 하였나이다."

詩는 周頌我將之篇이라 時는 是也라

'시詩'는 〈周頌·我將〉 편이다. '시時'는 이것이다.

주해

- 畏天之威 : 하늘의 위엄을 감히 거스르지 않다.

"畏是不敢違天. 威是天命赫然之威."(四書補註備旨) 赫(빛날 혁)

朱子가 말했다. "此智者畏天而保其國之事."(大全註疏)

雙峯饒氏가 말했다. "天理當然. 違之則有禍. 此便是天威了."(大全註疏)

● 時(이 시)

【備旨】

> 然이나 樂天之仁者ㅣ究何嘗不畏天고 周頌我將之詩에 蓋言保天下也니 有云 人君이 敬畏上天之威하여 於是에 保守天命而不失이라 하니 然則能畏天者는 以此保國하니 不卽以此保天下哉아 仁智交鄰之效ㅣ如此니라

"그러나 하늘의 뜻을 즐기는 어진 자라고 해서 마침내 어찌 일찍이 하늘을 두려워하지 않으리오?

〈周頌·我將〉 篇의 詩에 대개 天下를 保全하는 내용을 말했으니, 이르기를 '人君이 상천上天의 위엄威嚴을 경외敬畏하여 이에 天命을 保全하고 지켜서 잃지 않도다!'라고 하였습니다. 그러므로 능히 하늘을 두려워하는 자는 이로써 나라를 보전할 수 있으니, 곧 하늘을 두려워하는 것으로써 天下를 보전한 것이 아니겠습니까? 어진 자와 지혜로운 자가 이웃나라와 사귀는 효험이 이와 같습니다."

주해

● 究(구) : 마침내. 결국. '구경究竟' 또는 '결과結果'의 뜻이다.
究(다할 구)

王曰 大哉라 言矣여 寡人이 有疾하니 寡人은 好勇하노이다

왕이 가로되 "크도다, 말씀이여! 그러나 과인寡人에게 병통이 있으니, 과인寡人은 용맹을 좋아합니다."

言以好勇故로 不能事大而恤小也라

용맹을 좋아하기 때문에 능히 대국大國을 섬기고 소국小國을 구휼救恤하지 못한다는 말이다.

주해

● 疾(질) : 병폐. 병통. 곧 기질氣質의 치우친 병폐를 말한다.
"疾是氣質之偏."(四書補註備旨)

【備旨】

王曰 大哉라 夫子之言이여 誠交鄰之善道矣로다 但寡人이 有偏好之疾하니 而疾在於好勇이라 是以로 事大卹小를 皆不能也로이다

왕이 가로되 "크도다! 夫子의 말씀이여! 진실로 이웃나라와 사귀는 좋은 방도입니다. 다만 과인寡人에게는 치우치게 좋아하는 병통이 있으니, 그 병통이 용맹을 좋아하는데 있습니다. 이 때문에 大國을 섬기거나 小國을 구휼하는 일들을 모두 능히 할 수가 없습니다."

주해

- 偏好(편호) : 치우치게 좋아하다. '편애偏愛'와 같다. 偏(치우칠 편) 남조南朝 양梁나라 유협劉勰의《文心雕龍·知音》편에 나온다. "夫篇章雜沓, 質文交加, 知多偏好, 人莫圓該."
- 卹(진휼할 휼)

對曰 王請無好小勇하소서 夫撫劍疾視曰 彼惡敢當我哉리오 하나니 此는 匹夫之勇이라 敵一人者也니 王請大之하소서

답하여 가라사대 "왕께서는 청컨대 작은 용맹을 좋아하지 마소서. (이런 사람은) 검劍을 어루만지며 노려보며 말하기를 '저 사람이 어찌 감히 나를 감당하리오!' 라고 하나니, 이는 필부匹夫의 용맹이며 한 사람만을 대적하는 것이니 왕께서는 청컨대 용맹을 크게 하소서."

疾視는 怒目而視也라 小勇은 血氣所爲요 大勇은 義理所發이라

'질시疾視'는 성난 눈으로 바라보는 것이다. '소용小勇'은 혈기血氣에서 행하는 것이요, '대용大勇'은 의리義理에서 발하는 것이다.

주해

- 彼(피) : 그. 저 사람. '피彼'는 '피인彼人'의 뜻이다.
- 血氣와 義理에서 나오는 '勇'에 대해 趙氏가 말했다. "血氣所爲之勇, 如溝澮之水, 暴集隨涸, 故謂之小. 義理所發之勇, 天開地闢, 自不能已, 故謂之大." (大全註疏) 溝(봇도랑 구) 澮(봇도랑 회) 涸(마를 학)

● 撫(어루만질 무) 疾(미워할 질)

【備旨】

孟子ㅣ對曰 好勇은 無傷也니 王請無好血氣之小勇耳니이다 夫小勇者는 於人에 少有所拂이면 遂撫劍疾視而言曰 彼惡敢當我而與之敵哉리오 하나니 此는 特匹夫之勇이라 僅足以敵一人者也니 何足爲好리오 王請於帝王之大勇에 好之則仁智皆所優爲矣리니 奚至以好勇爲疾乎아

孟子께서 답하여 가라사대 "용맹을 좋아하는 것은 나쁠 것이 없습니다. 왕께서는 청컨대 혈기血氣의 소용小勇을 좋아하지 마십시오. 무릇 소용小勇이란 사람들에게 조금이라도 어긋난 바가 있으면 마침내 검을 어루만지며 노려보며 말하기를 '저 사람이 어찌 감히 나를 감당하여 더불어 대적할 수 있으리오!'라고 하나니, 이는 다만 필부匹夫의 용기이며 겨우 한 사람만 대적할 수 있는 것이니, 어찌 족히 좋아할만 하겠습니까? 왕께서는 청컨대 제왕帝王의 대용大勇에 대해서 좋아하신다면 곧 어진 사람과 지혜로운 사람들이 모두 훌륭하다고 여길 것이니, 어찌 용맹을 좋아하는 것으로 병통을 삼는데 이르겠습니까?"

주해

● 拂(불) : 거스르다. 거역하다. 拂(거스를 불)
《孟子·告子下》 편에 나온다. "行拂亂其所爲, 所以動心忍性,曾益其所不能."
● 僅(겨우 근) 奚(어찌 해)

詩云王赫斯怒하사 爰整其旅하여 以遏徂莒하여 以篤周祜하여 以對于天下라 하니 此는 文王之勇也니 文王이 一怒而安天下之民하시니이다

"《詩經》에 이르되 '왕께서 혁연赫然히 크게 노怒하시어 이에 그 군사들을 정돈하여 침략하러 가는 무리들을 막아 주周나라의 복을 두텁게 하여 천하에 보답하였노라!' 라고 하였으니 이는 文王의 용맹입니다. 文王께서 한 번 크게 노怒하여 천하의 백성들을 편안케 하셨습니다."

詩는 大雅皇矣篇이라 赫은 赫然怒貌라 爰은 於也라 旅는 衆也라 遏은 詩에 作按하니 止也라 徂는 往也라 莒는 詩에 作旅하니 徂旅는 謂密人이 侵阮徂共之衆也라 篤은 厚也라 祜는 福也라 對는 答也니 以答天下仰望之心也라 此는 文王之大勇也라

詩는 〈大雅·皇矣〉 편이다. '혁赫'은 혁연赫然히 크게 분노하는 모습이다. '원爰'은 '어於'의 뜻이다. '여旅'는 무리이다. '알遏'은 《詩經》에 '안按'으로 되어 있으니 '저지하다.'는 뜻이다. '조徂'는 '가다.'이다. '려莒'는 《詩經》에 '려旅'로 되어 있으니 '조려徂旅'는 밀密 땅의 사람들이 완阮나라를 침략하기 위해 공共으로 가는 무리를 말한다. '독篤'은 두텁게 하는 것이다. '호祜' 복이다. '대對'는 보답함이니, 천하 사람들이 우러러 바라는 마음에 보답하는 것이다. 이는 文王의 대용大勇을 말한 것이다.

주해

- 王赫斯怒 : 왕이 혁연赫然히 크게 분노하다. '王'은 文王이다. '赫'은 '분노하다.'는 뜻이다. '斯'는 어조사이다. '혁사赫斯'는 '혁연赫然'과 같다. 赫(빛날 혁) 《詩·大雅·皇矣》 편에 나온다. "王赫斯怒, 爰整其旅." 이에 대해 鄭玄의 箋에 "赫, 怒意."라고 풀이했다. 爰(이에 원)
- 遏(막을 알) 徂(갈 조) 莒(무리 려) 於(이에 어) 祜(복 호)

【備旨】

吾ㅣ聞大勇於文王矣노니 大雅皇矣之詩에 云密人不恭하여 侵阮徂共하니 文王이 於是에 赫然斯怒하사 遂爰整其師旅하여 以遏止密人徂共之衆하여 以抑强扶弱하여 篤厚周家之福하여 以對答於天下仰望之心이라 하니 此文王之勇을 於詩可稽也로라

夫文王이 赫然一怒하사 遂除密人一方之亂하시니 由是로 四方諸侯ㅣ强不敢凌弱하고 衆不敢暴寡하여 而天下之民이 皆賴之以爲安하니 勇何大也오

"내가 文王의 대용大勇에 대해서 들었나니, 〈大雅·皇矣〉 편의 詩에 이르되 '밀密땅의 사람들이 불공不恭하여 완阮땅을 침략하기 위해 공共땅으로 가니, 文王께서 혁연赫然히 크게 분노하셔서 마침내 이에 군사들을 정돈하여 공共땅으로 가는 밀인密人의 무리들을 막아 강자强者를 누르시고 약자弱者를 도와서 周나라의 복을 두텁게 하여 천하 사람들이 앙망仰望하는 마음에 보답하셨노라!'라고 하였으니, 이러한 文王의 용맹을 《詩經》에서 상고할 수 있습니다.

무릇 文王께서 혁연赫然히 한 번 크게 분노하여 마침내 밀인密人들이 일으킨 한 쪽의 분란紛亂을 제거하시니, 이로 말미암아 四方의 제후諸侯

중에 강국强國이 감히 약국弱國을 능멸하지 못하고, 백성들의 수가 많은 나라가 백성들의 수가 적은 나라를 감히 포악하게 대하지 못하여 천하 백성들이 모두 이에 자뢰資賴하여 안주하였으니, 문왕의 용맹이 얼마나 큰 것입니까?"

주해

- 抑强扶弱(억강부약) : 강한 자를 누르고 약한 자를 도와주다. 抑 (누를 억) 扶(도울 부)
  漢나라 袁康의 《越絕書·外傳本事》에 나온다. "勾踐之時, 天子微弱, 諸侯皆叛, 於是勾踐 抑彊扶弱, 絕惡反之於善." 叛(배반할 반)
- 凌(능멸할 능) 寡(적을 과) 賴(힘입을 뢰)

書曰 天降下民하사 作之君 作之師하사든 惟曰其助上帝라 寵之四方이시니 有罪無罪에 惟我ㅣ在커니 天下ㅣ曷敢有越厥志리오 하니 一人이 衡行於天下어늘 武王이 恥之하시니 此는 武王之勇也니 而武王이 亦一怒而安天下之民하시니이다

"《書經》에 가로되 '하늘이 이 백성들을 내리시어 人君을 세워주고 사부師傅를 세워 주심은, 오직 가로되 그 상제를 돕는지라 사방에서 그를 총애하는 것이다. 죄가 있든 죄가 없든 오직 내가 있으니 천하에 어찌 감히 그 마음의 뜻을 넘어서는 자가 있으리오!"라고 하였습니다.

주왕紂王 한 사람이 天下에 횡행橫行하거늘, 무왕武王이 이를 부끄럽게 여겼으니 이는 무왕武王의 용기입니다. 무왕武王이 또한 한 번 크게 노怒하여 천하의 백성들을 편안케 하셨습니다."

書는 周書泰誓之篇也라 然이나 所引이 與今書文小異하니 今且依此解之라 寵之四方은 寵異之於四方也라 有罪者를 我得而誅之하고 無罪者를 我得而安之니 我旣在此니 則天下ㅣ何敢有過越其心志하여 而作亂者乎아 衡行은 謂作亂也라
孟子ㅣ釋書意如此하시고 而言武王亦大勇也라 하시니라

'서書'는 〈周書·泰誓〉 편이다. 그러나 인용한 바가 지금의 《書經》 문장과 약간 다르니, 이제 또한 여기에 의거하여 해석하였다. '총지사방寵之四方'은 사방에서 그를 특별하게 총애하는 것이다. 죄 있는 자를 내가 주살誅殺할 수 있고, 죄 없는 자를 내가 편안케 할 수 있으니, 내가 이미 이 자리에 있거늘 천하에 어찌 감히 그 심지心志의 분수를 넘어서 난을 일으키는 자가 있으리오? '형횡衡行'은 난을 일으킨다는 말이다.
孟子께서 《書經》의 뜻을 이와 같이 해석하시고, 무왕武王 또한 대용大勇이라고 말씀하신 것이다.

주해

- 作之君 : 그를 人君으로 세워 백성들을 다스리게 하다.
  "作是立君以養民言."(四書補註備旨)
- 作之師 : 그를 사부師傅로 세워 백성들을 가르치게 하다.
  "師以教民言."(四書補註備旨)
- 越厥志 : 그 본분을 넘어서 난을 일으키다. 厥(그 궐)
  "越志, 卽是作亂."(四書補註備旨)
- 衡行(형행) : 횡행하다. 이치에 따르지 않고 멋대로 행하다. '횡행橫行'과

같다.

● 武王恥之 : 武王이 이를 부끄러워하다.
"恥是恥己君師未盡, 不能除暴安民."(四書補註備旨)

● 過越(과월) : 분수를 지나치다. 본분을 넘어서다. '과분過分'과 같다.

【備旨】

> 吾ㅣ又聞大勇於武王矣노니 周書泰誓之言에 曰天降生此下民하사 作之君以治之하고 作之師以敎之하사든 惟曰 其能助上帝以安民이라 故로 以君師之位 而寵異之於四方也어늘 今我旣受天之命하여 作民君師 則凡有罪者를 我得而誅之하고 無罪者를 我得而安之에 惟我在此하니 天下ㅣ曷敢有過越厥志하여 而作亂者乎아(리오)
> 書言如此하니 當時에 商紂一人이 橫行作亂於天下어늘 武王이 以爲己恥 而擧兵誅之하시니 此武王之勇을 於書可考也라 武王이 亦惟一奮其怒하여 除商紂之暴하여 遂能綏定四方하시니 而天下之民이 皆賴之以爲安하니 勇何大也오

"내가 또한 무왕武王의 대용大勇에 대해서 들었나니, 〈周書·泰誓〉 글에 가로되 '하늘이 이 백성들을 내리시어 그 人君을 세워서 다스리게 하시고, 그 사부師傅를 세워서 가르치게 하시니, 이들의 책무는 오직 능히 상제上帝를 도와 백성을 편안케 하는데 있도다! 그러므로 人君과 사부師傅의 지위로써 특별히 四方에서 총애를 받았거늘, 이제 내가 이미 하늘의 명을 받아 백성의 人君과 사부師傅가 되었으니, 모든 죄 있는 자를 내가 주살誅殺하고, 죄 없는 자를 내가 편안케 하는 일이 오직

나에게 달려 있도다. 그러니 천하에 어찌 감히 그 마음의 분수를 넘어서 난을 일으키는 자가 있으리오?' 라고 하였습니다.

《書經》의 말씀이 이와 같으니, 당시에 상商나라 주왕紂王 한 사람이 횡행橫行하여 천하에 난을 일으키자, 무왕武王이 이를 자신의 부끄러움으로 여기고 군사를 일으켜 주왕紂王을 주살誅殺하시니, 이러한 武王의 용맹을 《書經》에서 상고할 수 있습니다. 武王이 또한 오직 한 번 크게 분노를 떨쳐 상商나라 주왕紂王의 폭정暴政을 제거하여 마침내 능히 四方을 평정하시자, 천하의 백성들이 모두 그에게 의지하여 편안케 되었으니 武王의 용맹이 얼마나 큰 것입니까?"

주해

- 綏定(수정) : 백성들을 안무按撫하고 천하를 평정하다. 綏(편안할 수) 《書·畢命》에 나온다. "惟周公左右先王, 綏定厥家."《漢書·宣帝紀》에도 나온다. "往者匈奴數爲邊寇, 百姓被其害. 朕承至尊, 未能綏定匈奴." 寇(도적 구)

今王이 亦一怒而安天下之民하시면 民이 惟恐王之不好勇也리이다

"이제 왕께서 또한 한 번 크게 노怒하여 천하의 백성들을 편안케 하신다면, 백성들이 오직 왕께서 용맹을 좋아하지 않을까 염려할 것입니다."

王이 若能如文武之爲면 則天下之民이 望其一怒以除暴亂하여 而拯己於水火之中하되 惟恐王之不好勇耳라

此章은 言人君이 能懲小忿이면 則能恤小事大하여 以交鄰國이요 能養大勇이면 則能除暴救民하여 以安天下니라

張敬夫曰 小勇者는 血氣之怒也요 大勇者는 理義之怒也니 血氣之怒는 不可有요 理義之怒는 不可無니 知此면 則可以見性情之正이요 而識天理人欲之分矣라

왕이 만약 능히 文王과 무왕武王이 행한 것과 같이 한다면 곧 天下의 백성들이 그가 한 번 크게 노怒하여 폭란暴亂을 제거하여 자신들을 水火의 재난 속에서 구원해 주기를 바라되, 오직 왕이 용맹을 좋아하지 않을까 염려할 뿐이다.

이 章은 人君이 능히 작은 분노를 징계懲戒할 수 있다면 능히 소국小國을 구휼하고 대국大國을 섬겨 이웃 나라와 사귈 수 있으며, 능히 대용大勇을 기를 수 있다면 능히 폭정을 제거하고 백성을 구원하여 天下를 편안케 할 수 있다는 말이다.

장경부張敬夫가 가로되 "소용小勇은 혈기血氣의 노怒함이요 대용大勇은 의리義理의 노怒함이니, 혈기血氣의 노怒함은 있어서는 안되고 의리義理의 노怒함은 없어서는 안된다. 이 점을 안다면 성정性情의 바름을 알 수 있고 천리天理와 인욕人欲의 분별을 알 수 있다."

주해

- 能懲小忿 : 능히 작은 노여움을 징계懲戒하다. 懲(징계할 징) 忿(성낼 분)
  慶源輔氏가 말했다. "人君者, 必能懲小忿然後能養大勇. 所爲人能有所不爲然後可以有爲也."(大全註疏)
  新安陳氏가 말했다. "章旨能懲小忿四字, 實自寡人好勇一句發出. 齊王所好之勇小忿也. 孟子所言之勇大勇也."(大全註疏)
- 拯(건질 증)

【備旨】

夫觀文武之大勇이 惟在於除暴安民如此어늘 今天下之爲暴者ㅣ多矣라 斯民之被困也ㅣ甚矣니 王亦效文武之一怒하여 興弔伐之師 而安天下之民 則民皆望王除暴亂하여 以拯己於水火之中하되 惟恐王之不好勇也니 何以好勇爲疾哉아

"무릇 살피건대 文王과 무왕武王의 대용大勇이 오직 폭정暴政을 제거하고 백성들을 편안케 하는데 있음이 이와 같습니다. 지금 天下에 폭정暴政을 행하는 자가 많아서 이 백성들이 심하게 곤고困苦를 당하고 있으니, 왕께서 또한 문왕文王과 무왕武王이 한 번 크게 노怒하여 조벌弔伐의 군사를 일으켜 天下의 백성들을 편안케 한 점을 본받는다면 곧 백성들이 모두 왕께서 폭란暴亂을 제거하여 자신들을 水火의 재난 속에서 구원해 주기를 바라되 오직 왕께서 용맹을 좋아하지 않을까 염려할 것이니, 어찌 용맹을 좋아한다고 해서 병통이 되겠습니까?"

주해

● 弔伐(조벌) : 백성들을 위문慰問하고 죄 있는 통치자를 토벌하다. 곧 '조민벌죄弔民伐罪'의 뜻이다.
弔(문안할 조)
《孟子·滕文公下》에 나온다. "誅其罪, 吊其民, 如時雨降, 民大悅."

[2·4]

齊宣王이 見孟子於雪宮이러시니 王曰 賢者도 亦有此樂乎잇가

孟子ㅣ對曰 有하니 人不得則非其上矣니이다

제齊나라 선왕宣王이 孟子를 설궁雪宮에서 뵈었는데, 왕이 가로되 "어진 자에게도 또한 이러한 즐거움이 있습니까?"

孟子께서 답하여 가라사대 "있습니다. 백성들이 편히 사는 즐거움을 얻지 못하면 곧 그 人君을 비난하게 됩니다."

雪宮은 離宮名이라 言人君이 能與民同樂이면 則人皆有此樂이요 不然이면 則下之不得此樂者ㅣ必有非其君上之心이니 明人君이 當與民同樂하여 不可使人有不得者요 非但當與賢者共之而已也니라

'설궁雪宮'은 이궁離宮의 이름이다. 人君이 능히 백성들과 더불어 즐거움을 함께 하면 사람들이 모두 이러한 즐거움을 가질 것이요, 그렇지 않으면 아래에서 이러한 즐거움을 얻지 못한 자들이 반드시 군상君上을 비난하는 마음이 있게 됨을 말한 것이다. 또한 人君이 마땅히 백성들과 더불어 즐거움을 함께 하여 사람들이 이러한 즐거움을 얻지 못한 자가 있게 해서는 안될 것이요, 다만 마땅히 어진 자와 더불어 함께 할 뿐만이 아님을 밝힌 것이다.

주해

- 雪宮(설궁) : 궁실宮室 밖에 위치한 별궁別宮을 말한다. 제齊나라 선왕宣王의 설궁雪宮은 오늘날 산동성 임치현臨淄縣 동북에 위치한 것으로 전해진다.

● 人不得 : 백성들이 안거安居의 즐거움을 얻지 못하다. '人'은 백성이다. "人指民. 不得是不得安居之樂, 非指雪宮."(四書補註備旨)

● 離宮(이궁) : 도성都城 밖에 위치한 제왕의 궁전. 곧 제왕이 순수巡狩할 때 사용하는 궁실宮室을 말한다. '리離'는 '별別'과 같다.

《史記·劉敬叔孫通列傳》에 나온다. "孝惠帝曾春出遊離宮."

慶源輔氏가 말했다. "離猶別也. 別在其所居宮室之外, 故曰離宮."(大全註疏)

【備旨】

昔에 宣王이 館孟子於雪宮而就見之러니 因誇其禮遇之隆曰 雪宮之地는 寡人이 時遊以爲樂也어늘 今以之處夫子하니 則賢者도 亦有此樂乎잇가

孟子ㅣ對曰 王이 旣以此待賢하시니 則賢者ㅣ得有此樂也나 然이나 不特當與賢者共之요 亦當與民共之니 若使人不得遂其安居之樂이면 則必有起而非其君上之心者矣니이다

옛날에 선왕宣王이 孟子를 설궁雪宮에 머물게 하고 나아가 孟子를 뵈었는데, 인하여 예우禮遇의 융성함을 과시하여 가로되 "설궁雪宮의 지역은 과인寡人이 때때로 노닐며 즐거움으로 삼거늘, 이제 이곳에 夫子를 머물게 하였으니 곧 어진 자에게도 또한 이러한 즐거움이 있습니까?"

孟子께서 답하여 가라사대 "왕께서 이미 이로써 어진 자를 대하시니 어진 자가 이러한 즐거움을 갖게 되었습니다. 그러나 다만 마땅히 어진 자와 더불어 즐거움을 함께 할 뿐만 아니요, 또한 마땅히 백성들과 더불어 즐거움을 함께 해야 합니다. 만약 사람들로 하여금 편히 사는 즐거움을 이루지 못하게 하면, 반드시 일어나 그 군상君上의 마음을 비난하는 자가 있을 것입니다."

주해

● 館(유숙할 관) 隆(융성할 융) 特(다만 특) 遂(이룰 수)

不得而非其上者도 非也며 爲民上而不與民同樂者도 亦非也니이다

"즐거움을 얻지 못한다고 해서 그 君上을 비난하는 것도 잘못이며, 백성들의 君上이 되어서 백성들과 즐거움을 함께 하지 않는 것도 또한 잘못입니다."

下不安分과 上不恤民은 皆非理也

아랫사람이 분수에 편안하지 못하는 것과 윗사람이 백성들을 구휼하지 않는 것은 모두 도리가 아니다.

주해

● 慶源輔氏가 말했다. "下不得而非其上者, 不知命也, 故謂之不安分. 爲民上而不與民同樂者, 不知義也, 故謂之不恤民."(四書補註備旨)

【備旨】

夫人不得其樂하여 而遂非其君上者는 是不安其分이니 固非理也요 苟爲民上獨樂於己하여 而不與民同樂者는 則不恤其民이니 亦非理也라 然則爲君者ㅣ安可無恤民之道하여 而使有非上之民哉아

"무릇 사람이 그 즐거움을 얻지 못한다고 해서 마침내 그 君上을 비난하는 자는 이는 그 분수에 편안치 못한 것이니 진실로 도리가 아니요, 만일 백성들의 人君이 되어 홀로 자신을 위해서만 즐기고 백성들과 더불어 즐거움을 함께 하지 아니한 자는 곧 그 백성들을 구휼救恤하지 않는 것이니 또한 도리가 아닙니다. 그러므로 人君이 된 자가 어찌 가히 백성들을 구휼救恤하는 道가 없어 人君을 비난하는 백성들이 생기도록 하겠습니까?"

樂民之樂者는 民亦樂其樂하고 憂民之憂者는 民亦憂其憂하나니 樂以天下하며 憂以天下하고 然而不王者ㅣ未之有也니이다

"백성들의 즐거움을 즐기는 자는 백성 또한 그(人君)의 즐거움을 즐거워 하며, 백성들의 근심을 근심하는 자는 백성 또한 그(人君)의 근심을 근심하나니, 즐거움을 天下로써 하며 근심을 天下로써 하면서도 왕 노릇을 하는 못하는 자는 있지 아니합니다."

樂民之樂而民樂其樂이면 則樂以天下矣요 憂民之憂而民憂其憂면 則憂以天下矣니라

백성들의 즐거움을 즐거워하여 백성들이 그(人君)의 즐거움을 즐거워한다면 곧 天下로써 즐거워하는 것이요,

백성들의 근심을 근심하여 백성들이 그(人君)의 근심을 근심한다면 곧 天下로써 근심하는 것이다.

주해

● 樂其樂 : 그 人君의 즐거움을 자신이 즐거움으로 삼다.
"上樂字是民慶幸. 下樂字指君安享."(四書補註備旨)

● 憂其憂 : 그 人君의 근심을 자신의 근심으로 삼다.
"上憂字是民保防. 下憂字指君禍患."(四書補註備旨)
南軒張氏가 말했다. "憂樂不以己而以天下, 天理之公也. 於是, 擧景公事, 蓋道其國, 故典以告之."(大全註疏)

【備旨】

> 夫不與民同樂이면 則有非之之心하나니 能與民同樂이면 豈無感之之效리오 誠使爲君者로ㅣ能所欲을 與聚而樂民之樂이면 則民見君有可樂之事하고 亦樂君之樂하며 能所惡를 勿施而憂民之憂면 則民見君有可憂之事하고 亦憂君之憂라
> 夫樂民之樂이면 民亦樂其樂하나니 是樂不以一己 而以天下矣요 憂民之憂면 民亦憂其憂하나니 是憂不以一己而以天下矣라 憂樂相通하여 上下無間如此면 則天下之民이 皆歸附於我矣리니 然而不興王者ㅣ決未之有也니라

"무릇 백성들과 더불어 즐거움을 함께 하지 아니하면 곧 그 人君을 비난하는 마음이 있게 될 것이니, 능히 백성들과 더불어 즐거움을 함께 하면 어찌 감응하게 하는 효험이 없으리오?

진실로 가사假使 人君이 된 자가 능히 자신이 하고자 하는 바를 백성과 더불어 함께 하여 백성들의 즐거움을 즐거워한다면, 곧 백성들이 人君에게 가히 즐거워할만한 일이 있음을 보고 또한 人君의 즐거움을 즐거워할 것입니다.

또한 人君된 자가 능히 자신이 싫어하는 바를 백성들에게 베풀지 않고 백성들의 근심을 근심한다면, 곧 백성들이 人君에게 가히 근심할 만한 일이 있음을 보고 또한 人君의 근심을 근심할 것입니다.

무릇 백성들의 즐거움을 즐거워하면 백성들 또한 그(인군)의 즐거움을 즐거워할 것이니, 이는 즐거움을 자기 한 몸으로써 아니하고 天下로써 즐거워하는 것이요, 백성들의 근심을 근심하면 백성들 또한 그(人君)의 근심을 근심할 것이니 이는 근심을 자기 한 몸으로써 아니하고 天下로써 근심하는 것입니다.

근심과 즐거움이 서로 통하여 윗사람과 아랫사람 사이에 끊어짐이 없음이 이와 같으면 天下의 백성들이 모두 나에게 귀부歸附할 것이니, 그렇게 하고서도 왕업王業을 일으키지 못할 자는 결단코 있지 않을 것입니다."

주해

● 歸附(귀부) : 귀순하다. 의지하다. '依附'와 같다.
漢나라 왕충王充의 《論衡·定賢》 편에 나온다. "以人衆所歸附, 賓客雲合者爲賢乎?"

昔者에 齊景公이 問於晏子曰 吾欲觀於轉附朝儛하여 遵海而南하여 放于琅邪하노니 吾何脩而可以比於先王觀也오

"옛날에 제齊나라 경공景公이 晏子에게 물어 가로되 "내가 전부산轉附山과 조무산朝儛山을 유람하며 동쪽 바닷가를 따라 남쪽으로 가서 낭야琅邪에 이르고자 하는데, 내가 어떻게 해야 先王의 유관遊觀에 견줄 수가 있겠소?"

晏子는 齊臣이니 名嬰이라 轉附朝儛는 皆山名也라 遵은 循也라 放은 至也라 琅邪는 齊東南境上邑名이라 觀은 遊也라

'안자晏子'는 제齊나라 신하이니 이름이 영嬰이다. '전부轉附'와 '조무朝儛'는 모두 산 이름이다. '준遵'은 좇음이다. '방放'은 '이르다.'의 뜻이다. '낭야琅邪'는 제齊나라 동남쪽 국경에 있는 읍邑의 이름이다. '관觀'은 '유람'의 뜻이다.

주해

- 晏子(안자, B.C.578-B.C.500) : 齊나라 재상. 字는 平仲, 이름은 영嬰. 그의 일화를 기록한 《晏子春秋》가 전한다. 晏(늦을 안) 嬰(갓난아이 영)
- 觀(관) : 유람하다. 곧 '유관遊觀'의 뜻이다.
- 海(해) : 바다. 곧 '東海'를 말한다.
- 修(수) : 일을 처리하다. 곧 '작위作爲'의 뜻이다.
- 儛(춤출 무) 遵(좇을 준) 琅(옥이름 랑)

【備旨】

然이나 與民同樂이 在齊亦有行之者矣니 昔者에 齊景公이 問於其臣晏子曰 省方觀民은 先王所重이니 吾意欲觀於轉附朝儛之山하여 因遵循海濱而南하여 以至於琅邪之邑하여 庶幾吾國山川之勝 都邑之雄과 與夫民風吏治를 一歷覽 而可得其槪焉하노니 吾不知 何所修爲而後에 可以比隆於先王之游觀也로다

"그러나 백성들과 더불어 함께 즐거워하는 일을 제齊나라에서 또한 이를 행한 자가 있었습니다. 옛날에 제齊나라 경공景公이 그 신하인 안

자晏子에게 물어 가로되 '사방을 순시巡視하며 민풍民風을 살피는 일은 先王들이 중히 여긴 바이니, 내가 생각건대 전부산轉附山과 조무산朝儛山을 유관遊觀하여 동해 바닷가를 따라서 남하하여 낭야琅邪의 읍邑에 이르러, 우리나라 산천의 빼어남과 도읍의 웅장함과 민풍民風과 지방 관리들의 치적治績을 한번 두루 살펴서 가히 그 개요를 얻고자 하노라. 하지만 내가 어떻게 한 이후에 가히 先王들의 유관游觀에 견줄 수 있는지 알지 못하겠노라!'"

주해

- 省方觀民(성방관민) : 사방을 순시하며 민풍을 관찰하다. 省(살필 성) 《易·觀》 괘에 나온다. "先王以省方觀民設教." 이에 대해 孔穎達의 疏에 "省視萬方, 觀看民之風俗."이라고 풀이했다.
- 吏治(이치) : 지방 관리들의 풍기風氣와 치적治績. 吏(벼슬아치 리) 《史記·酷吏列傳序》에 나온다. "漢興, 破觚而爲圜, 斲雕而爲樸, 網漏於呑舟之魚, 而吏治烝烝, 不至於姦, 黎民艾安." 觚(술잔 고) 斲(깎을 착) 雕(새길 조) 呑(삼킬 탄) 烝(많을 증) 艾(다스릴 예)

晏子ㅣ對曰 善哉라 問也여 天子ㅣ適諸侯曰巡狩니 巡狩者는 巡所守也요 諸侯ㅣ朝於天子曰述職이니 述職者는 述所職也니 無非事者요 春省耕而補不足하며 秋省斂而助不給하나니 夏諺에 曰吾王이 不遊면 吾何以休며 吾王이 不豫면 吾何以助리오 一遊一豫ㅣ爲諸侯度라 하니이다

晏子가 대답하여 가로되 "좋습니다, 질문이여! 天子가 제후諸侯의 나라에 가는 것을 순수巡狩라고 하니, '순수巡狩' 라는 것은 제후諸侯가 지키는 영토를 순행巡幸하는 것이요, 제후諸侯가 天子에게 조회朝會하는 것을 술직述職이라고 하니 '술직述職' 이라는 것은 제후諸侯가 맡은 일을 진술하는 것이니, (순수巡狩와 술직述職) 모두 일이 아닌 것이 없습니다. 봄에는 밭가는 농사일을 살펴서 부족한 농가農家를 도와주며, 가을에는 수확收穫하는 것을 살펴서 넉넉하지 못한 농가農家를 도와줍니다.
그러므로 하夏나라 속담에 말하기를 '우리 왕께서 유관遊觀하지 않으면 우리들이 어떻게 쉴 수 있으며, 우리 왕께서 유관遊觀을 즐기시지 않으면 우리들이 어떻게 도움을 받으리오! (왕께서) 한 번 유관遊觀하고 한 번 즐기는 일이 모두 제후諸侯에게 법도가 되네!' 라고 하였습니다."

述은 陳也라 省은 視也라 斂은 收穫也라 給은 亦足也라 夏諺은 夏時之俗語也라 豫는 樂也라 巡所守는 巡行諸侯所守之土也요 述所職은 陳其所受之職也니 皆無有無事而空行者요 而又春秋에 循行郊野하여 察民之所不足而補助之라 故로 夏諺에 以爲王者一遊一豫ㅣ皆有恩惠以及民하여 而諸侯ㅣ皆取法焉하여 不敢無事慢遊하여 以病其民也라 하니라

'술述'은 진술함이다. '성省'은 살피는 것이다. '렴斂'은 수확이다. '급給'은 또한 넉넉함이다. '하언夏諺'은 하夏나라 때의 속담이다. '예豫'는 즐김이다. '순소수巡所守'는 제후諸侯들이 지키는 땅을 순행하는 것이요, '술소직述所職'은 그 부여받은 직무에 대해 진술하는 것이니 모두 할 일 없이 헛되이 행차하는 경우가 없는 것이다.

또한 봄 가을로 도성都城 바깥의 교야郊野 지역을 순행하여 백성들의 부족한 것을 살펴서 보조를 하였다. 그러므로 하夏나라의 속담에 '왕이 된 자가 한 번 유관遊觀하고 한 번 유관遊觀을 즐기는 일이 모두 은택이 되어 백성들에게 미치며, 제후諸侯들이 모두 법으로 삼아 감히 일 없이 만유漫遊하여 그 백성들을 해치지 않네!"라고 하였다.

주해

- 巡狩(순수) : 天子가 출행하여 제후諸侯의 나라를 시찰하는 일. '순수巡守'라고도 한다. 巡(돌 순) 狩(임지 수)
  《書·舜典》에 나온다. "歲二月, 東巡守, 至於岱宗, 柴." 이에 대해 孔傳에 "諸侯爲天子守土, 故稱守. 巡, 行之."라고 풀이했다. 岱(산이름 대) 柴(섶 시)
- 述職(술직) : 제후諸侯가 天子에게 자신의 직수職守를 진술하는 일.
  漢나라 司馬相如의 《上林賦》에 나온다. "夫使諸侯納貢者, 非爲財幣, 所以述職也." 幣(예물 폐)
  趙氏가 말했다. "巡所守者, 自上察下也. 述所職者, 自下達上也. 王十二年, 一巡狩. 諸侯六年, 一朝."(大全註疏)
- 吾何以休 : 우리들이 어찌 편안하게 쉴 수 있으랴! 休(쉴 휴)
  "休是得補助而安樂."(四書補註備旨)
- 吾王不豫 : 우리 왕이 유관遊觀의 즐거움을 누리지 않다. '예豫'는 '유관遊觀의 즐거움'을 말한다. 豫(즐길 예)
  "豫是遊觀之樂."(四書補註備旨)
- 郊野(교야) : 왕성王城 바깥 지역. '교郊'는 도성都城에서 백 리 떨어진 지역이고, '야野'는 都城에서 300리 떨어진 지역을 말한다.
  《周禮·秋官·蠟氏》에 나온다. "凡國之大祭祀, 令州裏除不蠲, 禁刑者、任人及凶服者. 以及郊野, 大師、大賓客亦如之." 蠟(밀 랍) 蠲(밝을 견)
- 漫遊(만유) : 제 멋대로 놀다.
  북위北魏 역도원酈道元의 《水經注·渭水一》에 나온다. "(萬石灣)淵深不測, 實爲靈異. 先後漫遊者, 多罹其斃." 酈(땅이름 역) 罹(근심 리) 斃(죽을 폐)

【備旨】

晏子ㅣ對曰 遊觀而以先王爲法하니 善哉라 君之問也여 試以先王之法言之호리라 天子十二年 而適於諸侯曰巡狩니 巡狩者는 巡行諸侯所守之土하여 而察其政事之治否也요 諸侯六年 而朝於天子曰述職이니 述職者는 自述其所受之職하여 而試其功績於王朝也라 是一往一來ㅣ皆無有非事 而空行者니 不特此也라
盖天子諸侯ㅣ又每年에 春行郊野하여 以省民耕焉하여 耕有不足則爲之補之하고 秋行郊野하여 以省民斂焉하여 斂有不給則爲之助之라 故로 夏時之諺에 有曰 吾王이 若不遊면 則補助之政이 不行하니 吾何以蒙其休하며 吾王이 若不豫면 則不足不給을 王無由知니 吾何以獲其助리오 是王之一遊一豫ㅣ皆有恩惠以及民하여 而爲四方諸侯之法度焉이라 하니 此先王之法也라

안자晏子가 대답하여 가로되 "유관遊觀을 하는데 先王을 법으로 삼으니, 좋습니다, 君王의 물음이여! 시험삼아 先王의 법도로써 말씀드리겠습니다.

天子가 12년 마다 제후諸侯의 나라를 시찰하는 것을 순수巡狩라고 하니, 순수巡狩란 제후諸侯들이 지키는 땅을 순행하여 그 政事가 잘 다스려지는지의 여부를 살피는 것입니다. 제후諸侯가 6년 마다 天子에게 조회하는 것을 술직述職이라고 하니, 술직述職이란 제후가 부여받은 직수職守를 스스로 진술하여 그 공적을 왕조王朝에 시험받는 것입니다. 이렇게 한 번 가고 한 번 오는데 모두 일 없이 헛되이 순행하는 경우가 없으니, 다만 이것 뿐만이 아닙니다.

대개 天子와 제후諸侯가 또 매년 봄철에 도성 밖 교야郊野 지역에 행차하여 백성들의 밭가는 농사일을 살펴서 밭 가는데 부족함이 있으면 그들을 위해 도와주며, 가을에 도성 밖 교야郊野 지역에 행차하여 백성들의 수확을 살펴서 수확에 넉넉하지 못함이 있으면 그들을 위해 도와줍니다.

그러므로 하夏나라 때의 속담에 이르기를 '우리 왕께서 만약 유관遊觀하지 않으시면 우리를 구원하는 政事가 행해지지 못할 것이니 우리들이 어찌 쉴 수 있으리오! 우리 왕께서 만약 유관遊觀을 즐기지 않으시면 우리의 부족함과 넉넉지 못함을 왕께서 말미암아 알 수가 없으니 우리들이 어찌 왕의 도움을 얻으리오! 이렇게 王의 한 차례의 유관遊觀과 한 차례의 유관遊觀을 즐기시는 일이 모두 은택이 되어 백성들에게 미치며, 사방 제후諸侯들의 법도가 되네!'라고 하였으니, 이것이 바로 先王의 법도입니다."

今也에는 不然하여 師行而糧食하여 飢者ㅣ弗食하며 勞者ㅣ弗息하여 睊睊胥讒하여 民乃作慝이어늘 方命虐民하여 飮食若流하여 流連荒亡하여 爲諸侯憂하나니이다

"지금은 그렇지 아니하여 군사를 이끌고 순행을 하면서 양식을 먹으니, 굶주린 자가 먹지 못하고 수고로운 자가 쉬지 못하여 견견睊睊히 서로 참소하면서 백성들이 마침내 사특邪慝한 짓을 저지르게 됩니다. 이처럼 순행巡行이 왕명을 거역하고 백성들을 학대하며, 먹고 마시는 일이 마치 물 흐르듯 낭비를 하며, 유련流連하고 황망荒亡하여 제후諸侯들의 근심이 되고 있습니다."

今은 謂晏子時也라 師는 衆也니 二千五百人이 爲師니 春秋傳에 曰君行師從이라 糧은 謂糗糒之屬이라 睊睊은 側目貌라 胥는 相也라 讒은 謗也라 慝은 怨惡也니 言民不勝其勞而起謗怨也라 方은 逆也요 命은 王命也라 若流은 如水之流 無窮極也라 流連荒亡은 解見下文이라 諸侯는 謂附庸之國 縣邑之長이라

'금今'은 안자晏子가 사는 시대를 말한다. '사師'는 '무리'이다. 2천 5백 명이 '사師'가 되니, 《春秋傳》에 "君主가 출행出行하면 사師가 따른다"고 하였다. '양糧'은 구비糗糒의 등속을 말한다. '견견睊睊'은 곁눈질로 보는 모양이다. '서胥'는 서로이다. '참讒'은 비방함이다. '특慝'은 원망하고 미워하는 것이니 백성들이 그 노고勞苦를 이기지 못하여 비방과 원망이 일어난다는 말이다. '방方'은 거역함이요, '명命'은 왕명王命이다. '약류若流'는 물이 흐르듯 끝이 없는 것이다. '유련流連'과 '황망荒亡'은 해설이 下文에 보인다. '제후諸侯'는 부용국附庸國과 현읍縣邑의 우두머리를 말한다.

주해

- 師行而糧食 : 군사를 동원하여 순행을 하면서 양식을 먹다.
  "師行是衆軍護君而行. 糧食是糗糒行糧之屬."(四書補註備旨) 糗(볶은쌀 구) 糒(건량 비)
- 流連(유련) : 아름다운 경치와 사물에 빠져 돌아올 줄 모르다. '유련留連'과 같다.
- 荒亡(황망) : 사냥과 주색 등에 빠져 무절제한 행위를 일삼다.
  《管子·戒》 편에 나온다. "夫師行而糧食其民者, 謂之亡. 從樂而不反者, 謂之荒. 先王有遊息之業於人, 無荒亡之行於身."
- 附庸之國 : 方 5십리가 되지 않는 小國.
- 睊(흘겨볼 견) 慝(사특할 특) 讒(참소할 참) 方(거역할 방) 胥(서로 서)

【備旨】

> 今也에 諸侯之遊觀則不然하니 但見君行則師旅從之하고 師行則糧食從之하여 使民疲於供給而飢者ㅣ弗得食하며 擾於夫征而勞者ㅣ弗得息이라 由是로 睊睊然側目하여 胥爲讒謗之言하여 民乃作慝하여 深懷怨惡之心이어늘 是上逆天子安民之命하고 下虐國家無辜之民하여 其飮食侈靡를 若水之流無窮極焉하여 而或流或連或荒或亡하여 不勝其勞費之煩하니 徒爲其所屬諸侯之憂而已라

"지금 제후諸侯들의 유관遊觀은 그렇지 아니하니, 다만 人君이 출행하면 곧 군사들이 뒤를 따르고 군사들이 출행하면 곧 그들을 먹일 양식이 뒤따르게 됩니다. 이 때문에 백성들이 사행師行에 필요한 양식을 공급하는데 지쳐서 굶주린 자들은 먹을 수가 없고, 정벌의 요란擾亂함으로 노고勞苦한 자들은 쉴 수가 없습니다. 이로 말미암아 백성들이 견견연睊睊然히 곁눈질하고 서로 참소와 비방을 하게 되며, 마침내 백성들이 사특한 짓을 일삼으며 원망하고 미워하는 마음을 깊이 품게 됩니다.

이는 위로 백성을 편안케 하라는 天子의 命을 거역하고, 아래로 나라의 죄없는 백성을 학대하는 것입니다. 또한 그 먹고 마시는 사치가 마치 물이 흐르듯 끝이 없으며, 혹은 아래로 흘러가 노닐다가 돌아올 줄 모르고 혹은 위로 거슬러 올라가 노닐다가 돌아올 줄 모르며, 혹은 사냥에 빠지고 혹은 주색에 빠져 그 재력의 낭비가 이루 헤아릴 수 없이 심하니, 이는 다만 그 부용국에 속한 제후諸侯들의 근심이 될 뿐입니다."

주해

- 勞費(노비) : 인력과 정력 또는 재력을 낭비하다.

《漢書·溝洫志》에 나온다. "若乃繕完故隄, 增卑倍薄, 勞費無已, 數逢其害,

此最下策也." 溝(봇도랑 구) 洫(봇도랑 혁) 繕(기울 선) 隄(둑 제)

從流下而忘反을 謂之流요 從流上而忘反을 謂之連이요 從獸無厭을 謂之荒이요 樂酒無厭을 謂之亡이니

"물을 따라 내려가 노닐다 돌아올 줄 모르는 것을 '류流'라 이르며, 물을 따라 거슬러 올라가 노닐다 돌아올 줄 모르는 것을 '연連'이라 이르며, 짐승을 좇아 사냥하다 만족할 줄 모르는 것을 '황荒'이라 이르며, 술마시고 놀다 만족할 줄 모르는 것을 '망亡'이라 이르니,

此는 釋上文之義也라 從流下는 謂放舟隨水而下요 從流上은 謂挽舟逆水而上이요 從獸는 田獵也라 荒은 廢也라 樂酒는 以飮酒爲樂也라 亡은 猶失也니 言廢時失事也라

이는 上文의 뜻을 해석한 것이다. '從流下'는 배를 띄워 물을 따라 내려간다는 말이다. '從流上'은 배를 당겨 물을 거슬러 올라간다는 말이다. '종수從獸'는 사냥이다. '황荒'은 폐함이다. '낙주樂酒'는 음주飮酒로 즐거움을 삼는 것이다. '망亡'은 '실失'과 같으니, 때를 놓쳐 일을 그르치는 것을 말한다.

주해

- 忘反(망반) : 멋대로 갔다가 돌아올 줄 모르다. '反'은 '返'과 같다. "忘反謂任意所往. 流是流蕩而無節意."(四書補註備旨)
- 廢時(폐시) : 때를 놓치다. 시간을 낭비하다. 廢(폐할 폐)

《書·胤征》에 나온다. "羲和湎淫, 廢時亂日." 이에 대해 孔傳에 "羲氏、和氏, 世掌天地四時之官……太康之後, 沉湎於酒, 過差非度, 廢天時, 亂甲乙." 라고 했고, 孔穎達의 疏에 "聖人作歷數以紀天時, 不存歷數是廢天時也."라고 풀이했다. 湎(빠질 면)

漢나라 王充의《論衡·命祿》편에도 나온다. "廢時失務, 欲望富貴, 不可得也."

● 失事(실사) : 일을 그르치다. 일처리를 잘못하다.

《素書·安禮》에 나온다. "饑在賤農, 寒在惰織, 安在得人, 危在失事, 富在迎來." 惰(게으를 타) 織(베짤 직)

● 挽 (당길 만) 獵 (사냥 렵)

【備旨】

> 流連荒亡之義는 何如오 自其放舟隨水而流下하여 縱其情之所如而不知反則謂之流요 自其挽舟逆水而遡上하여 任其意之所適而不知反則謂之連이요 從獸田獵而無厭足則必至於廢時故로 謂之荒이요 宴樂飮酒而無厭足則必至於失事故로 謂之亡이라 流連荒亡之義ㅣ如此하니 安得不病民而爲諸侯之憂乎아 此今時之弊也니이다

"'流·連·荒·亡'의 뜻이 무엇이겠습니까? 그 배를 띄워 물을 따라 아래로 흘러가 그 마음이 가는대로 내맡겨 돌아올 줄 모르니 그것을 '류流'라 이르며, 그 배를 당겨 물을 거슬러 위로 올라가 그 뜻이 가는대로 내맡겨 돌아올 줄 모르니 그것을 '연連'이라 이르며, 짐승을 좇아 사냥하되 만족할 줄 모르면 반드시 때를 놓치게 되니 그것을 '황荒'이라 이르며, 잔치와 음주에 빠져 만족할 줄 모르면 반드시 일을 그르치게 되니 그것을 '망亡'이라 이릅니다. '流·連·荒·亡'의 뜻이 이와 같으니, 어찌 백성들을 병들게 하고 제후諸侯들의 근심이 되지 않겠습니까? 이것이 바로 지금의 폐단弊端입니다."

先王은 無流連之樂과 荒亡之行하더시니 惟君所行也니이다

"先王들은 유련流連의 즐거움과 황망荒亡의 행위가 없으셨으니, 오직 군주君主께서 행하실 바입니다."

言先王之法과 今時之弊 二者는 惟在君所行耳라

先王의 법과 지금의 폐단, 이 두 가지는 오직 君主가 행하는 바에 달려있을 뿐임을 말한 것이다.

【備旨】

若先王之遊觀은 非巡狩則述職이요 非省耕則省斂이니 何嘗有流連之樂과 荒亡之行乎아
夫遊觀이 一也로되 在先王如彼하고 在今時如此하니 二者는 惟在君所行何如耳라 若能戒今時之弊면 則何先王之不可法哉리오 하니 晏子之言이 如此니이다

"先王들이 유관遊觀하는 경우는 순수巡狩가 아니면 곧 술직述職이었고, 봄에 밭가는 일을 살피지 않으면 곧 가을에 수확을 살피는 일이셨으니, 어찌 일찍이 유련流連의 쾌락과 황망荒亡의 행위가 있었겠습니까?
무릇 유관遊觀은 한가지로되 先王에게 있어서는 저와 같고, 지금에 있어서는 이와 같으니, 이 두 가지는 오직 君主께서 행한 바가 어떠한가에 달려 있을 뿐입니다. 만약 능히 지금의 폐단을 경계할 수 있다면

또한 어찌 先王을 법으로 삼지 못하겠습니까"라고 하니, 안자晏子의 말이 이와 같았습니다."

景公이 說하여大戒於國하고 出舍於郊하여 於是에 始興發하여 補不足하고 召大師曰 爲我하여 作君臣相說之樂하라 하니 蓋徵招角招ㅣ是也라
其詩曰 畜君何尤리오 하니 畜君者는 好君也니이다

"경공景公이 기뻐하여 나라에 命을 크게 내리고 교외에서 백성들을 살펴, 이에 비로소 창고를 열어 부족한 백성들을 구휼하였습니다. 그리고 태사太師를 불러 말하기를 "나를 위하여 군신君臣들이 서로 기뻐할 수 있는 음악을 짓도록 하라!"라고 하였으니, 대개 '치소徵招'와 '각소角招'의 악곡樂曲이 이것입니다.
그 악곡樂曲의 詩(가사)에 말하기를 '人君의 욕심을 저지하는 것이 어찌 허물이 되리오!' 라고 하였으니, 人君의 욕심을 저지한 것은 그 人君을 좋아하는 것입니다."

戒는 告命也라 出舍는 自責以省民也라 興發은 發倉廩也라 大師는 樂官也라 君臣은 己與晏子也라 樂有五聲에 三曰角이니 爲民이요 四曰徵니 爲事라 招는 舜樂也라 其詩는 徵招角招之詩也라 尤는 過也라
言晏子能畜止其君之欲하니 宜爲君之所尤나 然이나 其心則

何過哉아 孟子ㅣ釋之하여 以爲臣能畜止其君之欲은 乃是愛其君者也라 하시니라

尹氏曰 君之與民이 貴賤雖不同이나 然이나 其心은 未始有異也라 孟子之言이 可謂深切矣어늘 齊王이 不能推而用之하니 惜哉로다

'계戒'는 命을 고함이다. '출사出舍'는 자책自責하여 백성을 살피는 것이다. '흥발興發'은 창고를 여는 것이다. '태사大師'는 악관樂官이다. '군신君臣'은 경공景公 자신과 안자晏子를 말한다.

음악에 오성五聲이 있으니 그 중 세 번째를 '각角'이라 하니 백성을 의미하고, 네 번째를 '치徵'라 하니 일을 의미한다. '소招'는 순舜의 음악이다. '기시其詩'는 치소徵招와 각소角招의 詩(가사)이다. '우尤'는 허물로 삼는 것이다.

안자晏子가 능히 그 人君의 욕심을 저지하였으니 마땅히 人君의 허물이 되었으나, 그러나 그 마음을 곧 어찌 허물로 삼으리오? 孟子께서 이 점을 해석하여 신하가 능히 人君의 욕심을 저지하는 것은 곧 그 人君을 사랑하는 것이라고 여기신 것이다.

尹氏 가로되 "人君은 백성과 더불어 귀천貴賤이 비록 같지 아니하나, 그러나 그 마음은 애초부터 다른 것이 아니다. 孟子의 말씀이 가히 깊고 간절하다고 할 수 있거늘 제齊나라 王이 능히 미루어 쓰지 못하니 애석하도다."

주해

- 太師(태사) : 악관樂官의 우두머리.
- 徵招角招(치소각소) : 치소徵招와 각소角招. 고대 五音(宮商角徵羽) 중의 두 가지 音. '소招'는 '소韶'와 같다. 徵(음이름 치) 招(풍류이름 소) 韶(풍류이름 소) "想當孟子時, 此樂猶在. 故指以實之名以韶者. 因韶樂在齊, 取之以美其名

也."(四書補註備旨)

《禮記·樂記》에 나온다. "宮爲君, 商爲臣, 角爲民, 徵爲事, 羽爲物."

● 畜(그칠 축) 尤(허물 우) 廩(곳집 름)

【備旨】

景公이 有感於晏子之言而說하여 轉附朝儛之觀을 不復行하고 遂大戒於國以示更新하고 出舍於郊하여 示不自安且便省民하니 時正當春이라 於是에 始興發倉廩하여 補民之不足者하니 景公說晏子之言而見於實事ㅣ如此하니 則晏子之說景公也를 可知矣라

景公乃召太師曰 爾爲我作君臣相說之樂하여 以達我君臣相說之情焉하라 하니 其當時所作之樂이 有取於徵爲事角爲民하니 卽今所傳徵招角招是也라

其詩之被於樂章者는 則曰畜君何尤리오 하니 蓋言晏子能畜止其君之欲하되 不至於招尤而取罪也라 臣竊以此詩而思之컨대 夫臣能畜止其君之欲은 乃是愛其君者也니 旣出於愛君이어늘 又何尤哉리오 王誠聽臣之言하여 一如景公晏子之相與有成이면 則與民相樂하니 而民豈復有非其上者哉아

"경공景公이 안자晏子의 말에 감발感發하여 기뻐하면서 전부산轉附山과 조무산朝儛山의 유관遊觀을 다시 행하지 않기로 하고, 마침내 나라에 크게 명을 내려 혁신할 뜻을 드러냈으며, 교야에서 백성들을 살피면서 스스로 안락하고 편하게 지내지 않겠다는 마음과 백성들을 보살피겠다는 뜻을 드러냈습니다. 그 때가 마침 봄철이어서 이에 비로소 창고

를 열어 백성들 중에 궁핍한 자들을 구휼해 주었습니다. 경공景公이 안자晏子의 말에 기뻐하여 실사實事에 나타난 것이 이와 같으니, 곧 안자晏子가 경공景公을 설복說服시킨 것을 알 수가 있습니다.

경공景公이 이에 태사太師를 불러 가로되 "그대는 나를 위하여 군신君臣이 서로 즐길 수 있는 악곡樂曲을 지어 우리 군신君臣들이 서로 기뻐하는 마음을 표현하도록 하라!"라고 하였습니다. 그 당시에 지어진 음악이 '치徵'는 일을 의미하고 '각角'은 백성을 의미한다는 뜻을 취하여 만들어졌으니, 바로 지금 전하는 치소徵招와 각소角招가 이것입니다.

그 詩(가사)가 악장樂章에 붙여진 내용에 곧 '人君의 욕심을 저지하니 어찌 허물로 여기리오!'라고 했으니, 대개 안자晏子가 능히 그 人君의 욕심을 저지하였으나 人君의 원망을 초래하여 죄를 얻지는 않았다는 말입니다.

신이 속으로 이 詩에 대해서 생각하건대, 대개 신하가 능히 그 人君의 욕망을 저지하는 것은 곧 그 人君을 사랑하는 것이며, 이미 人君을 사랑한데서 나왔으니 또한 어찌 신하를 탓하겠습니까? 왕께서 진실로 신하의 말을 듣고 한결 같이 경공景公과 안자晏子가 서로 노력하여 성취가 있는 것처럼 하신다면, 곧 백성들과 더불어 즐거움을 함께 하는 것이니 백성들 중에 어찌 다시 그 人君을 비난하는 자가 있겠습니까?"

주해

- 更新(경신) : 혁신하다. 허물을 고쳐 새롭게 하다. 更(고칠 경)
  安便(안편) : 안락하고 편하다. '안적安適'과 같다.
- 招尤(초우) : 남의 질책과 원한을 불러 일으키다.
  唐나라 韓愈의 《感二鳥賦》에 나온다. "雖家到而戶說, 祇以招尤而速累." 祇(다만 지)
- 相與(상여) : 함께 생활하다. 서로 교왕交往하다.
  《易·大過》 괘에 나온다. "象曰: 老夫女妻, 過以相與也."

[2·5]

齊宣王이 問曰 人皆謂我毁明堂이라 하나니 毁諸아 已乎잇가

제齊 선왕宣王이 물어 가로되 "사람들이 모두 나에게 명당明堂을 헐어 버리라고 말하니 허물어야 합니까? 그만두어야 합니까?"

趙氏曰 明堂은 太山明堂이니 周天子 東巡守朝諸侯之處라 하니 漢時遺址尙在라 하니라 人欲毁之者는 蓋以天子ㅣ不復巡守하고 諸侯ㅣ又不當居之也라 王이 問當毁之乎아 且止乎잇가

趙氏 가로되 "명당明堂은 태산의 명당을 말하니, 주周나라 天子가 동쪽으로 순수巡狩하여 제후諸侯들에게 조회 받던 곳이다."라고 하니 한漢나라 때까지 유지遺址가 여전히 남아 있었다.

사람들이 허물라고 말한 것은 대개 天子가 더 이상 순수巡狩를 하지 못하고 제후諸侯들도 또한 거처할 수 없기 때문이었다. 왕이 마땅히 허물어야 할지 그만 두어야 할지를 물은 것이다.

주해

- 已(이) : 그만두게 하다. '止'와 같다.

【備旨】

齊宣王이 問曰 明堂之建이 由來久矣라 人之議者ㅣ皆以天子不復巡狩하고 諸侯又不當居라 하여 謂我毁明堂이라 하니 今從人議而毁諸乎아 抑已而勿毁乎잇가

제齊나라 선왕宣王이 물어 가로되 "명당明堂을 세운지 유래가 오래 되었습니다. 의론議論하는 자들이 모두 天子가 더 이상 순수巡狩를 하지 못하고 제후諸侯들도 또한 거처할 수 없기 때문에 나에게 명당明堂을 헐어버리라고 말하는데, 이제 사람들의 말을 따라서 허물어야 합니까? 아니면 저지해서 허물지 못하도록 해야 합니까?"

孟子ㅣ對曰 夫明堂者는 王者之堂也니 王欲行王政 則勿毁之矣소서

孟子께서 답하여 가라사대 "무릇 명당明堂이란 王者의 전당殿堂이니, 왕께서 王政을 행하고자 하시면 곧 허물지 마소서."

明堂은 王者ㅣ所居以出政令之所也라 能行王政이면 則亦可以王矣니 何必毁哉리오

'명당明堂'은 王者가 거처하면서 정령政令을 내는 곳이다. 능히 왕정王政을 행한다면 또한 왕 노릇을 할 수 있으니 어찌 반드시 허물 필요가 있겠는가?

주해

● 王者(왕자) : 옛날의 帝王을 말한다.

【備旨】

孟子ㅣ對曰 夫明堂者는 乃王者ㅣ時巡方岳하여 所居以出政令之堂也어늘 今巡狩之禮ㅣ雖廢나 而先王之政이 尚存하니 王欲行王政이면 則亦可以王 而居此堂矣리니 何必毁哉리오

孟子께서 답하여 가라사대 "무릇 명당明堂은 곧 王者가 때로 四方의 산악山岳을 순수巡狩할 때 거처하면서 정령政令을 내는 전당殿堂이거늘, 지금 순수巡狩의 禮가 비록 폐해졌으나 先王의 政事가 아직 남아 있습니다. 왕께서 王政을 행하고자 하시면 또한 가히 왕 노릇을 하여 이 전당殿堂에서 거처할 수가 있으니, 어찌 반드시 허물 필요가 있겠습니까?"

주해

- 方岳(방악) : 사방의 산악山岳. 곧 東岳(泰山)、西岳(華山)、南岳(衡山)、北岳(恒山)을 말한다.
  《書·周官》에 나온다. "王乃時巡, 考制度於四岳, 諸侯各朝於方岳, 大明黜陟." 이에 대해 孔傳에 "覲四方諸侯, 各朝於方岳之下, 大明考績黜陟之法." 이라고 풀이했다. 黜(물리칠 출) 陟(오를 척) 覲(뵐 근)

王曰 王政을 可得聞與잇가
對曰 昔者文王之治岐也에 耕者를 九一하며 仕者를 世祿하며 關市를 譏而不征하며 澤梁을 無禁하며 罪人을 不孥하더시니 老而無妻

曰鰥이요 老而無夫曰寡요 老而無子曰獨이요 幼而無父曰孤니 此四者는 天下之窮民而無告者어늘 文王이 發政施仁하사되 必先斯四者하시니 詩云 哿矣富人이어니와 哀此煢獨이라 하니이다

선왕宣王이 가로되 "王政에 대해 가히 들어 볼 수 있습니까?"
(孟子께서) 답하여 가라사대 "옛날에 文王이 기岐 땅을 다스릴 때 경작하는 자에게는 9분의 1만 세금으로 거두었으며, 벼슬하는 자에게는 대대로 녹祿을 주었으며, 관문關門과 시장을 기찰譏察하기만 하고 세금은 거두지 않았으며, 택량澤梁의 출입을 금지하지 않았으며, 죄인罪人을 처벌하되 처자에게까지 미치게 하지 않았습니다.
늙어서 부인이 없는 자를 '환鰥'이라 하고, 늙어서 남편이 없는 자를 '과寡'라 하고, 늙어서 자식이 없는 자를 '독獨'이라 하고, 어려서 父母가 없는 자를 '고孤'라고 하니, 이 네 부류는 천하의 곤궁困窮한 백성들로서 하소연할 데가 없는 자들입니다. 文王이 정령政令을 펴서 인정仁政을 베푸시되 반드시 이 네 부류의 사람들을 먼저 보살폈으니, 《詩經》에 이르되 '부자들은 괜찮거니와, 가엾도다! 이 외롭고 의지할 데 없는 이들이여!'라고 했습니다."

岐는 周之舊國也라 九一者는 井田之制也라 方一里爲一井이니 其田이 九百畝라 中畫井字하여 界爲九區하고 一區之中이 爲田百畝하여 中百畝ㅣ爲公田이요 外八百畝ㅣ爲私田이라 八家各受私田百畝하고 而同養公田하니 是九分而稅其一也라 世祿者는 先王之世에 仕者之子孫을 皆敎之하되 敎之而成材면 則官之하고 如不足用이면 亦使之不失其祿하니 蓋其先世

嘗有功德於民이라 故로 報之如此하니 忠厚之至也라

關은 謂道路之關이요 市는 謂都邑之市라 譏는 察也라 征은 稅也니 關市之吏ㅣ察異服異言之人하되 而不征商賈之稅也라 澤은 謂瀦水요 梁은 謂魚梁이니 與民同利하여 不設禁也라 孥는 妻子也니 惡(오)惡이 止其身이요 不及妻子也라 先王養民之政이 導其妻子하여 使之養其老而恤其幼하나니 不幸而有鰥寡孤獨之人하여 無父母妻子之養이면 則尤宜憐恤이라 故로 必以爲先也라 詩는 小雅正月之篇이라 哿는 可也라 煢은 困悴貌라

'기岐'는 周나라의 옛 국도國都이다. '구일九一'이란 정전井田의 제도이다. 方 일리一里가 일정一井이니, 그 토지가 9백묘百畝가 된다. 토지 가운데로 정자井字를 그어 경계境界를 아홉 구역으로 만들고, 한 구역의 중앙이 토지 백묘百畝가 되며, 중앙 백묘百畝는 공전公田이 되고 밖의 8백묘百畝는 사전私田이 된다. 여덟 가구가 각각 사전私田 백묘百畝씩을 받고 함께 공전公田을 경작하니, 이것이 토지를 아홉 개로 나누어 그 중 하나를 세금으로 내는 것이다.

'세록世祿'이란 先王의 세대에 벼슬한 자의 자손을 모두 가르치되, 가르쳐서 인재가 되면 곧 벼슬을 주고, 만약 등용할 수 없다고 해도 또한 그 녹祿을 잃지 않게 하였다. 이는 대개 先王의 세대에 일찍이 백성들에게 공덕功德이 있기 때문에 이렇게 보답하는 것이니, 대우가 지극히 충후忠厚한 것이다.

'관關'은 道路의 관문을 말한 것이요, '시市'는 도읍都邑에 있는 시장을 말한다. '기譏'는 살피는 것이다. '정征'은 세금을 거두는 것이니, 관문關門과 시장을 맡은 관리들이 이상한 복장과 다른 말씨를 쓰는 사람들을 살피기만 하되 상고商賈의 세금을 거두지 않는 것이다.

'택澤'은 저수지를 말하고, '량梁'은 어량魚梁을 말하니, 백성들과 더불어 이익을 함께 취하며 금지하지 않는 것이다. '노孥'는 처자妻子이니, 악惡을 미워하는 것이 그 몸에만 그치고 처자妻子에게까지 미치지 않는 것이다. 先王이 백성을 보살피는 政事가 그 처자妻子를 인도하여 그 노인을 봉양하고 그 어린이를 구휼하게 하는 것이다. 그러나 불행히도 환과고독鰥寡孤獨에 처한 사람이 있어 부모父母나 처자妻子의 보살핌을 받을 수 없다면 더욱 마땅히 가련히 여겨 구휼救恤을 해야 하기 때문에 반드시 이들을 우선으로 삼은 것이다. 詩는 〈小雅·正月〉 편이다. '가哿'는 可함이다. '경煢'은 곤고困苦하고 초췌한 모양이다.

주해

- 澤梁(택량) : 어량魚梁을 설치한 저수지. 곧 흐르는 물에 돌을 쌓아 고기를 잡을 수 있는 둑이나 방죽을 말한다. 澤(못 택) 梁(돌다리 량)
  《禮記·王制》 편에 나온다. "獺祭魚, 然後虞人入澤梁." 이에 대해 鄭玄의 註에 "梁, 絶水取魚者."라고 했다. 《荀子·王制》 편에도 나온다. "山林澤梁, 以時禁發而不稅." 이에 대해 양경楊倞의 註에 "石絶水爲梁, 所以取魚也." 라고 풀이했다. 獺(수달 갈) 倞(굳셀 경)
- 魚梁(어량) : 한곳으로만 흐르도록 물길을 막은 뒤에, 그곳에 통발을 놓아 고기를 잡는 장치
  "澤是畜魚者. 梁以防魚者. 無禁是不禁民之取."(四書補註備旨)
- 煢獨(경독) : 의지할 데 없이 외로움. 煢(외로울 경)
- 岐(산이름 기) 譏(살필 기) 孥(자식 노) 哿(가할 가) 瀦(웅덩이 저)

【備旨】

> 王曰 夫子丨所謂王政을 其實可得聞與잇가
> 孟子丨對曰 王政은 莫善於文王하니 昔者文王之治岐也에 耕者有九一之法하니 但使之助耕公田하되 而不復稅

其私田은 取乎農者ㅣ薄也며 仕者有世祿之法하니 官其子孫之成材者는 固食祿矣로되 而不賢者ㅣ亦不使之失祿은 報夫仕者ㅣ厚也며 道路之關과 都邑之市를 但譏察異言異服之人하되 而不征商賈之稅는 禦暴而不爲暴也며 瀦水之澤과 通魚之梁을 不設厲禁은 同利而不專利也며 人之有罪者를 但罰及其身而不及其妻孥는 用法而不苛法也라

至於老而無妻者를 謂之鰥이요 老而無夫者를 謂之寡요 老而無子者를 謂之獨이요 幼而無父者를 謂之孤니 此四者는 無父母妻子之養이니 乃天下窮民而無處告愬者이어늘 文王이 發政施仁은 固無所不周로되 必先加意於斯四者하시니 小雅正月之詩에 有云 多財之富人은 猶之可矣어니와 惟此煢獨之人은 甚可哀也라 하니 夫惟其煢獨之可哀는 此文王所以必先之也니 所謂王政者ㅣ蓋如此니이다

왕이 가로되 "夫子께서 말씀하신 王政에 대하여 그 실제를 가히 들어 볼 수 있겠습니까?"

孟子께서 답하여 가라사대 "王政은 文王보다 잘한 사람이 없습니다. 옛날 文王이 기岐땅을 다스릴 때 경작하는 자에게 9분의 1만 세금으로 거두었으니, 다만 공전公田만 도와서 경작시키고 다시 그 사전私田에 부세賦稅하지 않은 것은 경작한 자들에게 거둬들인 것이 가벼운 것입니다. 벼슬한 자에게 세록世祿의 법을 적용했으니, 그 자손 중에 인재가 되어 벼슬한 자는 식록食祿을 견고하게 하고 현명하지 못한 자도 또한 녹祿을 잃지 않게 한 것은 先王 때 벼슬한 자에게 두텁게

보답하는 것입니다. 도로의 관문과 도읍의 시장에서 단지 다른 말씨와 이상한 복장을 한 사람들을 살피기만 하고 상고商賈에게 세금을 부과하지 않은 것은 폭정을 막고 폭정을 행하지는 않는 것입니다. 저수지의 연못과 고기 잡는 어량魚梁에 백성들의 출입을 엄금嚴禁하지 않은 것은 백성들과 이익은 함께 하되 이익을 독점하지는 않은 것입니다. 罪를 지은 자는 다만 그 일신에만 형벌이 미치되 그 처자에게 미치지 않게 하는 것은 법을 집행하되 법을 가혹하게 쓰지는 않은 것입니다.

늙어서 아내가 없는 자를 환鰥이라 하고, 늙어서 남편이 없는 자를 과寡라 하고, 늙어서 자식이 없는 자를 독獨이라 하고, 어려서 父母가 없는 자를 고孤라 하니, 이 네 부류의 사람들은 父母와 처자의 보살핌이 없으니 곧 天下의 곤궁困窮한 백성이며 하소연할 데가 없는 자들입니다. 그러므로 文王이 정령政令을 펴서 인정仁政을 베푸신 것은 본디 두루 미치지 않는 곳이 없으나 반드시 이 네 부류의 사람들에게 우선하여 마음을 쓰셨습니다.

〈小雅·正月〉 詩에 이르기를 '재산이 많아 부유한 사람들은 오히려 괜찮거니와, 오직 이 외롭고 의지할 데 없는 사람들이 매우 애처롭다!' 라고 하였습니다. 무릇 외롭고 의지할 데가 없어 가히 애처로운 자는 바로 文王이 반드시 우선하여 보살핀 자들이니, 이른바 王政이란 것이 대개 이와 같습니다."

주해

- 厲禁(여금) : 금지하다. 엄금嚴禁하다. 厲(심할 려)
  《周禮·秋官·司隸》에 나온다. "執其邦之兵, 守王宮與野舍之厲禁." 이에 대해 鄭玄의 注에 "厲, 遮例也."라고 풀이했다. 隸(부릴 예) 遮(막을 차)
- 禦(막을 어) 愬(하소연할 소)

王曰 善哉라 言乎여

曰 王如善之則何爲不行이니잇고

王曰 寡人이 有疾하니 寡人은 好貨하노이다

對曰 昔者에 公劉ㅣ好貨하더시니 詩云乃積乃倉이어늘 乃裹餱糧을 于橐于囊이요 思戢用光하여 弓矢斯張하며 干戈戚揚으로 爰方啓行이라 하니 故로 居者ㅣ有積倉하며 行者ㅣ有裹糧也 然後에야 可以爰方啓行이니 王如好貨어시든 與百姓同之하시면 於王에 何有리잇고

왕이 가로되 "훌륭하도다, 말씀이여!"

가라사대 "왕께서 만약 좋다고 여기신다면 어찌 행하지 않으십니까?"

왕이 가로되 "과인寡人에게 병통이 있으니 과인寡人은 재화를 좋아합니다."

답하여 가라사대 "옛날 공유公劉가 재화를 좋아하였습니다. 《詩經》에 이르기를 '노적露積을 높이 쌓고 창고를 가득 채우며, 말린 양식을 전대에 넣고 자루에 넣어서, 백성들을 편안하게 만들어 나라를 크게 빛내도다! 활시위에 화살을 당기고, 창과 방패와 작은 도끼와 큰 도끼를 들고서 이에 바야흐로 길을 떠나도다!' 라고 하였습니다.

그러므로 집에 남아 있는 자에게 노적과 창고의 곡식이 있으며, 길을 떠나는 자에게 말린 양식이 있은 후에야 이에 비로소 길을 떠날 수 있는 것입니다. 왕께서 만약 재화을 좋아하시거든 백성들과 더불어 함께 하신다면 왕 노릇하는데 무슨 어려움이 있겠습니까?"

王이 自以爲好貨라 故로 取民無制하여 而不能行此王政이라 公劉는 后稷之曾孫也라 詩는 大雅公劉之篇이라 積은 露積也라 餱는 乾糧也라 無底曰橐이요 有底曰囊이니 皆所以盛餱糧也라 戢은 安集也니 言思安集其民人하여 以光大其國家也라 戚은 斧也요 揚은 鉞也라 爰은 於也라 啓行은 言往遷於豳也라 何有는 言不難也라

孟子言公劉之民이 富足如此하니 是는 公劉好貨하되 而能推己之心以及民也니 今王이 好貨를 亦能如此면 則其於王天下也에 何難之有리오 하시니라

왕이 스스로 재화를 좋아하기 때문에 백성들에게 취함이 절제가 없어 능히 이 王政을 행하지 못한다고 여긴 것이다. '공유公劉'는 후직后稷의 증손이다. 詩는 〈大雅·公劉〉 편이다. '적積'은 노적露積이다. '후餱'는 말린 식량이다. 밑이 없는 것을 전대(탁橐)라고 하고, 밑이 있는 것을 주머니(낭囊)라고 하니 모두 말린 식량을 담는 것이다. '집戢'은 편안하게 하는 것이니, 그 백성들을 편안하고 화목하게 만들어 그 나라를 크게 빛낼 생각이라고 말한 것이다. '척戚'은 작은 도끼요, '양揚'은 큰 도끼이다. '원爰'은 이에(於)이다. '계행啓行'은 빈豳 땅으로 가서 도읍을 옮긴 것을 말한다. '하유何有'는 어렵지 않다는 말한다.

孟子께서 "공유公劉의 백성들이 이처럼 부유하고 풍족하니, 이는 공유公劉가 재물을 좋아하되 능히 자신의 마음을 미루어 백성들에게 미친 것입니다. 지금 왕께서 재화를 좋아하되 능히 이와 같이 하신다면 그 天下에 왕 노릇하는데 무슨 어려움이 있겠습니까?"라고 말씀하신 것이다.

주해

- 餱糧(후량) : 말린 식량. 餱(건량 후) 糧(식량 량)
  西山眞氏가 말했다. "人君豈不事儲峙之富. 惟能推此心, 使斯民亦有餱糧之積, 可也."(大全註疏) 儲(쌓을 저) 峙(쌓을 치)
- 弓矢斯張 : 화살을 시위에 걸고 활을 당기다.
  "張是張弓矢."(四書補註備旨)
- 安集(안집) : 편안하게 하다. 集(편안할 집)
  《史記·曹相國世家》에 나온다. "天下初定, 悼惠王富於春秋, 參盡召長老諸生, 問所以安集百姓." 悼(슬퍼할 도)
- 裹(쌀 과) 餱(건량 후) 槖(전대 탁) 囊(주머니 낭) 戢(편안히할 집) 斧(도끼 부) 鉞(도끼 월) 豳(나라이름 빈)

【備旨】

王曰 善哉라 夫子ㅣ王政之言乎여
孟子曰 聞言貴於能行이니 王如以此言爲善이면 則何爲而不試之行乎잇고
王曰 寡人이 非不欲行之也로되 寡人稟性之偏而有疾하니 寡人之疾이 在於好貨故로 取民無制하여 不能行王政也로이다
孟子ㅣ對曰 好貨는 無妨行王政也라 昔者文王之先에 有公劉者하여 亦嘗好貨矣러니 大雅公劉之詩에 有云 公劉ㅣ乃積乃倉以厚其民이어늘 乃裹盛餱糧於無底之槖有底之囊하여 旣有行糧之具어든 於是에 思安戢其人民하여 用光大其國家하고 遂張大弓矢하여 與夫干戈戚揚之器로 於是에 始啓行而往遷於豳焉이라 하니 由此詩觀之컨댄 可見公劉好貨하되 又能推好貨之心以同於民이라 故로

民居者ㅣ有積倉之儲하고 行者ㅣ有裹糧之備也然後에 可以爰方啓行而開王業하니 王如好貨어시든 亦能如公劉與百性同之하여 使皆富足則天下之民이 歸之矣리니 於王에 何難之有리잇고

왕이 가로되 "훌륭하도다! 夫子께서 王政을 말씀하심이여!"

孟子 가라사대 "듣건대 말이란 능히 행함을 귀하게 여기니, 왕께서 만약 이 말을 좋다고 여기신다면 곧 무엇 때문에 시험삼아 행하지 않으십니까?"

왕이 가로되 "과인寡人이 행하지 않으려는 것이 아니라 과인寡人의 품성이 치우쳐 병통이 있습니다. 과인의 병통이 재화를 좋아하는데 있기 때문에 백성들에게 취함이 절제가 없어 능히 王政을 행하지 못합니다."

孟子 답하여 가라사대 "재화를 좋아하는 것이 王政을 행하는데 방해가 되지 않습니다. 옛날 文王의 선조에 공유公劉라는 자가 있었는데 또한 일찍이 재화를 좋아했습니다. 〈大雅·公劉〉의 詩에 이르기를 '공유公劉가 이에 노적露積을 높이 쌓고 창고를 가득 채우며 그 백성들을 후대厚待하거늘, 이에 말린 식량을 밑이 없는 전대(탁橐)와 밑이 있는 주머니(낭囊)에 가득 채웠네. 이미 행량行糧이 갖춰지니 이에 그 백성들을 편안하게 만들어 그 나라를 크게 빛나게 하도다! 마침내 활시위를 잡아당기고 방패와 창과 작은 도끼와 큰 도끼를 높이 들고서, 이에 비로소 길을 떠나 빈豳 땅으로 도읍을 옮겼도다!'라고 하였습니다.

이 詩로 말미암아 살피건대, 공유公劉가 재화를 좋아하되 또한 능히 재화를 좋아하는 마음을 미루어 백성들과 함께 한 것을 알 수 있습니다. 그러므로 백성 중에 집에 남아있는 자에게는 노적과 창고에 곡식이 있으며, 길을 떠나는 자에게는 자루에 건량이 준비되어 있어야 합니다. 그런 후에 이에 바야흐로 길을 떠나 왕업王業을 열 수가 있습니

다. 왕께서 만약 재화를 좋아하되 또한 능히 공유公劉와 같이 백성들과 더불어 재화를 함께 나누어 백성들을 모두 넉넉하고 풍족하게 해준다면 곧 天下의 백성들이 왕께 귀의歸依할 것이니, 왕 노릇하는데 무슨 어려움이 있겠습니까?"

주해

● 行糧(행량) : 군사들이 출정할 때 지급하던 양식.

王曰 寡人이 有疾하니 寡人은 好色하노이다
對曰 昔者에 大王이 好色하사 愛厥妃하더시니 詩云 古公亶甫ㅣ 來朝走馬하사 率西水滸하여 至于岐下하여 爰及姜女로 聿來胥宇라 하니 當是時也하여 內無怨女하며 外無曠夫하니 王如好色이어시든 與百姓同之하시면 於王에 何有리잇고

왕이 가로되 "과인寡人에게 병통이 있으니 과인寡人은 여색女色을 좋아합니다."
(孟子) 답하여 가라사대 "옛날에 大王이 女色을 좋아하여 그 비妃를 사랑하셨습니다. 《詩經》에 이르기를 '고공단보古公亶父가 이른 아침에 말을 달려 서쪽 물가를 따라 기산岐山 아래에 이르렀네. 이에 강녀姜女와 더불어 함께 와서 집터를 살폈다네!' 라고 하였습니다.
이 때에 안으로 지아비가 없어 원망하는 여인이 없었으며, 밖으로

아내가 없는 홀아비가 없었습니다. 왕께서 만약 女色을 좋아하시되 백성들과 더불어 함께 좋아하시면 왕 노릇하는데 무슨 어려움이 있겠습니까?"

王又言此者는 好色則心志蠱惑하고 用度奢侈而不能行王政也라 大王은 公劉九世孫이라 詩는 大雅緜之篇也라 古公은 大王之本號니 後乃追尊爲大王也라 亶甫는 大王名也라 來朝走馬는 避狄人之難也라 率은 循也라 滸는 水涯也라 岐下는 岐山之下也라 姜女는 大王之妃也라 胥는 相也라 宇는 居也라 曠은 空也니 無怨曠者는 是大王好色 而能推己之心以及民也라 楊氏曰 孟子ㅣ與人君言은 皆所以擴充其善心하여 而格其非心이요 不止就事論事하시니 若使爲人臣者ㅣ論事를 每如此면 豈不能堯舜其君乎아

愚謂 此篇은 自首章至此히 大意皆同하니 蓋鐘鼓、苑囿、遊觀之樂과 與夫好勇、好貨、好色之心은 皆天理之所有 而人情之所不能無者라 然이나 天理人欲이 同行異情하니 循理而公於天下者는 聖賢之所以盡其性也요 縱欲而私於一己者는 衆人之所以滅其天也라 二者之間이 不能以髮이로되 而其是非得失之歸ㅣ/는 相去遠矣라 故로 孟子ㅣ因時君之問하사 而剖析於幾微之際하시니 皆所以遏人欲而存天理라 其法이 似疏而實密하고 其事ㅣ似易而實難하니 學者ㅣ以身體之면 則有以識其非曲學阿世之言이요 而知所以克己復禮之端矣리라

왕이 다시 이것을 말한 것은 여색女色을 좋아하면 곧 심지心志가 미혹迷惑되고 씀씀이가 사치해져서 능히 王政을 행할 수 없기 때문이다. '태왕太王'은 공유公劉의 구세손九世孫이다. 詩는 〈大雅·緜〉 편이다. '고공古公'은 태왕太王의 본호本號이니, 뒤에 추존하여 太王이라 하였다. '단보亶甫'는 太王의 이름이다. '이른 아침에 말을 달렸다(來朝走馬)'는 것은 적인狄人의 난을 피한 것이다. '솔率'은 따름이다. '호滸'는 물가이다. '기하岐下'는 기산岐山의 아래이다. '강녀姜女'는 太王의 후비后妃이다. '서胥'는 살피는 것이다. '우宇'는 거처이다. '광曠'은 '공空'의 뜻이니 '원녀怨女'와 '광부曠夫'가 없다는 것은, 이는 太王이 女色을 좋아하되 능히 자기의 마음을 미루어 백성들에게 미친 것이다.

楊氏 가로되 "孟子께서 人君에게 하신 말씀은 모두 그 선심善心을 확충하여 그 그릇된 마음을 바로잡으려는 것이요, 일에 나가 일을 논하는데 그친 것이 아니다. 만약 신하된 자가 일을 논할 때 매번 이와 같이 한다면 어찌 능히 그 人君을 요순堯舜으로 만들지 못하겠는가?"

내가 생각하건대, 이 篇은 수장首章부터 여기까지 대의大義가 모두 같다. 대개 종고鐘鼓·원유苑囿·유관遊觀의 즐거움과 호용好勇·호화好貨·호색好色의 마음은 모두 天理에 있는 바요, 사람 마음에 능히 없을 수 없는 것이다. 그러나 천리天理와 인욕人欲은 同行하나 실정이 다르니 이치를 따라서 天下에 공변된 것은 성현의 그 性을 다하는 바요, 욕심을 좇아 한 몸에 사사롭게 하는 것은 衆人의 그 천리를 멸滅하는 바이다.

두 가지 사이가 능히 털끝도 못되나 그 是非 得失의 돌아옴은 서로의 거리가 멀다. 그러므로 孟子가 당시 인군의 질문으로 인하여 기미의 즈음에서 분석하였으니 모두 인욕을 막아 천리를 보존하고자 하는 바이다. 그 법이 소원疎遠한 것 같으나 실제로는 면밀하고 그 일이 쉬운 것 같으나 실제인 즉 어려우니 배우는 자 몸으로써 체득한 즉 그 曲學阿世의 말이 아님을 알아서 극기복례의 단서가 됨을 알 것이다.

주해

- 聿來(율래) : 함께 오다. '同來'와 같다. 聿(함께 율)
- 胥宇(서우) : 집터를 보고 살피다. '서胥'는 '보다.' 또는 '관찰하다.'의 뜻이다. '宇'는 '집터'이다.
  毛傳에 "胥, 相. 宇, 居也."라고 했고, 孔穎達의 疏에 "自來相土地之可居者."라고 풀이했다. 相(살필 상)
- 怨女(원녀) : 남편이 없는 여인.
- 曠夫(광부) : 홀아비. 曠(빌 광)
- 蠱惑(고혹) : 고혹하다. 미혹迷惑시키다. 蠱(독 고) 惑(미혹할 혹)
  南朝 梁나라 유협劉勰의 《滅惑論》에 나온다. "糜費産業, 蠱惑士女. 運迍則蠍國, 世平則蠹民." 糜(죽 미) 迍(머뭇거릴 둔) 蠍(전갈 헐) 蠹(좀 두)
- 用度(용도) : 비용. 씀씀이.
- 本號(본호) : 본래의 관호官號. '官號'는 관직의 명칭을 말한다.
  《文選·任昉〈王文憲集序〉》에 나온다. "永明元年, 進號衛將軍. 二年, 以本官領丹楊尹……四年, 以本號開府儀同三司, 餘悉如故." 이에 대해 李善의 注에 "本號, 衛將軍也."라고 했다. 悉(모두 실)
- 就事論事(취사논사) : 일 또는 사물의 상황에 따라 시비득실是非得失을 논하다.
  明나라 심덕부沉德符의 《野獲編補遺·台省·台疏譏謔》에 나온다. "要條陳, 不過就事論事可矣, 何必程策?" 譏(나무랄 기) 謔(희롱할 학)
- 厥(그 궐) 亶(믿음 단)

【備旨】

王曰 寡人이 非特好貨也라 寡人稟性之偏而有疾하니 寡人之疾이 又在於好色 故로 用度奢侈하여 不能行王政也로이다
孟子對曰 好色은 亦無妨於王政也니 昔者에 文王之祖有太王者하여 亦嘗好色 而愛厥妃矣러니 大雅緜之篇에 有云 古公亶父ㅣ來朝走馬以避狄人之難하사 率循西水之

滸하여 至於岐山之下하여 爰及姜女로 聿來相與擇宇而居焉이라 하니 由此詩觀之컨댄 可見太王好色하되 又能推好色之心하여 以及其民이라 故로 當此播遷時也하여 內無無家之怨女하며 外無無室之曠夫하여 而基王業이라 王如好色이어시든 亦能如太王與百性同之하여 使無怨曠하시면 則天下之民이 歸之矣리니 於王에 又何難之有리잇고 如是則可以坐明堂而朝諸侯리니 又何必毁之哉리오

왕이 가로되 "과인寡人이 다만 재화만 좋아할 뿐 아니라 과인寡人의 품성이 치우쳐서 병통이 있습니다. 과인寡人의 병통이 또한 女色을 좋아하는데 있기 때문에 씀씀이가 사치스러워 능히 王政을 행하질 못합니다."

孟子께서 답하여 가라사대 "女色을 좋아하는 것이 王政을 행하는데 방해가 되지는 않습니다. 옛날 文王의 선조先祖중에 太王이 계셨는데 또한 일찍이 女色을 좋아하여 그 후비后妃를 사랑하였습니다. 〈大雅·緜〉 편의 시에 이르기를 '고공단보古公亶父가 적인狄人의 난을 피하기 위해 이른 아침에 말을 달려 서쪽 물가를 따라서 기산岐山 아래에 이르렀네. 이에 강녀姜女와 더불어 함께 와서 집터를 살피셨네!'라고 했습니다. 이 시로 말미암아 살피건대, 太王이 女色을 좋아하되 또한 능히 女色을 좋아하는 마음을 미루어 그 백성들에게 미쳤음을 알 수 있습니다. 그러므로 이 파천播遷의 때를 당하여 안으로 남편이 없는 원녀怨女가 없었으며, 밖으로 아내가 없는 홀아비가 없어서 王業을 다질 수 있었습니다.

왕께서 만약 女色을 좋아하되 또한 능히 太王처럼 백성들과 더불어 함께 백성 중에 원녀怨女와 홀아비가 없게 하신다면 곧 天下의 백성들이 왕께 돌아올 것이니, 왕노릇하는데 또한 무슨 어려움이 있겠습니

까? 이렇게 되면 곧 가히 명당明堂에 앉아 제후諸侯들의 조회를 받을 수 있게 될 것이니, 또한 어찌 반드시 명당明堂을 허물 필요가 있겠습니까?"

주해

- 播遷(파천) : 人君이 도성을 떠나 다른 곳으로 피란함. '천사遷徙'와 같다. 播(버릴 파) 遷(옮길 천) 徙(옮길 사)
  《列子·湯問》에 나온다. "岱輿、員嶠二山, 流於北極, 沉於大海, 仙聖之播遷者巨億計." 岱(대산 대) 嶠(높을 교)
- 無家之怨女 : 남편이 없는 여인. 家(남편 가)
- 無室之曠夫 : 아내가 없는 홀아비. 室(아내 실) 曠(빌 광)
  《左傳·桓公十八年》 條에 나온다. "女有家, 男有室, 無相瀆也." 《楚辭·離騷》에도 나온다. "固亂流其鮮終兮, 浞又貪夫厥家." 瀆(더러울 독)

[2·6]

孟子ㅣ謂齊宣王曰 王之臣이 有託其妻子於其友而之楚遊者ㅣ比其反也하여 則凍餒其妻子어든 則如之何잇고

王曰 棄之니이다

孟子께서 제齊나라 선왕宣王에게 일러 가라사대 "왕의 신하 중에 그 처자妻子를 자신의 친구에게 맡기고 초楚나라로 유람갔다가 그가 돌아와 보니, 곧 그 처자妻子를 추위와 굶주림에 처하게 하였다면 어찌하겠습니까?"
왕이 가로되 "그와 절교할 것입니다."

託은 寄也라 比는 及也라 棄는 絶也라

'탁託'은 맡김이다. '비比'는 미침이다. '기棄'는 절교絶交함이다.

주해

● 凍餒(동뇌) : 추위에 떨고 굶주림에 처하다. 凍(얼 동) 餒(주릴 뇌)
"凍是衣不足. 餒是食不足."(四書補註備旨)

【備旨】

昔에 齊宣王이 怠於治國이어늘 孟子ㅣ欲納誨以啓其改過也라 故로 先設事而謂之曰 王之臣이 有託其妻子之衣食於其友하고 而之楚游者라 夫以妻子而託於友는 固欲免乎凍餒也니 以友而受人妻子之託인댄 當使其不至於凍餒어늘 比其自楚反也하여 則知彼之凍餒其妻子焉이면 斯友也를 不知 王之臣이 將何以處之잇고
王曰 受人之託而負之는 薄道也니 奚取於若友爲也리오 以義裁之면 則棄之而勿與友耳니이다

옛날 제齊나라 선왕宣王이 치국治國에 나태하거늘, 孟子께서 간언諫言을 올려 그의 개과천선改過遷善을 계도啓導하고자 하였다. 그러므로 먼저 일을 가설假設하여 일러 가라사대 "왕의 신하 중에 그 처자妻子의 의식衣食을 자신의 친구에게 맡기고 초楚나라로 유람을 떠난 사람이 있었습니다. 처자를 친구에게 맡긴 것은 진실로 추위와 굶주림을 면하게 하려는 것이니, 친구로서 남의 처자를 부탁 받았다면 마땅히 추위와 굶주림에 처하지 않게 해야 합니다. 하지만 그가 초楚나라에서 돌아온

후 그 친구가 자신의 처자를 추위와 굶주림에 처하게 한 것을 알았다면, 이런 친구를 왕의 신하가 장차 어떻게 대처할지 모르겠습니다."

왕이 가로되 "남의 부탁을 받고서 이를 저버리는 것은 박정薄情한 道이니, 어찌 친구와 같이 대하리오? 의리로써 재단裁斷하자면 곧 그와 절교絶交하고 벗으로 삼지 않을 것입니다."

주해

● 納誨(납회) : 간언諫言을 올리다. 誨(가르칠 회)
《書·說命上》에 나온다. "命之曰, 朝夕納誨, 以輔台德." 이에 대해《孔傳》에 "言當納諫誨直辭, 以輔我德."이라 했고, 蔡沉의《集傳》에 "朝夕納誨者, 無時不進善言也."라고 풀이했다.

曰 士師ㅣ不能治士어든 則如之何잇고
王曰 已之니이다

(孟子) 가라사대 "사사士師가 능히 향사鄕士와 수사遂士를 다스리지 못하면 곧 어떻게 하시겠습니까?"
왕이 가로되 "그만두게 하겠습니다."

士師는 獄官也니 其屬有鄕士遂士之官하여 士師ㅣ皆當治之라 已는 罷去也라

'사사士師'는 옥관獄官이다. 그 관속官屬에 향사鄕士와 수사遂士 같은 관원이 있으며, 사사士師가 모두 이들을 맡아 다스렸다. '이已'는 면직시키는 것이다.

주해

- 士師(사사) : 금령禁令과 형벌刑罰을 관장하던 관리. '士史'라고도 한다.
《周禮·秋官·士師》에 나온다. "士師之職, 掌國之五禁之灋, 以左右刑罰 : 一曰宮禁, 二曰官禁, 三曰國禁, 四曰野禁, 五曰軍禁." 灋(법 법)
《孟子·公孫丑下》에도 나온다. "今有殺人者, 或問之曰人可殺與? 則將應之曰可. 彼如曰孰可以殺之? 則將應之曰爲士師, 則可以殺之."
- 鄕士(향사) : 周代에 도성都城 밖의 지역에 설치했던 '육향六鄕'의 송사訟事를 관장하던 관리. '鄕'은 도성에서 50里 이상 떨어진 지역을 말한다.
《周禮·秋官·鄕士》에 나온다. "鄕士, 掌國中, 各掌其鄕之民數而糾戒之." 이에 대해 鄭玄의 注에 "言掌國中, 此主國中獄也. 六鄕之獄在國中."이라 풀이했다.
- 遂士(수사) : 周代에 도성都城 밖의 지역에 설치했던 '육수六遂'의 송사訟事를 관장하던 관리. '遂'는 도성에서 100里 이상 떨어진 지역을 말한다.
- 罷去(파거) : 면직시키다. 罷(방면할 파)
宋나라 엽적葉適의 《辯兵部郎官朱元晦狀》에 나온다. "進既罷去, 陛下趣熹入對, 用爲郎官." 陛(섬돌 폐)

【備旨】

孟子ㅣ又曰 士師ㅣ爲獄官之長이니 其屬에 有鄕士遂士之官하니 皆士師所當治也라 苟不能統御所屬之士하여 使刑罰失中이면 不知 王은 將何以處之잇고
王曰 有官守 而不盡其職은 曠官也니 奚取於若臣爲也리오 以法論之면 則已之 而勿用焉耳라

孟子께서 또 가라사대 "사사士師는 옥관獄官의 우두머리이니 그 관속官屬에 향사鄕士와 수사遂士의 관원이 있으니 모두 사사士師가 마땅히 다스려야 할 사람들입니다. 만일 소속 관원들을 잘 다스리지 못하여

형벌이 중도中道를 잃게 된다면, 왕께서 장차 이를 어떻게 대처할지 모르겠습니다."

왕이 가로되 "관리의 직책이 있거늘 그 직책의 소임을 다하지 못하면 이는 헛되이 그 자리를 차지하고 있는 것이니 어찌 신하처럼 대하리오! 법으로써 논하자면 곧 그를 그만두게 하고 등용하지 않을 것입니다."

주해

- 統御(통어) : 통솔하다. 통령統領하다. 御(부릴 어)
  《孔叢子·儒服》에 나온다. "夫儒者居位行道, 則有袞冕之服; 統御師旅, 則有介冑之服." 袞(곤룡포 곤) 冕(면류관 면) 冑(투구 주)
- 官守(관수) : 관리 또는 관리의 직책.
  《左傳·昭公二十三年》 條에 나온다. "親其民人, 明其伍候, 信其鄰國, 愼其官守."
- 曠官(광관) : 헛되이 벼슬자리를 차지하고 있다. 곧 사람의 능력이 그 직위에 걸맞지 않다는 뜻이다.
  《書·皐陶謨》에 나온다. "無曠庶官, 天工人其代之." 이에 대해 孔傳에 "曠, 空也. 位非其人爲空官."이라고 풀이했다.

曰 四境之內ㅣ不治어든 則如之何잇고
王이 顧左右而言他하시다

(孟子) 가라사대 "사경四境의 안이 다스려지지 못하면 곧 어떻게 하시겠습니까?"
왕이 좌우를 돌아보며 다른 화제話題로 말을 바꾸었다.

孟子ㅣ將問此而先設上二事以發之러니 及此而王不能答也라

其憚於自責하고 恥於下問如此하니 不足與有爲를 可知矣라 趙氏曰 言君臣上下各勤其任하고 無墮其職이라야 乃安其身이라

孟子께서 장차 이 문제를 묻기 위해 먼저 위의 두 가지 일을 가설하여 발명하신 것인데, 이 문제에 이르러 왕이 능히 대답하지 못한 것이다. 왕이 자책自責을 꺼려하고 하문下問을 부끄러워함이 이와 같으니 족히 더불어 일할 수 없음을 알 수 있다.

趙氏 가로되 "군신君臣과 상하上下가 각각 그 소임所任에 힘쓰고, 그 직책을 무너뜨리지 않아야 이에 그 몸을 편안케 할 수 있다."는 것을 말한 것이다.

주해

- 四境(사경) : 사방의 변경 또는 국경. 곧 나라 전체를 말한다.
  남조南朝 제齊나라 왕융王融의 《永明十一年策秀才文》 之一에 나온다. "幸四境無虞, 三秋式稔." 虞(근심 우) 稔(곡식익을 임)
  《呂氏春秋·不侵》에도 나온다. "世之人主, 得地百里則喜, 四境皆賀." 이에 대해 高誘의 注에 "擧國皆賀, 國中喜可知矣."라고 풀이했다.
  "四境指全齊之地. 不治暗照民多凍餒刑獄失平意."(四書補註備旨)
- 顧左右而言他 : 좌우를 돌아보며 다른 화제話題로 말을 돌리다. 곧 말이 막혀 제대로 응대應待하지 못하고 다른 話題로 말을 돌리는 경우를 말한다. '顧而言他'라고도 한다. 顧(돌아볼 고)
  《新五代史·唐臣傳·安重誨》에 나온다. "居數日, 道(馮道)等又以爲請, 明宗顧左右而言他."
  慶源輔氏가 말했다. "顧左右以釋其愧, 言他事以亂其辭, 有護疾忌醫之心, 無責己求言之意."(大全註疏)
- 隳(휴) : 무너뜨리다. 실패하다. 곧 '휴타隳墮'의 뜻이다. 墮(무너질 타) 隳(무너뜨릴 휴)
- 憚(꺼릴 탄) 勤(부지런할 근)

【備旨】

> 孟子ㅣ因王明於處人하여 直指其失而問之曰 人君이 居萬民之上하여 使四境之內人民疲困하고 政事廢弛而不治如此어든 則王은 當如之何以處之잇고
> 王이 乃顧左右以釋其慚하고 言他事以亂其辭하니 則其憚於自責과 恥於下問을 可知矣니 尙足與有爲哉리오

孟子께서 왕이 남의 일에 대처하는 것이 명민明敏함을 보고 곧바로 그 과실을 지적하여 물어 가라사대 "人君이 만민萬民의 윗자리에 있으면서 나라 전체의 백성들로 하여금 피곤하게 하며 政事를 폐기廢棄하고 해이解弛하여 나라를 제대로 다스리지 못함이 이와 같다면 곧 왕께서는 마땅히 그를 어떻게 대처 하시겠습니까?"

왕이 이에 좌우를 돌아보며 그 부끄러움을 해소하고 다른 話題로 말을 돌리면서 그 논지論旨를 어지럽혔다. 이것으로 왕이 자책自責을 꺼려하고 하문下問을 부끄러워한다는 것을 알 수 있으니 오히려 족히 더불어 일할 수 있으리오?

주해

● 廢弛(폐이) : 폐기廢棄하고 해이解弛하다. 곧 마땅히 시행해야 할 일을 시행하지 않는다는 뜻이다.
《漢書·王莽傳上》에 나온다. "朝政崩壞, 綱紀廢弛."

[2·7]

孟子ㅣ見齊宣王曰 所謂故國者는 非謂有喬木之謂也라 有世臣之謂也니 王無親臣矣사소이다 昔者所進을 今日에 不知其亡也온여

孟子께서 제齊나라 선왕宣王을 만나 가라사대 "이른바 '고국故國'이란 교목喬木이 있다는 말이 아니라 세신世臣이 있다는 말입니다. 하지만 왕께는 친신親臣이 없습니다. 전에 진용進用한 사람들이 오늘날 떠나가고 있는지를 모르고 계십니다."

世臣은 累世勳舊之臣이니 與國同休戚者也요 親臣은 君所親信之臣이니 與君同休戚者也라

此言喬木世臣은 皆故國所宜有나 然이나 所以爲故國者는 則在此而不在彼也라 昨日所進用之人이 今日有亡去而不知者면 則無親臣矣온 況世臣乎아

'세신世臣'은 여러 세대에 걸쳐 나라에 공훈功勳이 있는 신하이니, 나라와 더불어 기쁨과 근심을 함께 하는 자이다. '친신親臣'은 人君이 가까이하고 믿는 신하이니, 人君와 더불어 기쁨과 근심을 함께 하는 자이다.

이는 교목喬木과 세신世臣이란 모두 고국故國에 마땅히 있어야 할 사람들이지만, 그러나 고국故國이 되는 이유가 여기 세신世臣에 있지 저 교목喬木에 있지 않다는 말이다. 어제 進用한 사람 중에 오늘 도망가는 자가 있는데도 알지 못한다면 이것은 친신親臣이 없는 것이거늘 하물며 세신世臣이 있겠는가?

주해

- 故國(고국) : 역사가 오래된 나라. 곧 '구국舊國'과 같다.
- 喬木(교목) : 높고 큰 나무. 곧 '고국故國'과 '고리故里'를 상징하는 말이다.
  喬(높을 교)
  趙岐의 注에 "所謂是舊國也者, 非但見其有高大樹木也, 當有累世修德之臣, 常能輔其君以道, 乃爲舊國可法則也."라고 했다.
- 勳舊(훈구) : 나라에 공훈功勳이 있는 옛 신하.
  《晉書·陳騫傳》에 나온다. "帝以其勳舊耆老, 禮之甚重." 耆(늙은이 기)
- 休戚(휴척) : 기쁨과 근심. 곧 有利와 不利를 만나는 경우를 말한다. '휴척休慼'과 같다.
  休(아름다울 휴) 戚(슬퍼할 척) 慼(근심할 척)
  《國語·周語下》에 나온다. "晉孫談之子周(晉悼公)適周, 事單襄公……晉國有憂, 未嘗不戚. 有慶, 未嘗不怡……爲晉休戚, 不背本也."
- 亡去(망거) : 도망가서 숨다. 곧 나라를 버리고 떠난다는 뜻이다. '도둔逃遁'과 같다. 逃(달아날 도) 遁(숨을 둔)
  《史記·鄭世家》에 나온다. "華元殺羊食士, 不與其禦羊斟, 怒以馳鄭, 鄭囚華元. 宋贖華元, 元亦亡去." 斟(술따를 짐) 贖(바칠 속)

【備旨】

孟子ㅣ因宣王輕於進退賢才故로 見而諷之曰 喬木世臣은 故國宜有나 然이나 所以謂之故國者는 非謂有喬木이 足以壯一國偉觀之謂也요 以其有累世勳舊之臣이 足以爲故國倚賴之謂也라 然이나 世臣之始는 則爲親臣이어늘 今王無親臣矣사소이다 昔者所進하여 將倚之爲腹心者ㅣ 今日有亡去 而不知也하니 是親臣도 且無은 況世臣乎아 亦安在其爲故國也리오

孟子께서 선왕宣王이 어진 인재를 등용하고 물리치는 일을 가볍게 여기는 연고緣故로 인하여, 그를 만나 풍자하여 가라사대 "교목喬木과 세신世臣은 고국故國에 반드시 있어야 할 사람들입니다. 하지만 고국故國이라고 부르는 이유는 교목喬木이 족히 한 나라의 위관偉觀을 장엄하게 한다는 말을 두고 한 말이 아니라, 그 여러 대에 걸친 훈구勳舊의 신하가 족히 고국故國의 의지가 된다는 말을 한 것입니다.

그러나 세신世臣의 시작은 곧 친신親臣이 되는데 있거늘 지금 왕께는 친신親臣이 없습니다. 전에 진용進用하여 장차 그에게 의지해서 심복心腹으로 삼고자 하는 자가 오늘날 나라를 버리고 떠나가는데도 알지 못하니, 이는 친신親臣도 없는 것이거늘 하물며 세신世臣이 있겠습니까? 또한 어디에 그 고국故國이 될 수 있겠습니까?"

주해

● 偉觀(위관) : 훌륭하고 장엄한 모습. '대관大觀'과 같다. 偉(훌륭할 위) 宋나라 仲並의 〈水調歌頭·浮遠堂〉 詞에 나온다. "無窮偉觀, 祇應天意爲君謀." 祇(다만 지)

王曰 吾何以識其不才而舍之잇고

왕이 가로되 "내가 어떻게 그의 재능이 부족한 것을 알아서 버릴 수가 있습니까?"

王意以爲此亡去者는 皆不才之人이어늘 我初不知而誤用之라 故로 今不以其去爲意耳라 因問何以先識其不才而舍之邪아 하니라

왕이 속으로 '나라를 버리고 떠난 자들은 모두 재능이 없는 사람들인데 내가 애당초 이들을 알지 못하고 잘못 등용한 것이다. 그러므로 지금 그들이 떠났다고 해서 개의치 않는다.'라고 여긴 것이다. 인하여 묻기를 "어떻게 하면 그가 재능이 없는지를 미리 알아서 버릴 수가 있습니까?"라고 한 것이다.

주해

● 舍(사) : 버리다. '기棄'와 같다. 棄(버릴 기)

【備旨】

王曰 此亡去者는 皆不才之人이어늘 我初不知而誤用之라 故로 今不以去爲意耳니 自今以始하여 吾何以預識其不才하여 遂舍之不用하며 使所用者ㅣ皆眞才而可進之爲親臣也잇고

왕이 가로되 "이렇게 나라를 버리고 떠난 자들은 모두 재능이 없는 사람들이거늘, 내가 애초에 이들을 알지 못하고 잘못 등용한 것입니다. 그러므로 지금 그들이 떠났다고 해서 개의치 않습니다. 지금부터 시작하여 내가 어떻게 하면 그가 재능이 없다는 것을 미리 알아서 마침내 그를 쓰지 않고 버릴 수 있으며, 진용進用한 자들이 모두 진정한 인재가 되고 그들을 진용進用하여 친신親臣으로 삼을 수 있겠습니까?"

曰 國君이 進賢하되 如不得已니 將使卑로 踰尊하며 疏로 踰戚이니 可不愼與잇가

孟子께서 가라사대 "나라의 人君이 어진 이를 진용進用하되 부득이한 것처럼 해야 합니다. 장차 지위가 낮은 자가 지위가 높은 이를 넘어서게 되며 소원한 자가 친한 이를 넘어서게 되니, 가히 신중하지 않을 수 있겠습니까?"

如不得已는 言謹之至也라 蓋尊尊親親은 禮之常也라 然이나 或尊者親者ㅣ未必賢이면 則必進疏遠之賢而用之하니 是使卑者踰尊하고 疏者踰戚이니 非禮之常이라 故로 不可不謹也니라

'부득이한 것처럼 한다는 것'은 지극히 삼간다는 말이다. 대개 존귀한 이를 높이고 친한 이를 친하게 대하는 것은 禮의 떳떳함이다. 그러나 혹 존귀한 자와 친한 자가 반드시 어질지 않다면 반드시 소원疏遠한 사람 중에 어진 이를 진용進用해서 써야 한다. 이는 지위가 낮은 자가 지위가 높은 이를 넘어서게 되며 소원疏遠한 자가 친한 이를 넘어서게 되니 禮의 떳떳함이 아니다. 그러므로 가히 삼가지 않을 수 없는 것이다.

주해

- 尊卑(존비)와 疏戚(소척) : 疏(멀 소) 戚(겨레 척)
  "尊卑以職位言. 疏戚以情誼言. 踰卽越也."(四書補註備旨)

【備旨】

孟子曰 用人而悔於後者는 皆因不能謹之於始耳라 是以로 國君之進賢也에 遲疑於遴選之際하여 審之又審이니 有如吾之初心에 本不欲用이나 而勞之所迫이면 有不得已而用底一般이니 所以如此면 其謹者何哉오

蓋自用之 而加以不次之位也니 則謂之尊이라 苟尊非其人(이면) 則其勢ㅣ必易以賢之卑者니 是使卑者로 踰尊矣요 自用之 而寄以心膂之託也니 則謂之戚이라 苟戚非其人(이면) 則其勢ㅣ必易以賢之疏者니 是使疏者로 踰戚矣라

夫使卑者로 踰尊하며 疎者로 踰戚하여 而失尊尊親親之常禮니 則國君進賢之始에 可不知所愼與잇가 此所以進之하되 如不得已也니이다

孟子께서 가라사대 "사람을 진용進用하고 나서 뒤에 후회하는 것은 모두 능히 애초에 삼가지 못하였기 때문입니다. 이 때문에 나라의 人君이 어진 이를 진용進用할 때는 선발할 당시에 유예猶豫하면서 살피고 또 살펴야 합니다. 예를 들어 내가 처음에는 본디 진용進用하고 싶지 않았으나 政事의 노고로 마음이 급박해지면 부득이하게 등용하는 것과 같은 이치입니다. 그러므로 이와 같이 진용進用한다면 그 삼갈 것이 무엇이겠습니까?

대개 진용進用하면서부터 등급을 넘어서는 직위를 더해주니 곧 이것을 '존尊'이라고 말합니다. 그러나 만일 존귀한 이가 나라에서 필요로 하는 그런 인재가 아니라면 곧 그 형세가 반드시 신분이 낮은 어진 이로 바꿔야 하니, 이는 신분이 낮은 자가 신분이 높은 자를 넘어서게

하는 것입니다.

진용進用하면서부터 중요한 직책을 맡기는 것이니 곧 이것을 '척戚'이라고 말합니다. 그러나 만일 친한 이가 나라에서 필요로 하는 그런 인재가 아니라면 곧 그 형세가 반드시 관계가 소원疏遠한 어진 이로 바꿔야 하니, 이는 소원疏遠한 자가 친한 이를 넘어서게 하는 것입니다.

무릇 지위가 낮은 자가 지위가 높은 이를 넘어서게 하고 소원한 자가 친한 이를 넘어서게 하여, 존귀한 이를 높이고 친한 이를 친하게 대하는 떳떳한 禮를 잃게 한 것이니, 곧 나라의 人君이 처음 어진 이를 진용進用할 때 가히 삼갈 바를 알지 못하겠습니까? 이것이 바로 어진 이를 진용進用하되 부득이不得已한 것처럼 해야 하는 이유입니다."

주해

- 遲疑(지의) : 주저하다. 머뭇거리며 결단하지 못하다. '유예犹豫'와 같다. 遲(더딜 지)
  《後漢書·董卓傳論》에 나온다. "然猶折意縉紳, 遲疑陵奪, 尙有盜竊之道焉." 縉(꽂을 진) 紳(큰띠 신)
- 遴選(인선) : 고르다. 선발하다. 遴(가릴 린)
  《世說新語·言語》에 나온다. "陶公疾篤, 都無獻替之言, 朝士以爲恨" 이에 대해 南朝 양梁나라 劉孝標의 注에 "按王隱《晉書》載侃臨終表曰 : '……伏願遴選代人, 使必得良才, 足以奉宣王猷, 遵成志業.'" 侃(강직할 간) 猷(꾀 유)
- 不得已而用底一般 : 부득이하게 진용進用하는 것과 같다. '저底'는 백화문의 '的'과 같으며, '～하는 것'으로 해석한다.
- 心膂(심려) : 가슴과 등뼈. 곧 중요한 직책 또는 가장 가까이서 보필하는 주요 인물을 말함. 膂(등골뼈 려)
  《書·君牙》에 나온다. "今命爾予翼, 作股肱心膂." 股(넓적다리 고) 肱(팔뚝 굉)
- 不次之位(불차지위) : 순서나 등급을 뛰어넘는 인사. 곧 등급에 구애받지 않고 재능있는 사람에게 중요한 직책을 맡기는 것을 말한다.
  《漢書·東方朔傳》에 나온다. "武帝初卽位, 征天下擧方正賢良文學材力之士, 待以不次之位."

左右ㅣ皆曰賢이라도 未可也하며 諸大夫ㅣ皆曰賢이라도 未可也하고 國人이 皆曰賢然後에 察之하여 見賢焉 然後에 用之하며
左右ㅣ皆曰不可라도 勿聽하며 諸大夫ㅣ皆曰不可라도 勿聽하고 國人이 皆曰不可 然後에 察之하여 見不可焉 然後에 去之하며

"좌우의 근신近臣들이 모두 그가 '어질다.' 고 말해도 가히 믿어서는 안 되며, 여러 大夫들이 모두 그가 '어질다.' 고 말해도 가히 믿어서는 안 되고, 나라의 백성들이 모두 그가 '어질다.' 고 말한 연후에 살펴서 그가 어진 점을 확인한 뒤에 진용進用해야 합니다.
좌우의 근신近臣들이 모두 그는 '안 된다.' 고 말해도 듣지 말며, 여러 大夫들이 모두 그는 '안 된다.' 고 말해도 듣지 말고, 나라 백성들이 모두 그는 '안 된다.' 고 말한 연후에 살펴서 그가 안 되는 점을 확인한 뒤에 그를 쓰지 말아야 합니다."

左右는 近臣이니 其言을 固未可信이요 諸大夫之言은 宜可信矣나 然이나 猶恐其蔽於私也요 至於國人하여는 則其論이 公矣나 然이나 猶必察之者는 蓋人有同俗而爲衆所悅者하고 亦有特立而爲俗所憎者라 故로 必自察之하여 而親見其賢否之實 然後에 從而用舍之면 則於賢者에 知之深하고 任之重이요 而不才者ㅣ不得以幸進矣니 所謂進賢如不得已者ㅣ如此니라

'좌우左右'는 가까운 신하이니 그 말을 진실로 믿을 수가 없다. 여러 대부大夫들의 말은 마땅히 믿을 만하나, 그러나 오히려 그 사사로움에

가려져 있을까 두렵다. 나라 백성들의 경우는 그 의론議論이 공정하나, 그러나 여전히 반드시 살피는 것은 대개 사람 중에는 세속과 함께 하여 여러 사람들의 기쁨을 받는 자도 있고, 또한 홀로 뛰어나서 세속의 미움을 받는 자도 있기 때문이다.

그러므로 반드시 스스로 살펴서 그가 어질고 어질지 못한가의 실제를 직접 본 연후에 그에 따라 임용하거나 임용하지 않는다면, 어진 자에 대해서는 아는 것이 깊어지고 맡기는 것이 중하게 되며, 재능이 없는 자들이 요행으로 진용進用될 수가 없을 것이다. 이른바 어진 이를 진용進用하되 부득이不得已한 것처럼 해야 한다는 것이 이와 같다.

주해

● 特立(특립) : 뛰어나다. 지행志行이 고결하여 홀로 우뚝 서다. 곧 '특립독행特立獨行'의 뜻이다.
《禮記·儒行》에 나온다. "世治不輕, 世亂不沮, 同弗與, 異弗非也, 其特立獨行有如此者." 沮(막을 저)

● 用舍(용사) : 진용進用이 되거나 진용進用이 되지 못하는 일. 곧 '용사행장用捨行藏'의 뜻이다.
《論語·述而》 편에 나온다. "子謂顔淵曰 用之則行, 舍之則藏, 唯我與爾有是夫."

【備旨】

所謂如不得已者는 何如오
有人於此에 左右近臣이 皆稱之曰賢이라도 恐其求容於近習하니 未可信其賢也하며 在朝大夫ㅣ皆稱之曰賢이라도 恐其蔽於私昵하니 亦未可信其賢也하고 至於通國之人이 皆稱之曰賢이면 其論公矣나 然이나 猶懼其同流而合汙也니 又從而察之하여 果親見其賢焉然後에 用之

하나니 卽置之尊親而不爲私也라
有人於此에 左右近臣이 皆曰不可라도 恐其無先容也니 勿聽之하며 在朝大夫ㅣ皆曰不可라도 恐其爲私毀也니 勿聽之하고 至於通國之人이 皆曰不可면 其論公矣나 然이나 猶恐其高世而獨立也니 必從而察之하여 果親見其不可焉然後에 去之하나니 卽屛之疏遠而不爲刻也라 所謂進賢如不得已者ㅣ如此니이다

"이른바 부득이하게 해야 한다는 것은 무엇입니까?

어떤 사람이 여기에 있는데, 좌우의 근신近臣들이 모두 그를 칭찬하여 '어질다.'고 말해도 그가 근습近習들에게 환심을 샀을까 두려우니 가히 그의 어짊을 믿을 수 없습니다. 또한 조정에 있는 대부大夫들이 모두 그를 칭찬하여 '어질다.'고 말해도 그가 친근한 사람들에게 가렸을까 두려우니 또한 가히 그의 어짊을 믿을 수가 없습니다. 온 나라의 백성들이 모두 그를 칭찬하여 '어질다.'고 하면 그 의론이 공정하다고 할 수 있으나, 여전히 그가 함께 휩쓸려 오염되었을까 두려우니 또한 좇아서 그를 관찰하고 과연 그의 어진 점을 직접 확인한 뒤에 비로소 진용進用해야 합니다. 이렇게 해서 그를 존귀하고 친한 이의 자리에 둘지라야 사사롭게 대하는 것이 아닐 것입니다.

어떤 사람이 여기에 있는데, 좌우의 근신近臣들이 모두 그는 '안된다.'고 말해도 그가 사전에 추천을 받지 못했을까 두려우니 듣지를 말며, 조정에 있는 대부大夫들이 모두 그는 '안된다.'고 말해도 그가 개인적으로 헐뜯음을 당했을까 두려우니 듣지를 말며, 온 나라의 백성들이 모두 그는 '안된다.'고 말하게 되면 그 의론이 공정하다고 할 수 있으나, 여전히 그가 세속을 초월하여 홀로 우뚝 서 있을까 두려우니 반드

시 좇아서 그를 관찰하고 과연 그의 안 되는 점을 직접 확인한 뒤에 비로소 그를 쓰지 말아야 합니다. 이렇게 해서 그를 소원疎遠한 곳으로 물리쳐도 각박刻薄하게 대하는 것이 아닐 것입니다. 이른바 어진 이를 진용進用하되 부득이한 것처럼 해야 한다는 것이 이와 같습니다."

주해

- 求容(구용) : 남의 환심을 사다. '취열取悅'과 같다.
  《左傳·定公九年》 條에 나온다. "夫陽虎有寵於季氏, 而將殺季孫, 以不利魯國, 而求容焉." 이에 대해 楊伯峻의 注에 "求容謂博取喜悅."이라고 풀이했다. 寵(사랑할 총)
- 近習(근습) : 君主가 믿고 총애하는 신하. '近臣'과 같다.
  《禮記·月令》에 나온다. "(仲冬之月)省婦事, 毋得淫, 雖有貴戚近習, 毋有不禁."
- 私昵(사닐) : 친근하고 총애하는 사람. 昵(친할 닐)
  《書·說命上》에 나온다. "官不及私昵, 惟其能; 爵罔及惡德, 惟其賢."
- 先容(선용) : 사전에 남을 소개하거나 추천하다.
  《文選·鄒陽 〈於獄中上書自明〉》에 나온다. "蟠木根柢, 輪囷離奇, 而爲萬乘器者, 何則? 以左右先爲之容也." 이에 대해 李善의 注에 "容謂雕飾."이라고 풀이했다. 蟠(서릴 반) 柢(뿌리 저) 囷(구부러질 균) 雕(새길 조)
- 高世(고세) : 세속을 초월하다.
  《戰國策·趙策二》에 나온다. "夫有高世之功者, 必負遺俗之累."

左右ㅣ皆曰可殺이라도 勿聽하며 諸大夫ㅣ皆曰 可殺이라도 勿聽하고 國人이 皆曰 可殺然後에 察之하여 見可殺焉然後에 殺之니 故로 曰國人이 殺之也라 하니이다

"좌우의 근신近臣들이 모두 그를 '죽일 만하다.' 고 말해도 듣지 말며, 여러 大夫들이 모두 그를 '죽일 만하다.' 고 말해도 듣지 말고, 나라의 백성들이 모두 그를 '죽일 만하다.' 고 말한 연후에 살펴서 그를 죽일만한 점을 확인한 뒤에 죽여야 합니다. 그러므로 나라의 백성들이 그를 죽였다고 말하는 것입니다."

此는 言非獨以此進退人才라 至於用刑에도 亦以此道라 蓋所謂天命天討니 皆非人君之所得私也니라

이는 비단 이로써 인재를 등용하고 물리칠 뿐만 아니라 형벌을 사용하는데 있어서도 또한 이러한 방법으로 해야 한다는 말이다.

대개 이른바 하늘이 덕德이 있는 사람에게 관작官爵을 부여하고, 하늘이 죄罪를 지은 사람을 토벌討伐한다고 하는 것이니, 이는 모두 人君이 사사로이 할 수 있는 일이 아니다.

주해

- 非獨(비독) : '비단 ~뿐만이 아니다.' '非但'과 같다. 獨(다만 독)
  《韓非子·六反》에 나온다. "若夫厚賞者, 非獨賞功也, 又勸一國."
- 天命天討(천명천토) : 하늘이 德있는 자에게 관작을 내리고 罪 지은 자를 토벌하다.
  《書·皐陶謨》에 나온다. "天命有德, 五服五章哉; 天討有罪, 五刑五用哉." 이에 대해 孔穎達의 疏에 "五服, 天子、諸侯、卿、大夫、士之服也. 尊卑彩章各異, 所以命有德.……天又討治有罪, 使之絶惡."이라고 풀이했다.

【備旨】

然이나 不獨用人當愼이라 至於用刑에도 亦以此道니 有人於此에 左右近臣이 皆曰可殺이라도 恐其私忿也하니 勿聽之하며 在朝諸大夫ㅣ皆曰可殺이라도 恐其私惡也하니 勿聽之하고 至於國人이 皆曰可殺則其論公矣니 然後에 從而察之하여 必實見有可殺之罪焉然後에 殺之니 是其殺也ㅣ非出於一己之私情而出於國人之公論이라 故로 曰國人이 殺之也라 하니이다

"그러나 비단 인재를 진용進用할 때만 마땅히 신중해야 할 뿐만 아니라 형벌을 사용하는 경우에도 또한 이 방법으로 해야 합니다.

어떤 사람이 여기에 있는데, 좌우의 근신近臣들이 모두 그를 '죽일만하다.'고 말해도 그것이 개인적인 원한에서 나온 말일까 두려우니 듣지 말며, 조정에 있는 여러 대부大夫들이 모두 그를 '죽일만 하다.'고 말해도 그것이 개인적인 악감惡感에서 나온 말일까 두려우니 듣지 말고, 나라 사람들이 모두 그를 '죽일만하다.'고 말하면 곧 그 의론이 공정公正한 것이니, 그런 후에 좇아서 살피며 반드시 실제로 죽일만한 그의 죄상을 확인한 후에 죽여야 합니다.

이렇게 해서 그를 죽이는 것은 한 몸의 사사로운 정에서 나온 것이 아니요, 나라 사람들의 공론公論에서 나온 것입니다. 그러므로 '나라 사람들이 그를 죽였다.'고 말하는 것입니다."

주해

- 私忿(사분) : 개인적인 원한. '사분私憤'과 같다. 忿(성낼 분) 憤(성낼 분) 《後漢書·儒林傳上·孔僖》에 나온다. "徒肆私忿, 以快其意." 肆(방자할 사)

如此 然後에 可以爲民父母니이다

"이렇게 한 후에야 백성들의 부모가 될 수 있습니다."

傳曰 民之所好를 好之하고 民之所惡를 惡之하니 此之謂民之父母라 하니라

《大學》의 傳에 이르기를 "백성들이 좋아하는 바를 좋아하고 백성들이 미워하는 바를 미워하니, 이것을 일러 '백성들의 부모'라고 한다."고 하였다.

주해

● 新安陳氏가 말했다. "總結上文用之去之殺之三節意."(大全註疏)

【備旨】

> 夫人君之命討如此하니 是能好人之所好하고 惡人之所惡하니 卽父母愛子之心이 不是過矣라 必如此然後에 可以爲民之父母니 由此而定尊親之選이면 則世臣自可有리니 而齊ㅣ不誠爲故國乎잇가

"무릇 人君의 天命과 천토天討가 이와 같습니다. 이는 능히 백성들이 좋아하는 바를 좋아하고 백성들이 미워하는 바를 미워하는 것이니, 곧 부모가 자식을 사랑하는 마음이 바로 여기에서 벗어나지 않을 것입니다. 그러므로 반드시 이와 같은 후에 가히 백성들의 부모가 될 수 있습니다. 이로 말미암아 존귀하고 친한 이에 대한 선용選用을 정한다면 곧 세신世

臣들이 저절로 생겨날 것이니, 제齊나라가 진실로 고국故國이 되지 않겠습니까?"

주해

● 選用(선용) : 관리를 선발해서 임용하다.
《漢書·循吏傳·龔遂》에 나온다. "選用賢良, 固欲安之也." 龔(공손할 공)

[2·8]

齊宣王이 問曰 湯이 放桀하시고 武王이 伐紂라 하니 有諸잇가
孟子ㅣ對曰 於傳에 有之하니이다

제齊나라 선왕宣王이 물어 가로되 "탕왕湯王이 걸桀을 유치留置시키고 무왕武王이 주紂를 토벌했다고 하니 이러한 일이 있었습니까?"
孟子께서 답하여 가라사대 "《書傳》에 그런 내용이 있습니다."

放은 置也라 書云 成湯이 放桀于南巢라 하니라

'방放'은 유치留置시키는 것이다. 《書傳》에 이르되 "성탕成湯이 걸桀을 남소南巢에 안치安置하였다."고 하였다.

주해

● 南巢(남소) : 옛 지명. 지금의 안휘성 소현巢縣 서남쪽에 위치한다. 巢(둥우리 소)
《書·仲虺之誥》에 나온다. "成湯放桀於南巢, 惟有慙德." 虺(살무사 훼) 慙(부끄러울 참)

【備旨】

齊宣王이 有倂東周之意하여 乃問孟子曰 吾聞成湯이 放桀於南巢하고 武王이 伐紂於牧野라 하니 果有此事乎잇가 孟子曰 南巢之師는 載在湯誓하고 牧野之師는 紀於武成하니 考之於傳에 誠有之也니이다

제齊나라 선왕宣王이 동주東周를 병탄倂呑시킬 뜻이 있어 이에 孟子께 물어 가로되 "내가 듣건대 성탕成湯이 걸桀을 남소南巢에 유치留置시키고, 무왕武王이 주紂를 목야牧野에서 토벌했다고 하는데, 과연 이런 일이 있었습니까?"

孟子께서 가라사대 "남소南巢의 군사에 관한 일은 〈湯書〉 편에 실려 있고, 목야牧野의 군사에 관한 일은 〈武成〉 편에 기록되어 있으니, 《書傳》을 상고하면 진실로 이런 일이 있습니다."

주해

- 牧野(목야) : 고대의 지명. 지금의 하남성 기현淇縣의 남쪽에 위치한다. 《書·牧誓》에 나온다. "時甲子昧爽, 王朝至於商郊牧野, 乃誓." 이에 대해 曾運乾의 《正讀》에 "牧野, 在紂都朝歌南七十里."라고 풀이했다. 爽(시원할 상)
- 呑(삼킬 탄)

曰 臣弑其君이 可乎잇가

가로되 "신하가 그 人君을 시해弑害하는 것이 가능합니까?"

桀紂는 天子요 湯武는 諸侯라

'걸傑'과 '주紂'는 天子요, '탕湯'과 '무武'는 제후諸侯이다.

주해

● "臣指蕩武. 君指傑紂. 可乎指名分言."(四書補註備旨)

【備旨】

王曰 桀紂는 君也요 湯武는 臣也니 以臣而弑其君이 可乎잇가

왕이 가로되 "걸桀과 주紂는 人君이요, 탕湯과 무武는 신하이니, 신하로서 그 人君을 시해弑害하는 것이 가능합니까?"

曰 賊仁者를 謂之賊이요 賊義者를 謂之殘이요 殘賊之人을 謂之一夫니 聞誅一夫紂矣요 未聞弑君也케이다

(孟子) 가라사대 "인仁을 해치는 자를 '적賊'이라 하고, 義를 무너뜨린 자를 '잔殘'이라 하며, 仁을 해치고 義를 무너뜨린 자를 '일부一夫'라 합니다. 일부一夫인 주紂를 주벌誅罰했다는 말은 들었어도 人君을 시해弑害했다는 말은 듣지 못하였습니다."

賊은 害也요 殘은 傷也니 害仁者는 凶暴淫虐하여 滅絶天理라 故로 謂之賊이요 害義者는 顚倒錯亂하여 傷敗彝倫이라 故로 謂之殘이라 一夫는 言衆叛親離하여 不復以爲君也라

書曰 獨夫紂라 하니 蓋四海歸之 則爲天子요 天下叛之 則爲獨夫니 所以深警齊王하여 垂戒後世也라

王勉曰 斯言也는 惟在下者ㅣ有湯武之仁하고 而在上者ㅣ有桀紂之暴면 則可커니와 不然이면 是未免於簒弑之罪也라

'적賊'은 해치는 것이요, '잔殘'은 상패傷敗시키는 것이다. '仁을 해치는 자'는 흉포하고 음란하여 천리天理를 완전히 끊어 버리므로 이를 '적賊'이라 한다. '義를 해치는 자'는 본말本末을 뒤집고 어지럽혀서 떳떳한 인륜을 무너뜨리기 때문에 이를 '잔殘'이라 한다. '일부一夫'는 무리가 배반하고 친한 이들이 이반離叛해서 다시는 人君으로 여기지 않는 것을 말한다.

《書傳》에 말하기를 "독부獨夫인 주紂"라고 했으니, 대개 사해四海의 백성들이 돌아오면 天子가 되고, 天下의 백성들이 이반離叛하면 독부獨夫가 된다. 그러므로 제齊나라 王을 깊이 경계하여 후세에 훈계를 내리신 것이다.

왕면王勉이 가로되 "이 말은 아래에 있는 자에게 탕왕湯王과 무왕武王의 仁이 있고, 위에 있는 자에게 걸桀과 주紂의 포악함이 있으면 可하거니와, 그렇지 않으면 이는 찬탈簒奪하고 시해弑害하는 죄를 면하지 못할 것이다."

주해

- 賊(적) : 해치다. 賊(해칠 적)
  "仁是不忍之心. 賊仁者, 其心忍, 故曰賊."(四書補註備旨)
- 殘(잔) : 해치다. 무너뜨리다. 殘(무너뜨릴 잔)
  "義是事之宜. 賊義者, 其事乖, 故曰殘."(四書補註備旨) 乖(어그러질 괴)
- 一夫(일부) : 백성들과 친한 이들이 모두 떠난 폭군. '獨夫'와 같다.
  《文選·陸機 〈五等諸侯論〉》에 나온다. "一夫從橫, 則城池自夷, 豈不危哉?" 이에 대해 李善의 注에 "一夫謂 董卓也."라고 풀이했다.

- 淫虐(음학) : 음란하고 포학하다. 淫(음란할 음) 虐(사나울 학)
  《左傳·昭公元年》 條에 나온다. "夫以强取, 不義而克, 必以爲道. 道以淫虐, 弗可久已矣!"
- 顚倒錯亂(전도착란) : 본말本末을 뒤집어서 정상상태를 어지럽게 만들다. '顚倒'는 본말을 거꾸로 놓는 것이다. '錯亂'은 어지럽게 뒤섞이는 것이다. 顚(꼭대기 전) 倒(넘어질 도) 錯(섞일 착)
  《舊唐書·禮儀志一》에 나온다. "玄析之爲三, 顚倒錯亂, 皆率胸臆, 曾無典據, 何足可憑." 臆(가슴 억) 憑(기댈 빙)
- 獨夫(독부) : 殘惡無道해서 백성들과 친한 이들이 모두 떠난 통치자를 말한다. '고립자孤立者'와 같다.
  《書·泰誓》에 나온다. "獨夫受, 洪惟作威, 乃汝世讎." 이에 대해 孔傳에 "言獨夫, 失君道也."라고 했고, 채침蔡沉의 集傳에 "獨夫, 言天命已絶, 人心已去, 但一獨夫耳."라고 풀이했다.
- 彝(떳떳할 이) 簒(빼앗을 찬) 弑(죽일 시)

【備旨】

> 孟子曰 君者는 民之主니 以其能盡仁義之道也라 賊仁者는 其存心凶暴하고 滅絶天理니 則謂之賊이요 賊義者는 其行事錯亂하고 傷敗彝倫이니 則謂之殘이요 殘賊之人은 天命已去하고 人心已離하여 謂之一夫라 吾聞 武王牧野誓師하여 所誅一夫紂矣요 未聞弑君也니 君而可弑면 綱常安在아 觀武而湯을 可知矣리라

孟子께서 가라사대 "人君은 백성의 주인인 것은 그가 능히 인의仁義의 道를 다하기 때문입니다. 仁을 해치는 자는 그 존심存心이 흉포하고 천리를 완전히 끊어 버리기 때문에 이를 '적賊'이라 하며, 義를 무너뜨리는 자는 그 일처리가 본말을 뒤집고 떳떳한 인륜을 무너뜨리기 때문

에 이를 '잔殘'이라 합니다. 仁을 해치고 義를 무너뜨리는 자는 天命이 이미 떠났고 인심이 이미 떠났기 때문에 이를 '일부一夫'라고 합니다.

나는 무왕武王이 목야牧野에서 군사들에게 맹세하고 일부一夫인 주紂를 주벌誅罰했다는 말은 들었지만, 人君을 시해弑害하였다는 말은 듣지 못하였습니다. 人君을 가히 시해弑害했다면 강상綱常의 윤리가 어디에 있겠습니까? 무왕武王의 일을 살피면 탕왕湯王의 일은 가히 미루어 알 수 있습니다."

주해

- 存心(존심) : 마음에 품은 생각. '거심居心'과 같다.

  《孟子·離婁下》에 나온다. "孟子曰 君子所以異於人者, 以其存心也. 君子以仁存心, 以禮存心. 仁者愛人, 有禮者敬人. 愛人者, 人恒愛之; 敬人者, 人恒敬之." 이에 대해 趙岐의 注에 : "存, 在也. 君子之在心者, 仁與禮也."라고 풀이했다.

[2·9]

孟子ㅣ見齊宣王曰 爲巨室 則必使工師로 求大木하시리니 工師ㅣ得大木則王이 喜하여 以爲能勝其任也라 하시고 匠人이 斲而小之則王이 怒하여 以爲不勝其任矣라 하시리니 夫人이 幼而學之는 壯而欲行之니 王曰 姑舍女의 所學하고 而從我라 하시면 則何如하니 잇고

孟子께서 제齊나라 선왕宣王을 뵙고 가라사대 "큰 집을 짓는데 곧 반드시 공사工師로 하여금 큰 나무를 구해오도록 하실 것이니, 공사工師가 큰 나무를 구해오면 곧 왕께서는 기뻐하여 그 임무를 감당할 수 있다고 여기실 것입니다. 그러나 장인匠人이 이것을 깎아서 작게 만들어 버리면 곧 왕께서는 노怒하여 그 임무를 감당할 수 없다고 여기실 것입니다.
무릇 사람이 어려부터 배우는 것은 장성하여 이를 행하고자 하기 때문입니다. 그러나 이제 왕께서 '잠시 네가 배운 것을 버리고 나를 따르라!' 고 하신다면 곧 어떻게 되겠습니까?"

巨室은 大宮也라 工師는 匠人之長이요 匠人은 衆工人也라 姑는 且也라
言賢人ㅣ所學者大어늘 而王이 欲小之也라

'거실巨室'은 큰 집이다. '공사工師'는 장인匠人의 우두머리요, '장인匠人'은 여러 工人들이다. '고姑'는 '잠시(且)'이다.

어진 이가 배운 것이 크거늘 왕이 그것을 하찮게 여기려고 한다는 말이다.

주해

- 巨室(거실) : 큰 집. 대 저택. 여기서는 '국가國家'를 비유한 말이다.
  趙岐의 注에 "巨室, 大宮也."라고 했다. 宮(집 궁)
  "爲是起造. 巨室比國家."(四書補註備旨)
- 大木(대목) : 동량棟樑으로 쓰일 큰 나무. 곧 '賢人'을 말한다. 棟(용마루 동) 樑(들보 량)
  "大木是棟樑之材, 比賢人."(四書補註備旨)
- 匠(장인 장) 斲(깎을 착) 舍(버릴 사)

【備旨】

孟子ㅣ以齊宣王이 不能任賢圖治할새 因見而諷之曰 爲國之資於賢이 猶作室之資於木하니 王如爲巨室 則必使工師로 求大木하시리니 工師ㅣ得大木則王이 必喜하여 以爲能勝巨室之任也라 하시고 使匠人斲斲而小之則 王이 必怒하여 以爲不能勝巨室之任矣라 하시리니 任木 則欲其大ㅣ如此라 乃夫人之賢者 幼而學夫仁義之道는 及壯而欲以其所學者로 見之於行이요 非自小以徇人者어늘 王則曰 姑舍女所學之仁義하고 而從我所謀之功利라 하시면 是任賢이 反欲其小 如此하니 則視王任木之喜大怒小면 何如耶잇고

孟子께서 제齊나라 선왕宣王이 능히 어진 자를 임용하여 다스리는 것을 도모하지 못하자, 인하여 그를 뵙고 풍자하여 가라사대 "나라를 다스리는데 어진 자에게 자뢰資賴하는 것이 마치 집을 짓는데 나무에 자뢰資賴하는 것과 같습니다. 이제 왕께서 만일 큰 집을 짓는다면 반드시 공사工師에게 큰 나무를 구해오도록 하실 것이니, 공사工師가 큰 나무를 구해오면 왕께서는 반드시 기뻐하여 능히 큰 집을 짓는 임무를 감당할 수 있다고 하실 것입니다.

하지만 가사 장인이 깎고 깎아서 나무를 작게 만들어 버린다면 곧 왕께서는 반드시 노怒하여 능히 큰 집을 짓는 임무를 감당할 수 없다고 하실 것입니다. 나무를 맡기는데 그 큰 나무를 구하고자 함이 이와 같습니다.

예를 들어 어진 자가 어려서부터 인의仁義의 도를 배우는 이유는 장성하여 그 배운 바를 행함에 드러내고자 한 것이지, 스스로를 하찮게

여겨 남을 따르고자 한 것이 아닙니다. 그런데 왕께서 가로되 '잠시 네가 배운 인의仁義를 버려두고 내가 도모하는 공리功利를 따르도록 하라!'고 하신다면, 이는 어진 자를 임용하는데 도리어 하찮게 여기려고 하는 것이 이와 같으니, 왕께서 나무를 맡기는데 큰 것에 기뻐하고 작은 것에 노怒하는 것과 비교하면 어떻습니까?"

今有璞玉於此하면 雖萬鎰이라도 必使玉人彫琢之하시리니 至於治國家하여는 則曰姑舍女의 所學하고 而從我라 하시면 則何以異於敎玉人彫琢玉哉잇고

"지금 여기에 박옥璞玉이 있다면 비록 만일萬鎰의 무게가 나갈지라도 반드시 옥인玉人에게 玉을 조탁彫琢하도록 시킬 것입니다. 하지만 나라를 다스리는데 있어서는 곧 '네가 배운 바를 잠시 버려두고 나를 따르라!' 고 하신다면, 어찌 옥인玉人에게 玉을 조탁彫琢하게 하는 것과 다르게 하십니까?"

璞은 玉之在石中者라 鎰은 二十兩也라 玉人은 玉工也라 不敢自治而付之能者는 愛之甚也라 治國家엔 則殉私欲而不任賢하니 是愛國家不如愛玉也니라
范氏曰 古之賢者는 常患人君이 不能行其所學이요 而世之庸君은 亦常患賢者ㅣ不能從其所好라 是以로 君臣相遇를 自古以爲難하니 孔孟이 終身而不遇는 蓋以此耳시니라

'박璞'은 돌 속에 있는 玉이다. '일鎰'은 20냥이다. '옥인玉人'은 옥공玉工이다. 감히 스스로 玉을 다듬지 않고 능한 자에게 맡기는 것은 매우 아끼기 때문이다. 나라를 다스리는데 곧 사욕私欲을 따르고 어진 자를 임용하지 않으니, 이는 나라를 아끼는 것이 玉을 아끼는 것만 같지 못한 것이다.

범씨范氏 가로되 "옛날의 어진 자는 항상 人君이 능히 그 배운 바를 행하지 못할까 근심하였고, 세상의 용렬庸劣한 人君은 또한 항상 어진 자가 능히 자신이 좋아하는 것을 따르지 못할까 근심하였다. 이 때문에 군신君臣간에 서로 만나는 것을 예로부터 어렵게 여긴 것이니, 孔子와 孟子께서 종신토록 어진 人君을 만나지 못하신 것은 대개 이것 때문이다."

주해

● 鎰(중량 일) 教(하여금 교) 彫(새길 조) 琢(쪼을 탁) 庸(어리석을 용)

【備旨】

王不任賢은 是王不愛國家矣라 今有未彫未琢之璞玉於此하면 其價雖萬鎰之多나 然이나 物重 則不肯輕予人也니 王必使玉人彫琢之는 知己不能而玉人能之也니 王之愛玉亦甚矣라

至於治國家하여는 宜不啻治一璞玉矣며 使賢者以治國家는 宜不啻使玉人治玉矣어늘 而王則曰 姑舍女所學之仁義 而從我所謀之功利라 하기면 則何王之治國家 乃異於教玉人彫琢玉哉잇고 是愛萬乘之國이 不如萬鎰之玉也니 王能反愛玉者愛國이면 自不容不以任木者 而任賢矣리니 臣은 願王其熟計之하소서

"왕께서 어진 자를 임용하지 않는 것은 이는 왕께서 나라를 아끼지 않기 때문입니다. 지금 여기에 아직 조탁彫琢하지 않은 박옥璞玉이 있다면, 그 가치가 비록 만일萬鎰 만큼 많을지라도 그러나 물건이 중하면 곧 가볍게 남에게 주려고 하지 않을 것입니다. 왕께서는 반드시 옥인玉人에게 조탁彫琢하도록 시키는 것은 자신이 능히 玉을 다스리지 못하나 옥인玉人은 능히 다스린다는 것을 알기 때문이니, 이는 왕께서 크게 玉을 아끼는 것입니다.

그러나 나라를 다스리는데 있어서는 마땅히 박옥璞玉 하나를 다스릴 뿐만이 아니며, 어진 자에게 나라를 다스리게 하는 것은 마땅히 옥인玉人에게 玉을 다스리게 할 뿐만이 아닙니다. 하지만 왕께서 말씀하시기를 "잠시 네가 배운 인의仁義를 버려두고 내가 도모하는 공리功利를 따르라!"고 하신다면, 곧 어찌 왕께서 나라를 다스리는데 이에 옥인玉人에게 玉을 조탁彫琢하게 하는 것과 다르게 하십니까?

이는 만승萬乘의 나라를 아끼는 것이 만일萬鎰의 玉을 아끼는 것만 같지 못한 것입니다. 왕께서 능히 玉을 아끼는 마음을 돌이켜 나라를 아끼신다면, 나무를 맡기는 마음으로 어진 자를 임용하지 못한 것을 스스로 용납하지 못할 것입니다. 신이 원하건대 왕께서는 이 점을 깊이 생각하소서."

주해

● 熟計(숙계) : 심사숙고하다. 주도면밀하게 계획하다.
《戰國策·齊策一》에 나온다. "國一日被攻, 雖欲事秦, 不可得也. 是故願大王熟計之."

● 不啻(불시) : '단지 ～ 뿐만 아니다.'. '불근不僅'과 같다. 啻(뿐 시) 僅(겨우 근)
《書·多士》에 나온다. "爾不克敬, 爾不啻不有爾土, 予亦致天之罰於爾躬."
이에 대해 孔傳에 "不但不得還本土而已, 我亦致天罰於汝身."이라 풀이했다.

[2·10]

齊人이 伐燕勝之어늘

제齊나라가 연燕나라를 쳐서 이겼다.

按史記에 燕王噲讓國於其相子之而國大亂이어늘 齊因伐之한대 燕士卒이 不戰하고 城門不閉하여 遂大勝燕이라.

《史記》를 살피건대 연燕나라 왕인 쾌噲가 나라를 재상인 자지子之에게 양보하자 나라가 크게 어지러워졌다. 제나라가 인하여 연나라를 징벌하니 연燕나라 사졸들이 싸우지도 않고 성문도 닫지 않아 마침내 연燕나라를 크게 이겼다.

주해

- 噲(시원할 쾌)

【備旨】

昔燕王噲ㅣ讓國於其相子之한대 國內大亂이어늘 齊人乘釁而伐之하여 遂大勝燕이라

옛날 연燕나라 왕인 쾌噲가 나라를 재상인 자지子之에게 양보하자 나라 안이 크게 어지러워졌다. 이에 제나라 사람이 틈을 타서 정벌하여 마침내 연燕나라를 크게 이겼다.

주해

● 乘釁(승흔) : 기회를 이용하다. 틈을 타다. 乘(탈 승) 釁(틈 흔)
《三國志·魏志·臧洪傳》에 나온다. "漢室不幸, 皇綱失統, 賊臣董卓, 乘釁縱害."

宣王이 問曰 或謂寡人勿取라 하며 或謂寡人取之라 하나니 以萬乘之國으로 伐萬乘之國하되 五旬而擧之하니 人力으로 不至於此니 不取하면 必有天殃이니 取之何如하니잇고

선왕宣王이 물어 가로되 "혹자는 과인寡人에게 연燕나라를 취하지 말라고 하며, 혹자는 과인寡人에게 연燕나라를 취하라고 합니다. 萬乘의 나라로 萬乘의 나라를 정벌하는데 50일 만에 이겼으니 사람이 힘으로는 이에 이를 수가 없습니다. 그러므로 연燕나라를 취하지 않으면 반드시 하늘의 재앙이 있을 것이니, 취하는 것이 어떻겠습니까?"

以伐燕爲宣王事는 與史記諸書로 不同하니 已見序說이라

연燕나라를 정벌한 것을 선왕宣王의 일이라고 한 것은《史記》등의 여러 책들과 같지 않으니, 이미 서설序說에서 밝혔다.

주해

● 勿取 : 연燕나라를 병탄倂呑하지 말라는 뜻이다.
"勿取是安其境土, 撫其人民."(四書補註備旨)

● 取之 : 연燕나라를 병탄倂呑하라는 뜻이다.

"取之是收其版籍, 虜其人民."(四書補註備旨) 虜(포로 로)

● 殃(재앙 앙) 旬(열흘 순)

【備旨】

> 宣王이 意欲取燕하여 乃託之天意 而問曰 勝燕之功이 成矣어늘 或謂利不可貪이라 하며 勸寡人勿取하니 固一策也요 或謂機不可失이라 하며 勸寡人取之하니 又一策也라 人言不同이 若此하니 寡人이 試以意度之컨댄 以齊萬乘之國으로 伐燕萬乘之國은 勢均力敵하여 未易勝也어늘 今特五旬而擧之라 吾恐人力으로 不遽至於此니 或者其天意乎인저 天與不取면 是逆天也요 必有天殃이니 今欲取之以順天心하노니 夫子ㅣ以爲何如잇고

선왕宣王이 마음속으로 연燕나라를 취하고자 하여 이에 천의天意에 기탁하여 물어 가로되 "연燕나라를 쳐서 승리한 공이 이루어졌거늘 혹자는 이익을 탐해서는 안된다고 하면서 과인寡人에게 연燕나라를 취하지 말라고 권하니 진실로 하나의 계책이요, 혹자는 좋은 기회를 놓쳐서는 안된다고 하면서 과인寡人에게 연燕나라를 취하도록 권하니 또 하나의 계책입니다.

사람들의 말이 이와 같이 다르니 과인寡人이 시험삼아 마음속으로 헤아리건대, 제齊나라와 같은 만승萬乘의 나라로 연燕나라와 같은 만승萬乘의 나라를 치는 것은 세력이 비슷하고 힘이 대등하여 쉽게 이길 수가 없거늘, 지금 겨우 50일 만에 연燕나라를 이겼습니다. 나는 인력으로 갑자기 이 지경에까지 이를 수가 없으니 혹시 天意가 아닐까 염려가 됩니다. 하늘의 내려주신 것을 취하지 않으면 이는 하늘의 뜻을

거역하는 것이니 반드시 재앙이 있을 것입니다. 그러므로 이제 연燕나라를 취하여 천심天心을 따르고자 하는데 부자夫子께서는 어떻게 생각하십니까?"

주해

● 敵(대등할 적) 遽(갑자기 거) 殃(재앙 앙)

孟子ㅣ對曰 取之而燕民이 悅則取之하소서 古之人이 有行之者하니 武王이 是也니이다
取之而燕民이 不悅則勿取하소서 古之人이 有行之者하니 文王이 是也니이다

孟子께서 답하여 가라사대 "연燕나라를 취하여 연燕나라 백성들이 기뻐한다면 곧 취하소서! 옛 사람 중에 이를 행한 자가 있으니 무왕武王이 이 분입니다.
연燕나라를 취하되 연燕나라 백성들이 기뻐하지 않는다면 곧 취하지 마소서! 옛 사람 중에 이를 행한 자가 있으니 文王이 이 분입니다."

商紂之世에 文王이 三分天下에 有其二로되 以服事殷이러니 至武王十三年하여 乃伐紂而有天下하시니라
張子曰 此事間不容髮이니 一日之間에 天命未絶이면 則是君臣이요 當日命絶이면 則爲獨夫라 然이나 命之絶否를 何以知之리오 人情而已라 諸侯ㅣ不期而會者ㅣ八百이니 武王이 安得而止之哉시리오

상商나라 주紂의 시대에 文王이 천하를 삼분하여 그 둘을 차지하였으나 은殷나라에 복종하여 섬겼다. 그러다가 무왕武王 13년에 이르러서야 주紂를 정벌하여 천하를 차지하였다.

張子 가로되 "이 일은 사이에 털끝 하나도 용납될 수 없다. 하루 사이라도 天命이 아직 끊어지지 않았다면 곧 이는 군신君臣 사이요, 天命이 끊어진 당일에 곧 독부獨夫가 된다. 그러나 天命이 끊어졌는가의 여부를 어떻게 알 수 있으리오? 인정人情일 따름이다. 제후諸侯들이 정벌을 기약하지도 않았는데 모여든 자들이 8백 명이니 무왕武王이 어찌 이를 제지할 수 있었으리오!"

주해

● 朱子가 말했다. "此亦是齊王欲取燕. 故引之於文武之道. 非謂文王欲取商以商人不悅而止, 武王見商人悅, 已遂取之也. 直是論其理如此耳."(大全註疏)

【備旨】

孟子ㅣ對曰 天意不可知니 亦決之民心而已라 使王取之而燕民이 皆悅이면 是天與齊也니 則順民心以取之하소서 古之人이 有行之者하니 武王이 因八百之人心以伐商이 是也니이다

使王取之 而燕民이 有不悅이면 是天不與齊也니 則順民心而勿取하소서 古之人이 有行之者하니 文王이 因有二之人心以事殷이 是也니이다 是則燕之可取不可取는 決之民心足矣니 紛紛衆論을 何足據乎잇고

孟子께서 답하여 가라사대 "하늘의 뜻은 알 수 없으니 또한 民心으

로 결정할 따름입니다. 가사假使 왕께서 그것을 취하는데 연燕나라 백성들이 모두 기뻐하면 이는 하늘이 제齊나라에 내려준 것이니 곧 민심을 따라서 연燕나라를 취하소서! 옛 사람 중에 이를 행한 자가 있으니 무왕武王이 8백 명의 人心에 따라 상商나라를 정벌한 것이 이것입니다.

가사 왕께서 그것을 취하는데 연燕나라 백성들이 기뻐하지 않으면 이는 하늘이 제齊나라에 준 것이 아니니 곧 民心을 따라서 취하지 마소서! 옛 사람 중에 이를 행한 자가 있으니 文王께서 삼분 천하에 둘을 둔 人心으로 인하여 은殷나라를 섬긴 것이 이것입니다.

이는 곧 연燕나라를 취하고 취할 수 없는 것이 民心의 충족에 따라 결정되는 것이니, 분분紛紛한 중론衆論을 어찌 믿을 수 있으리오!"

以萬乘之國으로 伐萬乘之國이어늘 簞食壺漿으로 以迎王師는 豈有他哉리오 避水火也니 如水ㅣ益深하며 如火ㅣ益熱이면 亦運而已矣니이다

"萬乘의 나라로써 萬乘의 나라를 정벌하는데 대바구니의 밥과 호리병의 국물로써 왕의 군대를 맞이하는 것이 어찌 다른 뜻이 있겠습니까? 연燕나라의 水火를 피하고자 한 것이니, 만약 물이 더욱 깊어지고 만약 불이 더욱 뜨거워지면 또한 다른 곳으로 옮겨갈 따름입니다."

簞은 竹器요 食는 飯也라 運은 轉也라 言齊若更爲暴虐이면 則民將轉而望救於他人矣라

趙氏曰 征伐之道는 當順民心이니 民心이 悅則天意得矣니라

'단簞'은 대나무 그릇이요, '사食'는 밥이다. '운運'은 굴러가는 것이다. 제齊나라가 만약 다시 포학해지면 백성들이 장차 돌아서서 타인에게 구원을 바란다는 말이다.

조씨趙氏 가로되 "정벌征伐의 道는 마땅히 民心을 따라야 하니, 民心이 기뻐하면 곧 하늘의 뜻을 얻는 것이다."

주해

- 簞食(단사) : 대바구니의 밥. 簞(대그릇 단) 食(밥 사)
- 壺漿(호장) : 호리병의 물(음료). 壺(병 호) 漿(음료 장)
  "簞食是飯. 壺漿是湯."(四書補註備旨)
- 水火(수화) : 여기서는 연燕나라의 폭정을 말한다.

【備旨】

夫欲知天命인댄 固當觀人心이요 而欲得人心인댄 又當施仁政이라 今以齊萬乘之國으로 伐燕萬乘之國하니 爲燕民者ㅣ豈遂不可抗齊哉며 而乃簞食壺漿으로 以迎王師者는 豈有他哉리오 特以避燕水火之虐 而望救於齊耳니 王宜以仁易暴하여 拯民於水火之中이 可也어니와 若不順其心하고 更爲暴虐하면 是는 以水濟水而水益深也며 以火濟火而火益熱也니 則燕民始而望齊之救者ㅣ亦將轉而望救於他人矣리니 烏得有其國而君之哉리오 王欲取燕인댄 亦求所以得民心者而已니이다

무릇 天命을 알고자 하면 진실로 마땅히 人心을 살펴야 하고, 人心을 얻고자 하면 또한 마땅히 인정仁政을 베풀어야 합니다. 이제 제齊나라가 만승萬乘의 나라로써 만승萬乘의 연燕나라를 치는데, 연燕나라 백성들이 어찌 끝내 제齊나라에 항거하지 않는 것입니까? 또한 대바구니의 밥과 호리병의 국물로써 왕의 군사를 맞이하는데 어찌 다른 뜻이 있겠습니까? 다만 연燕나라의 水火와 같은 학정虐政을 피하고 제齊나라로부터 구원받기를 바랄 뿐입니다. 그러니 왕께서 마땅히 仁으로써 포학함을 대신하여 백성들을 水火의 가운데에서 구하는 것이 옳을 것입니다.

만약 백성들의 마음을 따르지 아니하고 다시 포학함을 저지른다면 이는 물로써 물을 구제하되 물이 더욱 깊어진 것이며, 불로써 불을 구제하되 불이 더욱 맹렬해진 것입니다. 그렇게 되면 곧 연燕나라 백성 중에 처음에 제齊나라의 구원을 원했던 자들이 또한 장차 돌아서서 他人에게 구원을 바라게 될 것이니, 어찌 능히 그 나라를 차지하여 人君 노릇을 할 수 있겠습니까? 왕께서 연나라를 취하고자 하시면 또한 民心을 얻는 바를 구하셔야 합니다."

[2·11]

齊人이 伐燕取之한대 諸侯ㅣ將謀救燕이러니 宣王이 曰諸侯ㅣ多謀伐寡人者하니 何以待之잇고

孟子ㅣ對曰 臣은 聞七十里로 爲政於天下者는 湯이 是也니 未聞以千里로 畏人者也케이다

제齊나라가 연燕나라를 정벌하여 취하자 제후諸侯들이 장차 연燕나라를 구원할 것을 도모하였다.
선왕宣王이 가로되 "제후諸侯 중에 과인寡人을 정벌하려는 자가 많으니 어떻게 대비해야 합니까?"
孟子께서 답하여 가라사대 "신이 듣건대 칠십 리의 작은 땅으로 천하에 政事를 다스린 자는 탕湯이 이 분이니, 천리千里의 땅을 가지고서 남을 두려워한 자는 아직 듣지 못하였습니다."

千里畏人은 指齊王也라

천리를 가지고 남을 두려워한다는 것은 제齊나라 王을 가리킨 것이다.

【備旨】

齊人伐燕하여 旣勝之後에 不聽孟子順民心之言而竟取之하니 列國諸侯將謀合兵伐齊以救燕이러니 宣王이 乃恐而問曰 諸侯以寡人取燕爲過하여 多謀來伐寡人者하니 事勢至此에 將何以設備而預待之乎잇고
孟子ㅣ對曰 臣聞以七十里之小國而伐暴救民하여 爲政於天下而無與敵者는 成湯이 是也니 未聞以千里之大國으로 若齊顧惴惴焉하고 謀所以待敵하며 若是其畏人者也니이다

제齊나라가 연燕나라를 정벌하여 이미 승리한 후에 孟子께서 말씀하신 民心을 따르라는 말을 듣지 않고 마침내 연燕나라를 취하니, 열국의

제후諸侯들이 장차 군사를 규합하여 제齊나라를 정벌하고 연燕나라를 구원할 것을 도모하였다.

선왕宣王이 이에 두려워서 물어 가로되 "제후諸侯들 중에 과인寡人이 연燕나라를 취한 것을 과실로 삼고 과인寡人을 정벌하려고 도모하는 자가 많습니다. 일의 형세가 이 지경에 이르렀으니 장차 어떻게 대책을 마련하여 미리 그들을 막을 수 있겠습니까?"

孟子께서 답하여 가라사대 "신이 듣건대 7십리의 작은 나라로써 포학한 나라를 정벌하고 백성들을 구원하여, 천하에 政事를 다스리되 더불어 대적할 자가 없었던 자는 성탕成湯이 이 분입니다. 하지만 천리千里의 대국大國으로써 제齊나라처럼 뒤돌아보면서 적을 두려워하고, 적을 대비할 방도를 도모하면서 이처럼 사람을 두려워하는 자를 들어 보지 못했습니다."

주해

- 惴惴(췌췌) : 근심하고 두려워하는 모양. 惴(두려워할 췌)
《詩·小雅·小宛》에 나온다. "惴惴小心, 如臨於穀." 宛(굽을 완) 穀(곡식 곡)

書曰 湯이 一征을 自葛로 始하신대 天下信之하여 東面而征에 西夷怨하며 南面而征에 北狄怨하여 曰奚爲後我오 하여 民이 望之하되 若大旱之望雲霓也하여 歸市者ㅣ不止하며 耕者ㅣ不變이어늘 誅其君而弔其民하신대 若時雨降이라 民이 大悅하니 書曰 徯我后하다소

니 后來하시니 其蘇라 하니이다

"《書經》에 이르기를 '탕湯이 첫 번째 정벌을 갈葛나라로부터 시작하셨다.' 고 하였는데, 天下의 백성들이 모두 믿으며 동쪽을 향하여 정벌하면 서이西夷가 원망하였고, 남쪽을 향하여 정벌하면 북적北狄이 원망하면서 '어찌 우리를 뒤로하는가!' 라고 말하였습니다. 이처럼 정벌해주기를 바라는 백성들의 바램이 마치 큰 가뭄에 구름과 무지개를 바라는 것과 같았습니다. 시장으로 돌아오는 자들이 그치지 아니하였고 밭가는 자들도 변동이 없었습니다. 또한 그 人君을 주살誅殺하고 그 백성들을 위로하시니, 마치 시우時雨가 내리듯이 백성들이 크게 기뻐하였습니다. 《書經》에 이르기를 '우리 人君을 기다리니 人君께서 오시면 다시 살아날 것이다.' 라고 하였습니다"

兩引書는 皆商書仲虺之誥文也니 與今書文으로 亦小異라 一征은 初征也라 天下信之는 信其志在救民이요 不爲暴也라 奚爲後我는 言湯何爲不先來征我之國也라 霓는 虹也라 雲合則雨하고 虹見則止라 變은 動也라 徯는 待也라 后는 君也라 蘇는 復生也라 他國之民이 皆以湯爲我君而待其來하여 使己得蘇息也라 此는 言湯之所以七十里而爲政於天下也라

두 번 인용한 《書經》은 모두 〈商書·仲虺之誥〉의 글이니, 지금 《書經》의 내용과 또한 조금 다르다. '일정一征'은 첫 번째 정벌이다. '천하 백성들이 믿었다.'는 것은 그 뜻이 백성들을 구원하는데 있고 폭정을 행하지 않으리라고 믿었다는 말이다. '어찌 우리를 뒤로 하는가'는 '탕湯이 어찌 먼저 와서 우리나라를 정벌해주지 않는가'라고 말한 것이다. '예霓'는 무지개이다. 구름이 모이면 비가 내리고, 무지개가 보이면 비가 그친다. '변變'은 변동이다. '혜徯'는 기다림이다. '후后'는 人君이다. '소蘇'

는 다시 살아남이다. 다른 나라의 백성들이 모두 탕湯을 자신들의 人君으로 여기고, 탕湯이 와서 자신들을 소생시켜 주기를 기다렸다. 이는 탕湯이 칠십 리의 작은 땅으로써 天下에 政事를 다스렸다는 말이다.

주해

- 望雲霓(망운예) : 구름과 무지개를 기다리다. 霓(무지개 예)
  "望雲是期其雨. 望霓是恐其不雨."(四書補註備旨)
  趙岐의 注에 "霓, 虹也, 雨則虹見, 故大旱而思見之."라 했고, 孫奭의 疏에 "雲霓, 虹也."라고 풀이했다. 虹(무지개 홍)
- 時雨(시우) : 적절한 시기에 내리는 비.
  《書·洪範》에 나온다. "曰肅, 時雨若."
- 蘇息(소식) : 생활을 안정시키고 편히 살게 하다. '소식甦息'과 같다.
  息(살 식) 甦(다시살아날 소, '蘇'의 俗字)
  《書·仲虺之誥》에 나온다. "後來其蘇." 이에 대해 孔傳에 "待我君來, 其可蘇息."이라 풀이했다.
- 徯(기다릴 혜) 虺(살무사 훼)

【備旨】

所謂湯以七十里로 爲政於天下者는 觀於書之所言에(이면) 可見矣라

書曰 葛伯無道어늘 湯一征을 實自葛始하신대 天下皆信其志在救民이요 非爲暴焉이라 由是로 東面而征에 西夷怨하며 南面而征에 北狄怨하니 怨之者皆曰 東南西北이 均一水火中也어늘 何爲不先來征我之國乎아

由書言觀之컨댄 可見湯師之未至也에 民之望之ㅣ冀其來하고 又恐其不來하되 若大旱之時에 望其雲하고 又恐其

霓也라 及湯師之旣至也에 師行不擾而民晏然安之하여 商安於市而歸市者ㅣ不止하며 農安於野而耕者ㅣ不變이어늘 湯於是에 誅其虐民之君而弔其被虐之民하신대 若時雨ㅣ降於大旱之後라 民樂更生 而大悅焉이라 故로 書에 又有曰 徯我后하다소니 后來하시니 其蘇이라 하니 則其望之切而悅之至也ㅣ何如哉아 湯之所以七十里而爲政於天下者ㅣ此也니이다

"이른바 탕湯이 칠십 리의 작은 땅으로 天下에 政事를 다스렸다는 사실은 《書經》에 기록을 살피면 가히 알 수 있습니다. 《書經》에 가로되 '갈백葛伯이 무도無道하거늘 탕湯이 첫 번째 정벌을 실제로 갈葛나라로부터 시작하셨다.'라고 했으니, 天下가 모두 그 뜻이 백성을 구제하는데 있고 폭정을 행하지 않을 것이라고 믿었습니다. 이로 말미암아 동쪽을 향하여 정벌하면 서이西夷가 원망하고, 남쪽을 향하여 정벌하면 북적北狄이 원망하였으며, 원망하는 자들이 모두 말하기를 '동서남북의 땅이 모두 水火의 가운데 있거늘, 어찌 먼저 와서 우리나라를 정벌해 주지 않으신고!'라고 하였습니다.

《書經》의 내용으로 말미암아 살피건대, 탕湯의 군사가 아직 이르지 아니하니 백성들의 바램이 탕湯이 오기를 바라고 또 탕湯이 오지 않을까 두려워하되, 마치 큰 가뭄에 그 구름을 바라고 또 그 무지개를 두려워하는 것처럼 하였습니다. 또한 탕湯의 군사가 이미 이르러서는 군사의 행렬이 흐트러지지 않아 백성들이 안연晏然하게 편안하였습니다. 상인들이 시장에서 편안하니 시장으로 돌아오는 자가 그치지 않았으며, 농부들이 들에서 편안하니 밭가는 자가 변동이 없었습니다. 이에 탕湯이 그 백성을 학대한 人君을 주살誅殺하고 그 학대받은 백성들을 위로하기를 마치 시우時雨가 큰 가뭄 뒤에 내리는 것처럼 하시니 백성

들이 소생하여 크게 기뻐하였습니다.

그러므로 《書經》에 또 가로되 '우리 人君을 기다리니 人君께서 오시면 우리가 소생할 것이다.'라고 하였으니, 곧 그 바램이 간절하고 기쁨이 지극한 것이 어떠하였겠습니까? 탕湯이 70리의 작은 땅으로 天下에 政事를 다스렸다는 것이 바로 이런 것입니다."

주해

- 葛伯(갈백) : 갈葛나라의 방백方伯. '방백方伯'은 은주殷周시대에 지방 제후의 우두머리이다.
  《禮記·王制》 편에 나온다. "天子百里之內以共官, 千里之內以爲御, 千里之外設方伯."
- 晏然(안연) : 편안하고 안정된 모습. 晏(편안할 안)

今에 燕虐其民이어늘 王이 往而征之하시니 民以爲將拯己於水火之中也라 하여 簞食壺漿으로 以迎王師어늘 若殺其父兄하며 係累其子弟하며 毁其宗廟하며 遷其重器하면 如之何其可也리오 天下ㅣ固畏齊之彊也니 今又倍地而不行仁政이면 是는 動天下之兵也니이다

"지금 연燕나라가 그 백성들을 학대하거늘 왕께서 가서 정벌하시니, 백성들이 장차 자신들을 수화水火의 가운데서 구원해 줄 것으로 생각하여 대바구니의 밥과 호리병의 국물로 왕의 군사를 맞이하고 있습니다. 그런데 만일 그 父兄을 죽이며 그 子弟들을 가두며 그 종묘를 훼손하며 그 보기寶器들을 옮겨가 버리면 그것이 어찌 可하겠습니까?

天下가 본디 제齊나라의 강성함을 꺼려하고 있었는데, 이제 다시 영토를 두 배로 넓히고 인정仁政을 행하지 않는다면 이는 天下의 군사들을 움직이게 만드는 것입니다."

拯은 救也라 係累는 縶縛也라 重器는 寶器也라 畏는 忌也라 倍地는 幷燕而增一倍之地也라 齊之取燕을 若能如湯之征葛이면 則燕人悅之하여 而齊可爲政於天下矣어늘 今乃不行仁政而肆爲殘虐하니 則無以慰燕民之望而服諸侯之心이라 是以로 不免乎以千里而畏人也라

'증拯'은 구원함이다. '누계係累'는 묶고 속박하는 것이다. '중기重器'는 보기寶器이다. '외畏'는 꺼려함이다. '배지倍地'는 연燕나라를 병탄하여 땅을 한 배 더하는 것이다. 제齊나라가 연燕나라를 취하는 것을 만약 탕湯이 갈葛나라를 정벌하는 것과 같이 한다면 곧 연燕나라 사람들이 기뻐하여 제齊나라가 가히 天下에 政事를 다스릴 수 있을 것이다. 그러나 지금 인정仁政을 행하지 아니하고 멋대로 잔학殘虐한 짓을 저지르니 곧 연燕나라 백성들의 바램을 위로하거나 제후들의 마음을 복종시킬 수가 없다. 이 때문에 천 리의 넓은 땅을 차지하고서도 남을 두려워함을 면치 못하는 것이다.

주해

- 遷其重器 : 연燕나라의 보기寶器들을 다른 곳으로 옮겨가다. 遷(옮길 천) "遷是徙移. 重器是先代所藏之寶器."(四書補註備旨) 徙(옮길 사)
- 拯(건질 증) 縶(맬 집) 縛(묶을 박) 肆(방자할 사)

【備旨】

若齊以千里而畏人者는 果何故哉아 要亦不能如湯之師耳라 今燕暴虐其民이 與葛無異하니 王이 往而征之를 亦與征葛無異면 燕之民이 以爲將拯己於水火之中也라 하여 而簞食壺漿으로 以迎王師하니 又何殊於雲霓之望乎아 使王之取燕을 能如湯之征葛하여 有以慰其望이면 則燕民悅하여 而齊亦可以爲政於天下矣어니와 乃若此殘殺其父兄하며 係縛其子弟하며 析毁其宗廟하며 遷徙其重器하면 則是取燕以自利而非成湯時雨之師矣니 如之何其可爲也리오
夫天下諸侯ㅣ固畏忌齊之强大也나 第無釁可乘耳어늘 今又併燕加一倍之地하여 而不行仁政以慰燕民之望이라 故로 諸侯之忌愈深하여 伐齊之謀遂合하니 是天下之兵은(을) 王實有以動之也니 能不以千里而畏人乎아

“제齊나라 처럼 천리의 넓은 땅을 가지고서도 남을 두려워하는 것은 과연 무엇 때문입니까? 요컨대 또한 능히 탕湯의 군사와 같지 못하기 때문입니다. 지금 연燕나라가 그 백성들을 포학暴虐하게 대하는 것이 갈葛나라와 다름이 없으니, 왕께서 가서 연燕나라를 정벌하는 것을 또한 탕湯이 갈葛나라를 정벌하는 것과 다름이 없게 하신다면, 연燕나라 백성들이 장차 자신들을 水火의 가운데서 구원해 줄 것이라고 여겨 대바구니의 밥과 호리병의 국물로 왕의 군사를 맞이할 것이니, 또한 어찌 구름과 무지개를 바라는 것과 다르겠습니까?

가사假使 왕께서 연燕나라를 취하는 것을 능히 탕湯이 갈葛나라를 정벌하는 것과 같이 하여 그 바램을 위로할 수 있다면, 곧 연燕나라 백성

들이 기뻐하여 제齊나라 또한 가히 天下에 政事를 다스릴 수 있을 것입니다. 하지만 이처럼 그 父兄을 잔학하게 죽이며 그 子弟들을 가두며 그 종묘를 부수고 훼손하며 그 보기寶器들을 다른 곳으로 옮겨간다면, 이는 연燕나라를 취하여 스스로를 이롭게 하는 것이지 성탕成湯의 시우時雨와 같은 군사가 아니니, 그것이 어찌 可하다고 하겠습니까?

무릇 天下 제후들이 본디 제齊나라의 강대함을 두려워하고 꺼려하였으나 다만 가히 편승할만한 흠이 없었을 뿐입니다. 하지만 지금 또 연燕나라를 병탄하여 영토를 한 배나 늘리면서도 인정仁政을 행하여 연燕나라 백성들의 바램을 위로하지 않고 있습니다. 그러므로 제후들이 제齊나라를 꺼려하는 것이 더욱 심해져서 제齊나라를 정벌하려는 모의가 마침내 이루어진 것입니다. 이는 天下의 군사들을 왕께서 실제로 움직이게 한 것이나 마찬가지니, 능히 천 리의 넓은 땅을 가지고서도 남을 두려워하지 않겠습니까?"

주해

- 拆毁(탁훼) : 무너뜨리고 훼손시키다. 坼(터질 탁) 毁(무너뜨릴 훼)
  明나라 이지李贄의 《答周友山書》에 나온다. "我因人說要拆毁湖上芝佛院, 故欲即刻蓋閣於後, 使其便於一時好拆毁也."
- 第(다만 제) 釁(결점 흠)

王速出令하사 反其旄倪하시며 止其重器하시고 謀於燕衆하여 置君而後에 去之면 則猶可及止也이리이다

"왕께서 빨리 영令을 내리시어 그 노인과 어린애들을 돌려 보내시며, 그 중요한 보기寶器들의 반출搬出을 그치게 하시고, 연燕나라 신민臣民들과 상의하여 어진 人君을 세운 후에 연燕나라를 떠나가시면 오히려 천하의 군사들을 그치게 할 수 있습니다."

反은 還也라 旄는 老人也요 倪는 小兒也니 謂所虜略之老小也라 猶는 尙也라 及止는 及其未發而止之也라

范氏曰 孟子ㅣ事齊梁之君에 論道德則必稱堯舜하시고 論征伐則必稱湯武하시니 蓋治民을 不法堯舜則是爲暴요 行師를 不法湯武則是爲亂이니 豈可謂吾君不能而舍所學以徇之哉아

'반反'은 돌려보내는 것이다. '모旄'는 노인이요 '예倪'는 어린애니, 포로로 잡은 노인과 어린애를 말한다. '유猶'는 '오히려'의 뜻이다. '급지及止'는 아직 일어나기 전에 그치게 한다는 것이다.

범씨范氏 가로되 "孟子께서 제齊나라와 양梁나라의 人君을 섬기는데 도덕을 논하면 곧 반드시 요堯와 순舜을 일컬었고, 정벌을 논하면 곧 반드시 탕왕湯王과 무왕武王를 일컬으셨다. 이는 대개 백성을 다스리는데 요堯와 순舜을 법삼지 않으면 곧 이는 폭정暴政을 행하는 것이요, 군사를 움직이는데 탕왕湯王과 무왕武王를 법삼지 않으면 곧 이는 난정亂政을 행하는 것이니, 어찌 가히 우리 人君은 행할 수 없다고 말하면서 배운 바를 버리고 순종할 수 있으리오?"

주해

- 置君(치군) : 새로 어진 人君을 세우다.
  "置君是更立賢君."(四書補註備旨)
- 旄倪(모예) : 노인과 어린아이. 旄(늙은이 모) 倪(어린이 예)
  趙岐의 注에 "旄, 老耄也. 倪, 弱小倪倪者也."라고 했다.

【備旨】

然이나 此皆已往之事니 無足論矣라 爲今之計는 王速出令以曉告國人하여 反其旄倪之係累者하며 止其重器之未遷者하며 謀於燕國臣民之衆하여 擇其賢以當立者하여 置爲燕君而後에 引兵去之리니 如是則燕亂已定에 諸侯不得以救燕爲名하고 齊不爲暴에 諸侯不得以伐暴爲說하리니 猶可及其兵之方動而使之中止也리라

臣所以告王待之之策이 如此니 苟是令不出하고 卽出而不速하면 則諸侯之謀遂成而救燕之兵이 且至리니 臣不知所以待之矣니 王亟圖之하소서

"그러나 이는 모두 이미 지나간 일이니 족히 논할 필요가 없습니다. 지금 시급한 계책은 왕께서 속히 영令을 내려 국인國人들을 깨우쳐서 그 포로로 잡혀온 노인과 어린애들을 돌려보내고, 그 중요한 보기寶器들중에 아직 반출하지 않은 것들을 멈추게 하며, 연燕나라 신민臣民들과 논의하여 그 어질어서 마땅히 세울만한 자를 택하여 연燕나라의 人君으로 세운 후에 군사를 이끌고 연燕나라를 떠나야 합니다.

이와 같이 하면 곧 연燕나라의 분란紛亂이 이미 안정되어 제후들이 연燕나라를 구한다는 명분을 삼지 못하게 되며, 제齊나라가 포학하지 않으니 제후들이 포학함을 정벌한다는 구실을 얻지 못하게 될 것입니다. 그러므로 오히려 제후들의 군사가 바야흐로 움직이려 할 때 그들을 그치게 할 수 있을 것입니다.

臣이 왕께 고한 대비책이 이와 같으니, 만일 이런 명령을 내리지 않거나 곧 명령을 내리더라도 속히 내리지 않으면 제후들의 모의가 마침내 이루어져 연燕나라를 구원하려는 군사들이 장차 이를 것입니다. 그

렇게 되면 臣은 그들을 막을 방도를 알지 못하니 왕께서는 빨리 이를 도모하소서!"

주해

- 曉告(효고) : 알리다. 깨우치다.
  《漢書·尹翁歸傳》에 나온다. "翁歸輒召其縣長吏, 曉告以姦黠主名." 輒(문득 첩) 黠(간교할 힐)
- 亟(빠를 극)

[2·12]

鄒ㅣ與魯鬨이러니 穆公이 問曰 吾有司死者ㅣ三十三人이로되 而民은 莫之死也하니 誅之則不可勝誅요 不誅則疾視其長上之死而不救하니 如之何則可也잇고

추鄒나라가 노魯나라와 더불어 싸우는데 추鄒나라의 목공穆公이 물어 가로되 "우리 유사有司 중에 죽은 자가 33인이지만 백성들은 죽은 자가 없으니, 이들을 주살하려 하면 가히 이루 다 죽일 수가 없으며, 주살하지 않는다면 앞으로 그 유사有司의 죽음을 질시疾視하며 구원하지 않았으니, 어떻게 하면 좋겠습니까?"

鬨은 鬪聲也라 穆公은 鄒君也라 不可勝誅는 言人衆하여 不可盡誅也라 長上은 謂有司也라 民怨其上故로 疾視其死而不救也라

'홍鬨'은 싸우는 소리이다. '목공穆公'은 추鄒나라 人君이다. '불가승주不可勝誅'는 사람이 많아서 가히 다 죽일 수 없다는 말이다. '장상長上'은 유사有司를 말한다. 백성들이 그 장상長上을 원망하기 때문에 그들의 죽음을 질시하여 구원하지 않는 것이다.

주해

- 有司 : 관리. 여기서는 '장수將帥'를 말한다.
  "有司指將帥. 死是赴鬪而死也."(四書補註備旨)
- 鬨(싸울 홍) 疾(미워할 질) 勝(다할 승)

【備旨】

> 鄒ㅣ與魯爲鄰하여 不相睦而有相鬪之鬨聲이러니 穆公問曰 我師敗績於魯하여 吾有司死於戰者ㅣ三十三人이로되 而民莫肯爲之死以赴有司之難也하니 今將欲誅之則人衆不可勝誅니 難乎其爲刑이요 不誅則疾視其長上之死而不救하여 無以謝有司하니 不知如之何而可以處此民也잇고 穆公此問은 蓋徒知咎民而不知咎己하고 知愛有司而不知愛民矣라

추鄒나라가 노魯나라와 더불어 이웃나라인데 서로 화목하지 못하고 서로 싸운다는 소문이 들렸다.

추鄒나라 목공穆公이 물어 가로되 "우리 군사가 노魯나라에 대패大敗하여 우리 유사有司 중에 싸움에서 죽은 자가 33명이나 되는데, 백성들 가운데 죽음으로써 유사有司의 재난을 구하려는 자가 없었습니다. 이제 장차 그들을 주살하려고 한다면 곧 사람들이 많아 가히 이루 다 죽일 수가 없으니 그들을 형벌로 다스리기가 어렵습니다. 또한 그들을

주살하지 않는다면 곧 그 장상長上의 죽음을 질시하여 구원하지 아니하여 죽은 유사有司들에게 사죄할 수가 없으니, 어떻게 가히 이 백성들을 처리해야 할지 모르겠습니다."

목공穆公의 이 물음은 대개 한갓 백성들을 탓할 줄만 알되 자신을 탓할 줄은 모르며, 유사有司를 사랑할 줄은 알되 백성들을 사랑할 줄을 알지 못한 것이다.

주해

- 敗績(패적) : 군사가 대패하다. 궤멸되다. 績(일 적)
  《書·湯誓》에 나온다. "夏師敗績, 湯遂從之." 이에 대해 孔傳에 "大崩曰敗績."이라고 풀이했다. 崩(무너질 붕)
- 赴難(부난) : 위험과 재난에서 구하다. 赴(나아갈 부)
  《後漢書·鄭玄傳》에 나온다. "玄唯有一子益恩, 孔融在北海, 擧爲孝廉. 及融爲黃巾所圍, 益恩赴難隕身." 隕(죽을 운)
- 徒(한갓 도) 咎(허물 구)

孟子ㅣ對曰 凶年饑歲에 君之民이 老弱은 轉乎溝壑하고 壯者는 散而之四方者ㅣ幾千人矣요 而君之倉廩實하며 府庫充이어늘 有司ㅣ莫以告하니 是는 上慢而殘下也라 曾子曰 戒之戒之하라 出乎爾者ㅣ反乎爾者也라 하시니 夫民이 今而後에 得反之也로소니 君無尤焉하소서

孟子께서 답하여 가라사대 "흉년과 기근饑饉이 든 해에 人君의 백성들 중에 노약자들은 구학溝壑에서 뒹굴다가 죽어 가고, 장정壯丁들은

흩어져 사방으로 떠난 자가 몇 천 명이나 됩니다. 그런데도 人君의 창름倉廩의 곡식이 가득하고 부고府庫의 재화가 가득하거늘 유사有司 중에 아무도 이를 人君께 고한 자가 없었습니다. 이는 윗사람이 태만하여 아랫사람을 잔해殘害한 것입니다.
曾子께서 말씀하시기를 '경계하고 경계하라! 너에게서 나온 것이 너에게로 되돌아 간다.' 고 하셨습니다. 무릇 백성들이 지금에서야 되갚음을 한 것이니 人君께서는 탓하지 마소서!"

轉은 飢餓輾轉而死也라 充은 滿也라 上은 謂君及有司也라 尤는 過也라

'전轉'은 기아飢餓 속에 전전하다가 죽는 것이다. '충充'은 가득함이다. '상上'은 人君과 유사有司를 말한다. '우尤'는 허물이다.

주해

- 饑歲(기세) : 기황饑荒이 든 해. '황년荒年'과 같다. 饑(주릴 기)
- 溝(봇도랑 구) 壑(골짜기 학) 倉(곳집 창) 廩(곳집 름)

【備旨】

孟子ㅣ對曰 民之疾視其長上之死者ㅣ有由然矣라 當凶年饑歲하여 君之民이 老弱者는 皆飢餓輾轉而死於溝壑之中하고 其壯者는 則散而之四方以就食者ㅣ 幾千人之多矣요 民之失所如此하니 豈非爲有司者之所宜加恤哉아 而君倉廩之穀은 自實하며 府庫之財는 自充이어늘 有竟無一人陳救荒之策於君而賑恤之하니 是는 君與有司ㅣ

皆暴慢不仁而殘虐下民也니 民豈不思所以反之乎아 司曾子嘗有言曰 戒之哉戒之哉하라 凡德怨之出於爾者ㅣ如此면 則人之反乎爾者ㅣ亦如此也라 하시니 彼有司莫告民之怨이 已非一日이요 特未有隙得反耳어늘 夫民이 至於今戰鬪之日而後에 得疾視有司之死하여 而不救而反之也라 此爾出爾反之常耳니 君無專歸過於民焉하소서

孟子께서 답하여 가라사대 "백성들이 그 장상長上의 죽음을 질시疾視하는 것에는 그런 이유가 있습니다. 흉년과 기세饑歲를 당하여 人君의 백성들이 노약자들은 모두 굶주려 전전하다가 도랑과 골짜기 가운데서 죽고, 장정壯丁들은 흩어져 사방으로 나가서 생계를 도모하는 자가 몇 천 명이나 됩니다. 백성들이 이처럼 제 자리를 잃었으니, 어찌 유사有司된 자가 마땅히 구휼해야 할 바가 아니겠습니까?

하지만 人君의 창름倉廩의 곡식들은 저절로 가득하고 부고府庫의 재화는 저절로 채워지거늘, 유사有司들 중에 끝내 한 사람도 人君에게 구황救荒의 계책을 아뢴 자가 없습니다. 이는 人君과 유사有司가 모두 포학하고 태만하며 어질지 못하여 백성들을 잔학殘虐하게 대한 것이니, 백성들이 어찌 되갚을 생각을 하지 않겠습니까?

曾子께서 일찍이 말씀하시기를 '경계하고 경계하라! 무릇 덕과 원망怨望이 너에게서 나온 것이 이와 같다면 곧 사람들이 너에게로 되갚는 것이 또한 이와 같을 것이다.'라고 하셨습니다. 저 유사有司들이 백성들의 원망을 고하지 않은 것이 이미 하루의 일이 아니요, 다만 되갚아줄 기회가 없었을 뿐입니다. 그러다가 백성들이 이번 전투의 날에 이르러서야 유사有司의 죽음을 질시하여 구원하지 않고 되갚을 수 있었던 것입니다. 이는 너에게 나와서 너에게로 돌아간 떳떳한 일이니, 人君께서는 허물을 오로지 백성들에게만 돌리지 마소서!"

주해

- 由然 : 자연히 그렇게 되다. '유연油然'과 같다.
  《大戴禮記·文王官人》에 나온다. "喜色由然以生." 이에 대해 노변盧辯의 注에 "由當爲油."라고 풀이했다.
- 就食(취식) : 밖에 나가서 생계를 도모하다.
  《史記·平準書》에 나온다. "江南火耕水耨, 令飢民得流就食江淮間." 耨(김맬 누)

君行仁政하시면 斯民이 親其上하여 死其長矣리이다

"人君께서 인정仁政을 행하시면 이 백성들이 그 人君과 유사有司들을 친애親愛하여 그 장상長上을 위해 죽을 것입니다."

君不仁而求富라 是以로 有司ㅣ知重斂而不知恤民이라 故로 君行仁政이면 則有司ㅣ皆愛其民而民亦愛之矣라
范氏曰 書에 曰民惟邦本이니 本固라야 邦寧이라 하니 有倉廩府庫는 所以爲民也니 豐年則斂之하고 凶年則散之하여 恤其飢寒하고 救其疾苦라 是以로 民親愛其上하여 有危難則赴救之를 如子弟之衛父兄하며 手足之捍頭目也라 穆公이 不能反己하고 猶欲歸罪於民하니 豈不誤哉아

人君이 어질지 못하면서 부富만을 구하기 때문에 유사有司들이 세금을 무겁게 거둘 줄만 알고 백성을 구휼할 줄은 모르는 것이다. 그러므로 人君이 인정仁政을 행하면 곧 유사有司들이 모두 그 백성들을 사랑하게 되고 백성들 또한 그들을 사랑하게 되는 것이다.

범씨范氏 가로되 "《書經》에 이르기를 '백성은 나라의 근본이니, 근본이 견고해야 나라가 편안하도다!'라고 했다. 창름倉廩과 부고府庫를 둔 것은 백성을 위한 것이니, 풍년에는 거두어 들이고 흉년에는 나누어 주며, 그 굶주리고 추운 자들을 구휼해주고 그 질병으로 고통받는 자들을 구휼해주어야 한다. 이로써 백성들이 그 윗사람을 친애하여 위난危難이 있으면 나아가 구원하기를 마치 子弟들이 부형을 지키는 것 같이 하고, 수족이 두목頭目을 보호하는 것 같이 할 것이다. 목공穆公이 능히 자신에게 돌이키지 못하고 오히려 죄를 백성에게 돌리려고 하니 어찌 잘못이 아니리오?"

주해

- 親其上 : 그 人君과 유사有司를 친애親愛하다. '上'은 人君과 유사有司를 말한다. "親以心言. 上仍謂君及有司."(四書補註備旨)
- 死其長 : 그 어른을 위해 죽다. 여기에서 '장長'은 유사有司를 말한다. "死以身言. 長專指有司."(四書補註備旨)
- 赴救(부구) : 나아가 구원하다.
  漢나라 桓譚의 《新論·言体》에 나온다. "(楚灵王)不敢赴救, 而吳兵遂至."
- 斂(거둘 렴) 捍(막을 한)

【備旨】

由此觀之컨대 民不救有司는 由有司有不恤民이요 而有司之不恤民은 皆由於君之不行仁政故也라 君若平日自反而擧行仁政하여 恤其飢寒하고 救其疾苦면 則有司皆體君心而各愛其民矣요 有司旣恤其民이면 自然情義相關하여 親其上에 愛戴而不忘하고 死其長에 捐軀而不悔矣리니 何至有疾視其長上之死而不救者哉아 此君之所以當反己요 而不可過責於民也니이다

이로 말미암아 살피건대, 백성들이 유사有司를 구원하지 않은 것은 유사有司들이 백성들을 구휼하지 않았기 때문이요, 유사有司들이 백성들을 구휼하지 않은 것은 모두 人君이 인정仁政을 행하지 않았기 때문입니다.

人君이 만약 평일에 스스로 돌이켜 인정仁政을 행하고 백성들의 기한飢寒을 구휼하며 그 질고疾苦에서 구원해 준다면, 곧 유사有司들이 모두 人君의 마음을 체득하여 각기 그 백성들을 사랑할 것입니다.

유사有司가 이미 그 백성들을 구휼하면 자연히 인정人情과 의리義理가 상관相關하여 그 人君과 有司를 친애하는데 애대愛戴하여 잊지 않고, 그 장상長上(有司)을 위해 목숨을 바치되 후회하지 않을 것이니, 어찌 그 장사長上(有司)의 죽음을 질시하며 구원하지 않는 자가 있겠습니까! 이는 人君이 마땅히 자신에게 돌이켜 가히 백성들을 지나치게 꾸짖을 수 없는 이유입니다."

주해

- 情義(정의) : 인정人情과 의리義理.
  《玉台新詠·古詩〈爲焦仲卿妻作〉》에 나온다. "今日違情義, 恐此事非奇."
- 捐軀(연구) : 나라와 정의를 위해 목숨을 바치다. 捐(버릴 연) 軀(몸 구)
  漢나라 袁康의《越絶書·外傳紀策考》에 나온다. "子胥至直, 不同邪曲, 捐軀切諫, 虧命爲邦." 虧(이지러질 휴)
- 愛戴(애대) : 경애하고 보호하다. 戴(일 대)
  《舊唐書·懿宗紀》에 나온다. "(王景崇)洽三軍愛戴之情, 荷千里折衝之寄." 懿(아름다울 의)

[2·13]

滕文公이 問曰 滕은 小國也라 間於齊楚하니 事齊乎잇가 事楚乎잇가

등滕나라 문공文公이 물어 가로되 "등滕은 小國으로 제齊나라와 초楚나라 사이에 끼어 있으니 제齊나라를 섬겨야 합니까? 아니면 초楚나라를 섬겨야 합니까?"

滕은 國名이라

'등滕'은 나라이름이다.

주해

● 滕文公 : '등滕'은 주대周代의 소국으로 시조始祖는 周나라 文王의 아들인 착숙수錯叔繡이다. 문공文公의 姓은 '희姬', 이름은 '수繡'이며 정공定公의 아들이다. 滕(나라이름 등)

【備旨】

滕文公이 問曰 小國은 勢孤力弱하니 必託依大國이라야 乃能自安이어늘 今藤地方五十里니 乃至小之國也라 間於齊楚而居乎二大國之間하여 非有所事면 不能自保也(리)니 將事齊乎잇가 抑事楚乎잇가 夫子ㅣ爲我決之하소서

등滕나라 문공文公이 물어 가로되 "소국小國은 형세가 외롭고 힘이 약하니, 반드시 대국大國에 의탁해야 이에 스스로 편안할 수가 있습니다. 이제 등滕나라의 영토가 方 오십 리니 이에 지극히 작은 나라입니다. 제齊나라와 초楚나라의 사이에 끼어 두 大國의 사이에 위치하여 大國을 섬기지 않으면 능히 스스로를 보존할 수 없으니, 장차 제齊나라를 섬겨야 합니까? 아니면 초楚나라를 섬겨야 합니까? 夫子께서 저를 위해 결정해 주십시오."

孟子ㅣ對曰 是謀는 非吾의 所能及也로소이다 無已則有一焉하니 鑿斯池也하며 築斯城也하여 與民守之하여 (君)效死而民弗去면 則是可爲也니이다

孟子께서 답하여 가라사대 "이 계책은 내가 능히 미칠 수 있는 바가 아닙니다. 말을 그치지 말라고 하신다면 하나의 계책이 있으니, 이 연못을 깊이 파고 이 성城을 견고하게 쌓아서 백성들과 더불어 죽음을 다해 지키되 백성들이 떠나가지 아니하면 곧 이것은 가히 해볼 만한 일입니다."

無已는 見前篇이라 一은 謂一說也라 效는 猶致也라 國君은 死社稷故로 致死以守國이요 至於民亦爲之死守而不去는 則非有以深得其心者면 不能也라

此章은 言有國者ㅣ當守義而愛民이요 不可僥倖而苟免이라

'무이無已'는 전편에 보인다. '일一'은 일설一說을 말한다. '효效'는 '치致'와 같다. '국군國君'은 사직社稷을 위해 죽기 때문에 죽음을 다해 나라를 지키는 것이요, 백성들이 또한 나라를 위해 사수死守하며 떠나지 않는 것은 곧 깊이 백성들의 마음을 얻은 자가 아니라면 능히 할 수 없는 일이다.

이 장은 나라를 다스리는 자는 마땅히 의리를 지켜 백성을 애호愛護해야 하며, 가히 요행僥倖으로 구차하게 면할 수 없음을 말씀하신 것이다.

주해

- 無已 : 그칠 수 없다. 곧 '말하지 않을 수 없다.'는 뜻이다. '이已'는 '지止'와 같다.
- 效死而民弗去 : 人君이 죽음을 다해서 지키고 백상들이 떠나가지 않다. 效(다할 효)
  "是說臨變故時. 效死指君言. 弗去指民言."(四書補註備旨)
- 鑿(뚫을 착) 築(쌓을 축)

【備旨】

孟子ㅣ對曰 是事齊事楚之謀는 非吾智慮之所能及也로소이다 君必欲言之無已면 則有一道焉하니 鑿斯池也而浚之使深하며 築斯城也而增之使高하여 爲之君者ㅣ平日愛養其民하여 與民共守此城池라가 及遇變時에 君必效死以盡其義하고 而民心固結하여 亦爲之死守而不去면 則是理之可爲者ㅣ不過如此라 如欲依齊楚以爲安은 特僥倖苟免之計耳니 豈吾所能及哉아

孟子께서 답하여 가라사대 "제齊나라를 섬기고 초楚나라를 섬기는

계책은 나의 지혜와 생각으로 능히 미칠 수 있는 것이 아닙니다. 人君께서 반드시 말을 그치지 말라고 하신다면 곧 하나의 방도가 있습니다. 이 연못을 파되 깊이 파서 깊게 만들고, 이 성을 쌓되 높이 쌓아서 높게 만들며, 그 人君된 자가 평소에 그 백성들을 애양愛養하고 백성들과 더불어 이 성과 연못을 함께 지켜야 합니다.

그러다가 변란의 때에 미쳐 人君이 반드시 목숨을 바쳐 그 義를 다하고, 民心이 굳게 단결하여 또한 人君을 위해 죽음으로써 지키고 떠나지 아니하니, 곧 이는 이치로 가히 할 수 있는 것이 이와 같음에 지나지 않습니다. 만약 제齊나라와 초楚나라에 의지하여 안주하고자 하는 것은 다만 요행으로 구차하게 면하려는 계책일 뿐이니, 어찌 내가 능히 미칠 바이겠습니까?"

주해

● 浚(깊을 준)

[2·14]

滕文公이 問曰 齊人이 將築薛하니 吾ㅣ 甚恐하노니 如之何則可잇고

등滕나라 문공文公이 물어 가로되 "제齊나라가 장차 설薛나라 땅에 성城을 쌓으려고 합니다. 나는 심히 두려우니 어떻게 하면 좋겠습니까?"

薛은 國名이니 近滕이러니 齊取其地而城之라 故로 文公이 以其偪己而恐也라

'설薛'은 나라이름으로 등滕나라에 가까운데 제齊나라가 그 땅을 취하여 성을 쌓았다. 그러므로 文公이 자신을 핍박逼迫한다고 여겨 두려워한 것이다.

주해

- 薛(설) : 나라이름. 주대周代의 제후국으로 산동성 등현滕縣에 위치하였다.
- 偪(핍) : 핍박하다, 위협하다. 핍偪은 '핍逼'과 같다.
  偪(다가올 핍) 逼(닥칠 핍)

【備旨】

> 滕文公이 問於孟子曰 滕之與薛으로 本相依之國也어늘 齊人이 將築薛地而城之하니 其勢必逼於滕이라 吾甚懼其禍之將及하노니 不知라 如之何則可以免倂呑之患也잇고

등滕나라 문공文公이 孟子에게 물어 가로되 "등滕나라는 설薛나라와 더불어 서로 의지하는 나라였는데, 지금 제齊나라가 장차 설薛나라 땅에 담을 쌓아 성을 만들려고 하는데 그 형세가 반드시 등滕나라를 핍박할 것입니다. 이 때문에 그 재앙이 장차 미칠까 내가 심히 두렵습니다. 어떻게 하면 가히 제齊나라에 병탄倂呑되는 근심을 면할 수 있을지 모르겠습니다."

주해

- 倂呑(병탄) : 남의 재물이나 영토, 주권 등을 강제로 제 것으로 만듦.
  倂(아우를 병) 呑(삼킬 탄)

孟子ㅣ對曰 昔者애 太王이 居邠하실새 狄人이 侵之어늘 去하시고 之岐山之下하사 居焉하시니 非擇而取之라 不得已也시니이다

孟子께서 답하여 가라사대 "옛날에 태왕太王이 빈邠 땅에 거居하실 때 적인狄人이 침입하거늘, 그곳을 떠나 기산岐山의 아래로 가서 거居하신 것은 가려서 취한 것이 아니라 부득이不得已해서 그렇게 한 것입니다."

邠은 地名이라 言大王이 非以岐下爲善하여 擇取而居之也니 詳見下章이라

'빈邠'은 지명이다. 태왕太王이 기산岐山 아래 지역이 좋다고 여겨 가려서 그 곳에 거居한 것이 아니라는 말이다. 다음 장章에 자세히 보인다.

주해

- 太王(태왕) : 주周나라 文王의 조부祖父인 고공단보古公亶父를 말함
- 居邠(거빈) : 빈邠땅에 거주하다. '거居'는 정거定居의 뜻이다. '빈邠'은 '빈豳'과 같다. 邠(나라이름 빈) 豳(나라이름 빈)
  "居是作邑以居."(四書補註備旨)
- 狄人(적인) : 당시 북방 이민족인 '훈육獯鬻'을 말함. 狄(북방민족 적) 獯(안개낄 훈) 鬻(팔 육)

【備旨】

孟子ㅣ對曰 敵國外患은 自古有之니 昔者에 太王居邠은 猶君之滕也니 狄人侵之는 不啻築薛之齊也요 乃去하시고

之岐山之下하사 居焉하시니 是非以岐爲興王之地요 有所擇而取之니 乃迫於狄人之侵하여 不得已而然也니이다

孟子께서 답하여 가라사대 "적국의 외환外患은 예로부터 있었던 일입니다. 옛날 태왕太王이 빈邠 땅에 거居한 것은 人君의 등滕나라와 같은 경우입니다. 적인狄人의 침입은 설薛나라 땅에 축성한 제齊나라일 뿐만이 아니요. 이에 빈邠 땅을 떠나 기산岐山의 아래로 가서 거처를 정하시니, 이는 기岐 땅을 왕업을 일으키는 지역으로 삼고 가려서 취한 것이 아닙니다. 이에 적인狄人의 침입에 핍박을 받아 부득이하여 그렇게 된 것입니다."

주해

● 啻(뿐 시) 岐(땅이름 기)

苟爲善이면 後世子孫이 必有王者矣리니 君子ㅣ創業垂統하여 爲可繼也라 若夫成功 則天也니 君如彼何哉리오 彊爲善而已矣니이다

"진실로 善을 행하면 후세의 자손 중에 반드시 왕노릇 하는 자가 나올 것입니다. 군자君者가 기업基業을 창건하고 계통을 드리워서 이를 후손에게 전하여 계승시킬 수가 있습니다. 하지만 왕업王業을 일으키는 것은 곧 하늘의 뜻이니, 人君께서 저 제인齊人들을 어떻게 하겠습니까? 다만 善을 행하는데 힘쓸 따름입니다."

創은 造也라 統은 緖也라 言能爲善이면 則如太王雖失其地나

而其後世遂有天下하니 乃天理也라 然이나 君子ㅣ造基業於前하고 而垂統緖於後하되 但能不失其正하여 令後世可繼續而行耳라 若夫成功則豈可必乎아 彼齊也를 君之力이 旣無如之何면 則但彊於爲善하여 使其可繼而俟命於天耳라
此章은 言人君이 但當竭力於其所當爲요 不可徼幸於其所難必이니라

'창創'은 창조이다. '통統'은 실마리이다. 능히 善을 행하면 곧 태왕太王과 같이 비록 땅을 잃는다고 해도 그 후세에 마침내 천하를 두게 되니 이것이 곧 천리天理이다. 그러나 君子가 앞에서 기업基業을 세우고 뒤에서 계통을 드리우되, 다만 능히 그 정도正道를 잃지 않고 후세로 하여금 계속하여 행하게 할 따름이다.

그러므로 왕업王業을 일으키는 일에 있어서 곧 어찌 기필할 수 있으리오? 저 제齊나라를 人君의 힘으로 이미 어찌할 수 없다면 곧 다만 善을 행하는데 힘써 등滕나라가 계속 전해져서 하늘로부터 命을 기다리게 할 뿐이다.

이 章은 人君이 다만 마땅히 해야 할 바에 마땅히 힘을 다할 뿐이요, 기필하기 어려운 것을 요행으로 바랄 수 없음을 말한 것이다.

주해

- 爲善(위선) : 德을 닦고 仁을 행하다. 곧 '수덕행인修德行仁'의 뜻이다.
- 君子(군자) : 여기서는 '人君'을 말한다.
- 創業垂統(창업수통) : 기업基業을 창건해서 후손에게 전하다. 垂(드리울 수) 晉나라 갈홍葛洪의 《抱樸子·逸民》 편에 나온다. "呂尙創業垂統以示後人, 而張苛酷之端, 開殘賊之軌." 酷(독할 혹) 軌(길 궤)
"創業卽是創爲善之業, 以此業垂於後則爲統."(四書補註備旨)
- 成功(성공) : 왕업王業을 일으키다. 곧 '흥왕興王'의 뜻이다.
- 彊(강) : 부지런히 힘쓰다. 곧 '면강勉强'의 뜻이다. 彊(군셀 강)

● 統緖(통서) : 두서頭緖. 실마리. '계통系統'과 같다. 緖(실마리 서)
南朝 양梁나라 유협劉勰의 《文心雕龍·附會》에 나온다. "若統緖失宗, 辭味必亂."
● 難必(난필) : 기필하기 어렵다. 명확하게 정하기 어렵다.

【備旨】

苟君能修德行仁以爲善이면 則如太王이 雖失其地나 後世子孫이 必有王天下者矣라 然이나 此乃天道福善之常理니 而君子爲善之初心이 豈如是哉아 彼君子創基業於前하고 而垂統緖於後하되 惟爲所當爲以不失其正하여 令後世子孫으로 可繼續而行之耳라 若夫成功而致王則天也니 人豈可必乎아 且以君今日之勢로 如彼齊之强에 何哉리오 則但勉强於爲善하여 使其可繼以俟命於天而已矣니 何必爲無益之恐哉아

"진실로 人君이 능히 德을 닦고 仁을 실천하여 善을 행한다면 곧 태왕太王과 같이 비록 그 땅을 잃는다고 해도 후세의 자손 중에 반드시 천하에 왕 노릇하는 자가 나올 것입니다. 그러나 이는 곧 천도天道가 선량한 사람에게 복福을 내리는 떳떳한 이치이니, 君子가 善을 행하는 본래의 마음이 어찌 이와 같겠습니까?

저 君子가 앞에서 기업基業을 세우고 뒤에서 계통을 드리우되 오직 마땅이 해야 할 바를 행하여 그 정도正道를 잃지 않고, 후세의 자손들로 하여금 가히 계속해서 이를 행하게 할 따름입니다. 그러므로 왕업王業을 일으켜서 왕업王業을 이루는 일은 곧 하늘의 뜻에 달려 있으니, 사람이 어찌 기필期必할 수 있겠습니까?

또 人君의 지금의 형세로 저 강성한 제齊나라를 어떻게 하겠습니까?

다만 善을 행하는데 힘써 등[滕]나라가 계속 전해져서 하늘로부터 命을 기다리게 할 따름이니, 어찌 반드시 무익한 두려움만 일삼겠습니까?"

주해

● 福善(복선) : 선량한 사람에게 福을 내리다.
진[晉]나라 유곤[劉琨]의《答盧諶詩》에 나온다. "禍淫莫驗, 福善則虛." 琨(옥돌 곤) 諶(진실로 심)

[2·15]

滕文公이 問曰 滕은 小國也라 竭力하여 以事大國이라도 則不得免焉이로소니 如之何則可잇고 孟子ㅣ 對曰 昔者에 太王이 居邠하실새 狄人이 侵之어늘 事之以皮幣라도 不得免焉하며 事之以犬馬라도 不得免焉하며 事之以珠玉이라도 不得免焉하여 乃屬其耆老而告之曰 狄人之所欲者는 吾土地也니 吾는 聞之也하니 君子는 不以其所以養人者로 害人이라 하니 二三子는 何患乎無君이리오 我將去之하리라 하시고 去邠하시고 踰梁山하사 邑于岐山之下하사 居焉하신대 邠人이 曰仁人也라 不可失也라 하고 從之者ㅣ如歸市하더라

등문공滕文公이 물어 가로되 "등滕은 소국小國이니 힘을 다하여 大國을 섬겨도 곧 침벌侵伐을 면할 수 없으니 어떻게 하면 좋겠습니까?"
孟子께서 답하여 가라사대 "옛날에 태왕太王이 빈邠 땅에 거居하실 때 적인狄人이 침벌侵伐하거늘 가죽과 비단으로 그들을 섬겨도 침벌을 면치 못하였고, 좋은 견마犬馬로 그들을 섬겨도 침벌을 면치 못하였으며, 주옥珠玉으로 그들을 섬겨도 침벌을 면치 못하였습니다.
이에 태왕太王이 빈邠 땅의 장로長老들을 불러 모아 고하기를 '적인狄人들이 원하는 바는 우리의 땅이다. 내 듣건대 君子는 사람을 기르는 땅 때문에 사람을 해치게 만들지는 않는다고 하니, 그대들은 어찌 人君이 없는 것을 근심하리오! 내 장차 빈邠 땅을 떠나고자 한다.' 라고 하였습니다.
그리고 빈邠 땅을 떠나 양산梁山을 넘어 기산岐山 아래에 도읍을 세워 거처하셨습니다. 그러자 빈邠 땅의 사람들이 이르기를 '어진 분이시다. 가히 버릴 수는 없다!' 라고 하면서 그를 따르는 자가 마치 시장으로 돌아가는 듯 하였습니다."

皮는 謂虎豹麋鹿之皮也라 幣는 帛也라 屬은 會集也라 土地는 本生物以養人이어늘 今爭地而殺人이면 是는 以其所以養人者로 害人也라 邑은 作邑也라 歸市는 人衆而爭先也라

'피皮'는 호랑이·표범·큰 사슴·작은 사슴 등의 가죽이다. '폐幣'는 비단이다. '촉屬'은 모으는 것이다.

'토지土地'는 본래 물건을 생산하여 사람을 기르는 것이지만, 이제 토지를 다투다가 사람을 죽이게 되면 이는 그 사람을 기르는 토지 때문에 사람을 해치는 것이다.

'읍邑'은 도읍都邑을 세우는 것이다. '귀시歸市'는 사람이 많아서 앞서기를 다투는 것이다.

주해

- 皮幣 : 가죽과 비단. 고대에 '빙향聘享'을 행할 때 중요한 예물로 사용되었다. 幣(비단 폐) 聘(찾아갈 빙) 享(드릴 향)
《管子·五行》에 나온다. "出皮幣, 命行人修春秋之禮於天下諸侯."《國語·吳語》에도 나온다. "春秋皮幣玉帛子女, 以賓服焉."
- 二三子(이삼자) : 여러분. 몇몇 사람. '제군諸君'과 같다. 여기서는 '빈민邠民'을 말한다.
《論語·八佾》 편에 나온다. "二三子何患於喪乎? 天下之無道也久矣, 天將以夫子爲鐸." 鐸(방울 탁)
- 不以其所以養人者害人 : '양인養人'은 토지, '해인害人'은 토지를 다투다가 사람을 해치는 경우를 말한다.
- 梁山(양산) : 산 이름. 지금의 섬서성 건현乾縣 서북지역에 위치한다.
- 邑于岐山 : 기산岐山에 도읍을 정하다. '읍邑'은 '도읍을 정하다.'는 뜻이다. "邑是作都邑."(四書補註備旨)
- 屬(모을 촉) 豹(표범 표) 麋(고라니 미)

【備旨】

滕文公이 問曰 滕은 小國也라 竭力하여 以事齊楚之大國이라도 則不得免其侵伐焉하니 不知如之何而可免也잇고 孟子ㅣ對曰 大國은 非事之所能免也요 惟有自盡之道焉耳니 昔者에 太王이 居邠하실새 狄人侵之어늘 始事之以皮幣은 意其欲我財帛也而不得免焉하며 繼事之以犬馬는 意其欲我走獸也而不得免焉하며 終事之以珠玉은 意其欲我貨寶也而不得免焉하여 乃屬其國中耆老而告之曰 狄人之所欲者는 非皮幣犬馬珠玉而

在吾土地也니 夫土地는 本生物以養人이어늘 我若以土地之故而爭之하면 則不免於殺人矣라 吾聞之也하니 君

子는 以愛人爲心하여 不忍以其所以養人者로 害人하니 而吾能忍之乎아 汝二三子는 何患乎無君이리오 我將去之而不死於難이면 則汝等은 皆有君矣리라 하고 於是에 去邠國而踰梁山之險하여 作邑于岐山之下居焉하신대 邠人이 自相謂曰 吾君恩德素深하니 蓋仁人也라 有君如此하니 奚忍負之리오 相率以遷하여 不可失也라 하고 但見邠人之衆爭先하여 而從之者ㅣ如歸市焉하니 此遷國圖存之策이 已試於太王者ㅣ如此니이다

등문공滕文公이 물어 가로되 "등滕은 小國이니 힘을 다하여 제齊나라와 초楚나라 같은 大國을 섬겨도 곧 그들의 침벌侵伐을 면할 수 없으니, 어떻게 하면 가히 침벌侵伐을 면할 수 있을지 모르겠습니다."

孟子께서 답하여 가라사대 "대국大國이란 섬긴다고 해서 능히 침벌侵伐을 면할 수 있는 것이 아니요, 오직 스스로 다하는 道가 있을 뿐입니다. 옛날 太王이 빈邠 땅에 居하실 때에 적인狄人이 침벌하였는데, 처음에 가죽과 비단으로 그들을 섬긴 것은 그들이 우리의 재보財寶와 폐백幣帛을 원한다고 생각하였으나 침벌을 면하지 못하였고, 다음으로 견마犬馬로 그들을 섬긴 것은 그들이 우리의 주수走獸를 원한다고 생각하였으나 침벌을 면하지 못하였으며, 마지막으로 주옥珠玉으로 그들을 섬긴 것은 그들이 우리의 화보貨寶를 원한다고 생각하였으나 침벌을 면하지 못하였습니다.

이에 나라안의 장로長老들을 불러 모아 고하기를 '적인狄人들이 원하는 바는 피폐皮幣와 견마犬馬와 주옥珠玉 등이 아니라 바로 우리의 토지이다. 무릇 토지는 본래 물건을 생산하여 사람을 기르는 것이니, 내가 만약 토지 때문에 그들과 다툰다면 곧 사람을 죽이게 되는 것을 면할 수가 없다. 내 듣건대 君子는 愛人으로 자신의 마음을 삼아 차마 그

사람을 기르는 토지 때문에 사람을 해치지 않는다고 했으니, 내가 능히 차마 할 수 있으리오? 그대들은 어찌 人君이 없다고 근심하리오? 내 장차 빈邠 땅을 떠나 그대들을 재난 속에 죽지 않도록 하면 곧 그대들에게 모두 人君이 생길 것이다.'라고 하였습니다.

그리고 이에 빈국邠國을 떠나 험준한 양산梁山을 넘어 기산岐山의 아래에 도읍을 정하여 거居하니, 빈국邠國의 사람들이 서로 일러 말하기를 '우리 人君의 은덕恩德이 평소 깊으시니 대개 어진 사람이시다. 人君이 이와 같으니 어찌 차마 저버릴 수 있으리오! 서로 좇아서 기산岐山 땅으로 거처를 옮기고 太王을 버릴 수가 없다!'라고 하였습니다. 이렇게 하여 다만 빈邠 땅의 사람들이 앞을 다투어 그를 따르는 자가 마치 시장으로 돌아가듯이 많은 것을 볼 수 있었습니다. 이처럼 나라의 도읍을 옮겨 나라를 보존을 꾀한 계책이 이미 太王에게서 시험된 것이 이와 같습니다."

주해

- 財帛(재백) : 재보財寶와 폐백幣帛. 곧 금전과 재물을 말한다.
  《史記·大宛列傳》에 나온다. "散財帛以賞賜."
- 走獸(주수) : 모든 길짐승을 말한다.
  《孟子·公孫丑上》에 나온다. "麒麟之於走獸, 鳳凰之於飛鳥, 泰山之於丘垤, 河海之於行潦, 類也." 垤(개미둑 질) 潦(큰비 료)
- 自相(자상) : 서로 간에. '호상互相'과 같다.
  《後漢書·黨錮傳·範滂》에 나온다. "君爲人臣, 不惟忠國, 而造部黨, 自相褒擧, 評論朝廷, 虛構無端, 諸所謀結, 並欲何爲?"
- 相率(상솔) : 서로 따르다. 서로 잇다. '상솔相帥'과 같다.
  《荀子·富國》에 나온다. "百姓誠賴其知也, 故相率而爲之勞苦, 以務佚之, 以養其知也." 《漢書·溝洫志》에도 나온다. "又民利其漑灌, 相率治渠, 雖勞不罷." 漑(물댈 개) 灌(물댈 관) 渠(도랑 거)
- 遷國(천국) : 나라의 도읍을 옮기다. 遷(옮길 천)
  《易·益》 괘에 나온다. "利用爲依遷國." 이에 대해 孔穎達의 疏에 "用此道以

依人而遷國者, 人無不納, 故曰利用爲依遷國也."라고 풀이했다.

或曰 世守也라 非身之所能爲也니 效死勿去라 하나니

"혹자가 가로되 '조상 대대로 지켜온 땅이니 자신이 능히 마음대로 버릴 바가 아니다. 목숨을 바쳐서 지키고 떠나지 말라.' 고 하였습니다."

又言或謂土地는 乃先人所受而世守之者라 非己所能專이니 但當致死守之요 不可舍去라 하니 此는 國君死社稷之常法이니 傳所謂國滅君死之正也가 正謂此也라

또한 혹자가 이르기를 '토지는 곧 선조에게 받아서 대대로 지켜온 것이니 자신이 능히 마음대로 할 수 있는 바가 아니다. 다만 마땅히 목숨을 바쳐 지켜야 하며 버리고 떠날 수는 없다.'라고 말한 것이다. 이는 나라의 人君은 사직社稷을 위해 죽는 떳떳한 법이니, 전傳에 이른 바 '나라가 멸망하면 人君이 죽는 것이 정도正道이다.'라고 한 것이 바로 이것을 말한다.

주해

- 世守(세수) : 조상 대대로 지켜 내려오다. 곧 '세대상전世代相傳'의 뜻이다. 趙岐의 注에 "或曰 土地, 乃先人所守, 世世守之, 非己身所能專爲, 至死不可去也."라고 했다.
- 效死(효사) : 목숨을 바쳐 은혜를 갚다. 效(다할 효) 《公羊傳·昭公十三年》條에 나온다. "比之義, 宜乎效死不立."

【備旨】

或人이 又曰 土地는 乃先人所受而世守之者라 非吾身之所能專爲也니 但當效死守之요 國存與存하고 國亡與亡하니 不可舍之而他往也라 하니 此則守正俟死之義니 有得於人言者ㅣ如此라

"어떤 사람이 또 가로되 '토지는 곧 선조에게 받아 대대로 지켜 내려온 것이니, 내 자신이 능히 마음대로 할 바가 아니다. 다만 마땅히 목숨을 바쳐 지켜야 한다. 나라가 존재하면 더불어 人君도 존재하고 나라가 망하면 더불어 人君도 망해야 하니, 가히 나라를 버리고 다른 곳으로 갈 수가 없다.'라고 하였습니다. 이는 곧 정도正道를 지키고 죽음을 기다리는 의리義理이니, 남에게서 들은 말이 이와 같습니다."

君請擇於斯二者하소서

"人君께서는 청컨대 이 두 가지 중에서 택하소서."

能如太王則避之요 不能則謹守常法이니 蓋遷國以圖存者는 權也요 守正而俟死者는 義也니 審己量力하여 擇而處之ㅣ可也라 楊氏曰 孟子之於文公에 始告之以效死而已하시니 禮之正也요 至其甚恐하여는 則以太王之事告之하시니 非得已也라 然이나 無太王之德而去면 則民或不從而遂至於亡하리니 則又不若效死之爲愈라 故로 又請擇於斯二者하시니라

又曰 孟子ㅣ所論을 自世俗으로 觀之면 則可謂無謀矣라 然이나 理之可爲者는 不過如此하니 舍此則必爲儀秦之爲矣리라 凡事求可 功求成하여 取必於智謀之末하고 而不循天理之正者는 非聖賢之道也니라

능히 태왕太王과 같이 하면 곧 침벌侵伐을 피할 것이요, 그렇지 못하면 곧 삼가 떳떳한 법을 지켜야 한다. 대개 도읍都邑을 옮겨 나라를 보존하려는 것은 권도權道요, 정도正道를 지켜 죽음을 기다리는 것은 義理이다. 자신을 살피고 능력을 헤아려서 선택하여 대처하는 것이 옳다.

양씨楊氏 가로되 "孟子께서 문공文公에게 처음에는 목숨을 바칠 따름이라는 말로써 告하셨으니 이는 禮의 정도正道요, 文公이 심히 두려워하자 곧 태왕太王의 일로써 告하셨으니 이는 부득이 해서이다. 그러나 太王과 같은 德이 없이 떠난다면 백성들이 혹 따르지 아니하여 마침내 망하게 될 것이니 또 목숨을 바쳐 지키는 것이 더 나을 것이다. 그러므로 또한 이 두 가지 중에서 택하라고 청한 것이다."

또 가로되 "孟子께서 논한 바를 세속의 관점에서 보면 곧 계책이 없다고 말할 수 있다. 그러나 이치로 가히 할 수 있는 일이 이와 같음에 지나지 않으니, 이를 버린다면 곧 반드시 소진蘇秦과 장의張儀가 한 일을 하게 될 것이다. 무릇 일이란 가능함을 구하고 功은 성사를 구해야 한다. 지모智謀의 말단에서 반드시 받아들여지기를 바라고 천리天理의 정도正道를 따르지 않는 것은 성현의 道가 아니다."

주해

- 斯二者 : 도읍都邑을 옮겨 나라를 보존하는 것과 목숨을 바쳐 정도正道를 지키는 것을 말한다.
- 審己(심기) : 자신을 살피다. 審(살필 심)
  漢나라 동중서董仲舒의 《春秋繁露·二端》에 나온다. "內動於心志, 外見於事

情, 修身審己, 明善心以反道者也."

- 無謀(무모) : 계책이 없다. 무모無謀하다.

《左傳·宣公十二年》 條에 나온다. "若事之捷, 孫叔爲無謀矣." 捷(이길 첩)

- 取必(취필) : 기필期必함을 취하다. 곧 상대방에게 반드시 받아들여지기를 요구하다는 뜻이다.

明나라 이지李贄의 《答鄧明府》에 나온다. "愚雖以此好察日望於令師, 亦豈敢遂以此好察邇言取必於令師也哉!" 邇(가까울 이)

【備旨】

> 由太王之遷國圖存者로 觀之면 則民爲重하고 社稷爲輕하니 一時之權也오 由人言之守正俟死者로 觀之면 則社稷爲重하고 君爲輕하니 萬世之義也라 君請審己之力하고 觀勢之便하여 擇於斯二者而取其一焉이 可也라 外此則僥倖苟且之策이니 豈吾所能及也아

"太王이 도읍都邑을 옮겨 나라를 보존한 일로 말미암아 살피면 곧 백성을 중히 여기고 사직社稷을 가볍게 여긴 것이니 이는 일시적인 권도權道요, 남들이 말한 정도正道를 지키고 죽음을 각오하는 일로 말미암아 살피면 곧 사직社稷을 중히 여기고 人君을 가볍게 여긴 것이니 이는 만세萬歲의 의리義理입니다.

人君께서는 청컨대 자신의 역량을 살피고 형세의 형편을 관찰하여, 이 두 가지를 가려서 그 중 하나를 취함이 옳을 것입니다. 이것 외에는 곧 요행僥倖을 바라는 구차苟且한 계책計策에 불과하니 내가 어찌 능히 미칠 수 있는 바 이겠습니까?"

[2·16]

魯平公이 將出할새 嬖人臧倉者ㅣ請曰 他日에 君이 出則必命有司所之러시니 今에 乘輿ㅣ已駕矣로되 有司ㅣ未知所之하니 敢請하노이다

公曰 將見孟子하리라

曰 何哉잇고 君所爲輕身하여 以先於匹夫者는 以爲賢乎잇가 禮義는 由賢者出이어늘 而孟子之後喪이 踰前喪하니 君無見焉하소서

公曰 諾다

노魯나라 평공平公이 장차 외출하려고 하는데 폐인嬖人 장창臧倉이란 자가 청하여 가로되 "다른 날에는 人君께서 외출하시게 되면 곧 반드시 유사有司에게 갈 곳을 알려 주시더니, 오늘은 승여乘輿를 끄는 말에 이미 멍에를 하였는데도 유사有司가 가실 곳을 알지 못하니 감히 청합니다."

평공平公이 가로되 "장차 孟子를 만나려고 하노라."

(장창臧倉이) 가로되 "무엇 때문입니까? 人君께서 몸을 가볍게 하여 필부匹夫에게 먼저 예禮를 베푸시는 것은 그가 어질다고 생각하시기 때문입니까? 禮와 義는 어진 사람에게서 나오거늘 孟子는 뒤에 치른 상례喪禮가 앞에 치른 상례喪禮를 넘어섰으니 人君께서는 만나지 마소서.

평공平公이 가로되 "그렇게 하겠노라."

乘輿는 君車也라 駕는 駕馬也라 孟子 前喪父하고 後喪母라 踰는 過也니 言其厚母薄父也라 諾은 應辭也라

'승여乘輿'는 人君의 수레이다. '가駕'는 말에 멍에하는 것이다.

孟子는 먼저 부친을 잃고 뒤에 모친을 잃었다. '유踰'는 지나친 것이니 孟子가 모친의 상례喪禮는 두텁게 하고 부친의 상례喪禮는 박하게 했다는 말이다. '낙諾'은 응낙應諾하는 말이다.

주해

- 平公(평공) : 노魯나라 평공平公은 경공景公의 아들이며 字가 숙립叔立이다. "平公, 景公子. 將出是欲出而見孟子."(四書補註備旨)
- 嬖人(폐인) : 낮은 신분으로 왕의 총애를 받는 자를 말한다. '희첩姬妾'·'시신侍臣'·'좌우左右'와 같다. 嬖(사랑할 폐)
  趙岐의 注에 "嬖人, 愛幸小人也."라고 했다.
  《左傳·昭公七年》 條에 나온다. "衛襄公夫人薑氏無子, 嬖人婤姶生孟摯." 薑(생강 강) 婤(얌전할 주) 摯(끌 체)
- 臧(착할 장) 乘(탈 승) 輿(수레 여) 駕(멍에 가) 踰(넘을 유)

【備旨】

魯平公이 聞樂正子稱孟子之賢하고 將出而就見孟子할새 有嬖人臧倉者ㅣ佯爲不知而請曰 人君一出一入이 甚不輕也니 他日에 君出則必命有司所之하여 誠重之也러시니 今乘輿已駕矣로되 有司ㅣ尚未知所之하니 又何其輕也오 敢請所之하노이다

公曰 吾將往見孟子하리라

藏倉曰 何哉잇고 君所爲輕身以先加禮於匹夫者는 無乃以孟子爲賢乎잇가 夫賢者는 擧動必循乎禮하고 作事必合乎義하니 是禮義ㅣ必由賢者出也어늘 而孟子之後喪踰前喪하여 厚其母而薄其父하니 吾不知其於禮義에 何居

> 也니이다 焉有違禮義之人而得爲賢者乎잇가 公無輕身見焉하소서
> 公信之曰 諾다하고 遂止而不見孟子라

노魯나라 평공平公이 악정자樂正子가 孟子의 어짊을 칭송하는 말을 듣고 장차 성城을 나가서 孟子를 뵙고자 하였다.

이 때 폐인嬖人 장창臧倉이란 자가 짐짓 모르는 체하며 청하여 가로되 "人君은 성城을 나가고 들어오는 것을 경솔하게 해서는 절대로 안 됩니다. 다른 날에는 人君께서 외출하시게 되면 반드시 유사有司에게 갈 곳을 알려주면서 진실로 신중하게 하시더니 오늘은 승여乘輿를 끄는 말에 이미 멍에를 하였는데도 유사有司가 여전히 가실 곳을 알지 못하니 또 어찌 이를 가볍게 하십니까? 감히 가실 곳을 청하여 묻습니다."

평공平公이 가로되 "내 장차 가서 孟子를 만나려고 하노라."

장창臧倉이 가로되 "무엇 때문입니까? 人君께서 몸을 가볍게 하여 먼저 필부에게 예禮를 베푸시는 것은 孟子가 어질다고 생각하시기 때문이 아닙니까? 무릇 어진 자는 행동거지行動擧止가 반드시 예禮를 따르며 일처리가 반드시 의義에 합당하니, 이는 예禮와 의義가 반드시 어진 자에게서 나오기 때문입니다. 그러나 孟子는 나중에 죽은 모친의 상례喪禮가 먼저 죽은 부친의 상례喪禮를 넘어서서 그 모친은 두텁게 하되 그 부친은 박하게 대하였느니, 저는 그가 예禮와 의義에 대하여 어디에 몸을 두었는지 모르겠습니다. 그러니 어찌 예禮와 의義를 어긴 사람이 어진 사람이 되겠습니까? 人君께서는 몸을 가벼이 하여 그를 만나지 마소서!"

평공平公이 그 말을 믿고 가로되 "그렇게 하겠노라!"라고 하고 마침내 나가는 것을 그치고 孟子를 만나지 않았다.

주해

- 無乃 : '~이 아닌가?', '~임에 틀림이 없다.'. '막비莫非'와 같다.
《論語·雍也》 편에 나온다. "居敬而行簡, 以臨其民, 不亦可乎? 居簡而行簡, 無乃太簡乎?"
- 佯(거짓 양)

樂正子ㅣ入見曰 君이 奚爲不見孟軻也잇고
曰 或이 告寡人曰孟子之後喪이 踰前喪이라할새 是以로 不往見也호라
曰 何哉잇고 君所謂踰者는 前以士요 後以大夫며 前以三鼎 而後以五鼎與잇가
曰否라 謂棺槨衣衾之美也니라
曰 非所謂踰也라 貧富ㅣ不同也니이다

악정자樂正子가 들어와 평공平公을 뵙고 가로되 "人君께서는 어찌 맹가孟軻를 만나러 가지 않으셨습니까?"
평공平公이 가로되 "어떤 이가 과인寡人에게 고하여 말하기를 '孟子는 뒤에 치른 모친의 상례喪禮가 앞에 치른 부친의 상례喪禮를 넘어섰다.' 고 하였소. 이 때문에 가서 만나지 아니하였소."
악정자樂正子가 가로되 "무슨 말씀입니까? 人君께서 말씀하시는 '넘어섰다.' 는 것이 부친의 상례喪事는 선비의 禮로써 하고 모친의 상례喪禮는 大夫의 禮로써 한 것을 말합니까? 부친의 상례喪禮는 삼정三鼎으로써 하고 모친의 상례喪禮는 오정五鼎으로써 한 것을 말합니까?"
평공平公이 가로되 "아니오. 관곽棺槨과 의금衣衾이 정미精美한 것을 두고 한 말이오."

악정자樂正子가 가로되 "그것은 이른바 넘어선 것이 아닙니다. 바로 부친과 모친의 치상治喪 때에 빈부貧富가 같지 않았기 때문입니다."

樂正子는 孟子弟子也니 仕於魯라 三鼎은 士祭禮요 五鼎은 大夫祭禮라

악정자樂正子는 孟子의 제자인데 노魯나라에 벼슬하였다. '삼정三鼎'은 士의 제례祭禮요, '오정五鼎'은 大夫의 제례祭禮이다.

주해

● 三鼎(삼정)과 五鼎(오정) : 고대의 제례祭禮는 등급에 따라 법도를 달리 했는데, '사士'는 삼정三鼎을 사용했고, '대부大夫'는 오정五鼎을 사용했다. '三鼎'은 생선·돼지고기·포를 말하고, 五鼎은 양고기·돼지고기·생선·포·저민고기 등을 말한다. 鼎(솥 정) 豕(돼지 시) 腊(포 석) 膚(저민고기 부)
《儀禮·士昏禮》에 나온다. "期初昏, 陳三鼎於寢門外東方、北面、北上." 이에 대해 鄭玄의 注에 "鼎三者、升豚、魚、臘也."라고 풀이했다. 升(익을 승) 豚(돼지 돈)
趙岐의 注에 "《禮》 : 士祭三鼎, 大夫祭五鼎故也."라고 했다.
"三鼎是魚豕腊. 五鼎是羊豕魚腊膚."(四書補註備旨)
雙峯饒氏가 말했다. "五鼎是大夫之禮, 羊豕魚腊膚. 三鼎是士之禮, 特豕魚腊."(大全註疏)

● 棺槨(관곽) : 시체를 안치하는데 쓰는 널과 덧널. '관곽棺郭'이라고도 한다. 棺(널 관) 槨(덧널 곽)
《易·繫辭下》에 나온다. "古之葬者, 厚衣之以薪, 葬之中野, 不封不樹, 喪期無數. 後世聖人易之以棺槨, 蓋取諸大過." 薪(땔나무 신) 封(봉할 봉)
漢나라 동중서董仲舒의 《春秋繁露·服制》 편에도 나온다. "生有軒冕、服位、貴祿、田宅之分, 死有棺槨、絞衾、壙襲之度." 軒(초녀 헌) 冕(면류관 면) 絞(묶을 교) 壙(광 광) 襲(세습할 습)

● 衣衾(의금) : 의복과 이불. 衾(이불 금)
《禮記·內則》 편에 나온다. "父母舅姑之衣衾、簟席、枕幾不傳." 簟(삿자리 점)

【備旨】

> 樂正子ㅣ因平公不見孟子故로 入見而問曰 向也에 乘輿已駕어늘 君奚爲中止 而不見孟軻也잇고
> 公曰 始에 吾欲見之者는 爲其賢也러니 乃或告寡人曰 孟子之後喪이 踰前喪하니 則旣失禮義之中正而不得爲賢이라할새 是以로 不往見之也로라
> 樂正者曰 何哉잇고 君之所謂後喪踰前喪者는 豈謂其前以士之禮祭父하고 後以大夫之禮祭母이며 前以士禮則三鼎爲薄하고 後以大夫五鼎之禮祭母爲厚故로 謂之踰與잇가
> 公曰 否라 此有定制니 不得謂之踰요 謂棺槨衣衾之美ㅣ過於其父라 是以로 謂之踰也니라
> 樂正子曰 若此者는 非所謂踰也니 良以貧富之不同耳라 蓋其喪父之時(엔)貧이니 貧則無財不可以爲悅이요 喪母之時(엔)富니 富則不以天下儉其親이라 是皆出於禮義之當然이니 非賢者면 不能得其宜也어늘 君獨奈何不肯往見之哉잇가

악정자樂正子가 평공平公이 孟子를 뵈러 가지 않았기 때문에 들어와 뵙고 물어 가로되 "지난 번에 승여乘輿를 끄는 말에 이미 멍에를 하였

거늘 人君께서는 어찌 그만두고 孟子를 뵈러 가지 않으셨습니까?"

평공平公이 가로되 "처음에 내가 그를 만나려고 한 것은 그가 어질다고 여겼기 때문이오. 그런데 어떤 사람이 과인寡人에게 고하여 말하기를 '孟子는 뒤에 치른 모친의 상례喪禮가 앞에 치른 부친의 상례喪禮를 넘어섰으니, 이미 예禮와 의義의 중정中正을 잃었으니 어진 자라고 할 수 없습니다.'라고 하였소. 이 때문에 만나러 가지 않은 것이요."

악정자樂正子가 가로되 "무슨 말씀입니까? 人君께서 말씀하신 뒤에 치른 상례喪禮가 앞에 치른 상례喪禮를 넘어섰다는 것은 어찌 孟子께서 전에는 선비의 禮로써 부친을 제사지내고 뒤에는 大夫의 禮로써 모친을 제사지내며, 전에는 선비의 禮로써 제사지내니 삼정三鼎은 박하고, 뒤에는 大夫에 해당하는 오정五鼎의 禮로써 모친에게 제사지내는 것이 두텁다고 여겨서 그것이 넘어섰다고 말씀하시는 것입니까?"

평공平公이 가로되 "아니오. 여기에는 정해진 제도가 있으니 그것을 보고 넘어섰다고 말한 것이 아니라 관곽棺槨과 의금衣衾의 정미精美함이 그 부친의 상례喪禮보다 지나친 것을 말한 것이요. 이 때문에 지나쳤다고 말한 것이요."

악정자樂正子가 가로되 "이와 같이 한 것은 이른바 넘어선 것이 아니라 진실로 빈부貧富가 같지 않았기 때문입니다. 대개 부친을 잃었을 때는 가난하였으니 가난하면 곧 재산이 없어 부친을 기쁘게 해드릴 수 없으며, 모친을 잃었을 때는 부유하였으니 부유하면 곧 天下로써 그 부모를 검약하게 해드릴 수 없는 것입니다. 이는 모두 예禮와 의義의 당연함에서 나온 것이니, 어진 자가 아니라면 능히 그 마땅함을 얻지 못하거늘 人君께서는 유독 어찌하여 기꺼이 가서 그를 만나보지 않으십니까?"

樂正子ㅣ見孟子曰 克이 告於君하니 君이 爲來見也러시니 嬖人有臧倉者ㅣ沮君이라 君이 是以로 不果來也하시니이다

曰 行或使之며 止或尼之나 行止는 非人의 所能也라 吾之不遇魯侯는 天也니 臧氏之子ㅣ焉能使予로 不遇哉리오

악정자樂正子가 孟子를 뵙고 가로되 "제(극克)가 人君에게 아뢰었더니 人君이 와서 만나 뵈려고 하였습니다. 그런데 폐인嬖人 장창臧倉이란 자가 人君을 저지하였습니다. 이 때문에 人君이 결과적으로 오지 못하였습니다."

孟子께서 가라사대 "행함도 혹 무엇인가 시켜서 그런 것이며, 그치는 것도 혹 무엇인가 저지해서 그런 것이다. 그러므로 행하고 그치는 것은 사람이 능히 할 바가 아니다. 내가 노魯나라 人君을 만나지 못한 것은 하늘의 뜻이니, 장씨臧氏와 같은 자가 어찌 능히 나로 하여금 노魯나라 人君을 만나지 못하게 할 수 있으리오!"

克은 樂正子名이라 沮尼는 皆止之之意也라

言人之行이 必有人使之者하며 其止ㅣ必有人尼之者나 然其所以行所以止는 則固有天命이니 而非此人所能使요 亦非此人所能尼也라 然則我之不遇ㅣ豈臧倉之所能爲哉리오

此章은言聖賢之出處는 關時運之盛衰하니 乃天命之所爲요 非人力之可及이라

'극克'은 악정자樂正子의 이름이다. '저沮'와 '닐尼'은 모두 그치게 한다

는 뜻이다.

"사람이 행하는 것은 반드시 그렇게 시킨 자가 있으며, 그 멈추는 것도 반드시 그렇게 막는 자가 있다. 그러나 그 행하게 하는 바와 그치게 하는 바는 본디 天命에 달려 있으니, 이 사람이 능히 그렇게 시킬 수 있는 것이 아니며 또한 이 사람이 능히 그렇게 그치게 할 수 있는 것이 아니다. 그러므로 내가 노魯나라 人君을 만나지 못한 것이 어찌 장창臧倉이란 자가 능히 할 수 있은 바이리오?"라고 말씀하신 것이다.

이 章은 성현聖賢의 출처出處가 시운時運의 성쇠盛衰와 관계가 있으니 곧 天命이 그렇게 만든 것이요, 人力으로 미칠 수 없다는 것을 말한 것이다.

주해

- 行或使之 : '행行'은 人君의 뜻을 얻어 벼슬하는 것이다.
  "行是得君而仕. 使是薦擧意."(四書補註備旨)
- 止或尼之 : '지止'는 人君의 뜻을 얻지 못해 등용되지 못하는 것이다. 尼(막을 닐)
  "止是不得君而用. 尼是阻抑意."(四書補註備旨) 阻(험할 조) 抑(물리칠 억)
- 出處(출처) : 출사出仕와 은퇴隱退.
  漢나라 채옹蔡邕의 《薦皇甫規表》에 나온다. "修身力行, 忠亮闡著, 出處抱義, 皦然不汙." 唐나라 한유韓愈의 《與崔群書》에도 나온다. "無入而不自得, 樂天知命者, 固前修之所以禦外物者也. 況足下度越此等百千輩, 豈以出處近遠累其靈臺邪!" 闡(열 천)
  慶源輔氏가 말했다. "章旨之說, 深得聖賢出處之道. 樂正子亦未免以世俗之心窺孟子. 故孟子以此發之."(大全註疏) 窺(엿볼 규)
- 沮(막을 저)

【備旨】

樂正子ㅣ見孟子曰 克이 前以夫子之賢으로 告於君하니 君이 以克之言으로 欲求見夫子也러시니 孰意嬖人有臧倉者ㅣ以後喪踰前喪之言으로 沮君할새 君惑其言이라 是以로 不果來也하시니이다
孟子ㅣ援天以曉之曰 凡人道之行也에 或有人先容而使之하며 其止也에 或有人沮抑而尼之나 然이나 其所以行所以止는 則固有天在요 而非人之所能使며 亦非人之所能尼也라 今吾之不遇魯侯하여 不得以行吾道者는 乃氣數之否니 天未欲平治天下也라 彼臧氏之子는 特人耳어늘 焉能尼之而使予不遇哉리오

악정자樂正子가 孟子를 뵙고 가로되 "제(克)가 전에 夫子의 어짊에 대해서 人君에게 고하였더니 人君이 저(克)의 말을 듣고 夫子를 찾아뵈려고 하였습니다. 그런데 뜻밖에도 폐인嬖人 중에 장창臧倉이란 자가 '뒤에 치른 상사喪事가 전에 치른 상사喪事를 넘어섰다.'는 말로써 人君을 저지하였습니다. 이에 人君이 그 말에 현혹되어서 결과적으로 오지 못했습니다."

孟子께서 天命을 원용援用하여 그를 깨우쳐 가라사대 "무릇 사람이 道를 행하는데 혹은 어떤 사람이 먼저 용납하여 시키기도 하며, 혹은 어떤 사람이 저지하여 막기도 한다. 그러나 그 행하게 하는 바와 그치게 하는 바는 곧 본디 天命에 달려 있으니 사람이 능히 시킬 바가 아니며 또한 사람이 능히 그치게 할 바가 아니다. 이제 내가 노魯나라 人君을 만나지 못하여 나의 道를 행하지 못하게 된 것은 곧 기수氣數가 막힌 것이요, 하늘이 아직 天下를 다스리고자 하지 않기 때문이다.

그러니 장씨臧氏와 같은 자는 다만 한 사람에 불과할 뿐이니, 어찌 능히 저지하여 나로 하여금 노魯나라 人君을 만나지 못하게 할 수 있으리오!"

주해

- 孰意 : '누가 알았으리오!'. '생각지도 못하게'. 孰(누구 숙)
  援(원) : 인용引用하다. 원용援用하다. '원인援引' 또는 '원용援用'의 뜻이다. 援(인용할 원)
  漢나라 何休의 《〈公羊傳〉 序》에 나온다. "援引他經, 失其句讀." 《三國志·魏志·臧洪傳》에도 나온다. "重獲來命, 援引古今, 紛紜六紙, 雖欲不言, 焉得已哉." 獲(얻을 획) 焉(어찌 언)
- 平治(평치) : 다스리다. '치리治理' 또는 '정치整治'와 같다.
  《孟子·公孫丑下》에 나온다. "如欲平治天下, 當今之世, 舍我其誰也?"
- 否(막힐 비)

부록 1

司馬遷《史記·孟子荀卿列傳》

太史公曰：余讀孟子書，至梁惠王問“何以利吾國”，未嘗不廢書而歎也。曰：嗟乎，利誠亂之始也！夫子罕言利者，常防其原也。故曰“放於利而行，多怨”。自天子至於庶人，好利之弊何以異哉！

孟軻，騶人也。受業子思之門人。道既通，遊事齊宣王，宣王不能用。適梁，梁惠王不果所言，則見以爲迂遠而闊於事情。當是之時，秦用商君，富國强兵；楚、魏用吳起，戰勝弱敵；齊威王、宣王用孫子、田忌之徒，而諸侯東面朝齊。天下方務於合從連衡，以攻伐爲賢，而孟軻乃述唐、虞、三代之德，是以所如者不合。退而與萬章之徒序詩書，述仲尼之意，作孟子七篇。其後有騶子之屬。齊有三騶子。其前騶忌，以鼓琴幹威王，因及國政，封爲成侯而受相印，先孟子。

其次騶衍，後孟子。騶衍睹有國者益淫侈，不能尚德，若大雅整之於身，施及黎庶矣。乃深觀陰陽消息而作怪迂之變，終始、大聖之篇十餘萬言。其語閎大不經，必先驗小物，推而大之，至於無垠。先序今以上至黃帝，學者所共術，大並世盛衰，因載其禨祥度制，推而遠之，至天地未生，窈冥不可考而原也。先列中國名山大川，通穀禽獸，水土所殖，物類所珍，因而推之，及海外人之所不能睹。稱引天地剖判以來，五德轉移，治各有宜，而符應若茲。以爲儒者所謂中國者，於天下乃八十一分居其一分耳。中國名曰赤縣神州。赤縣神州內自有九州，禹之序九州是也，不得爲州數。中國外如赤縣神州者九，乃所謂九州也。於是有裨海環之，人民禽獸莫能相通者，如一區中者，乃爲一州。如此者九，乃有大瀛海環其外，天地之際焉。其術皆此類也。然要其歸，必止乎仁義節儉，君臣上下六親之施，始也濫耳。王公大人初見其術，懼然顧化，其後不能行之。

是以騶子重於齊。適梁，惠王郊迎，執賓主之禮。適趙，平原君側行撇席。如燕，昭王擁彗先驅，請列弟子之座而受業，築碣石宮，身親往師之。作主運。其遊諸侯見尊禮如此，豈與仲尼菜色陳蔡，孟軻困於齊梁同乎哉！故武王以仁義伐紂而王，伯夷餓不食周粟；衛靈公問陳，而孔子不答；梁惠王謀欲攻趙，孟軻稱大王去邠。此豈有意阿世俗苟合而已哉！持方枘欲內圜鑿，其能入乎？或曰，伊尹負鼎而勉湯以王，百里奚飯牛車下而繆公用霸，作先合，然後引之大道。騶衍其言雖不軌，儻亦有牛鼎之意乎？自騶衍與齊之稷下先生，如淳於髡、慎到、環淵、接子、田駢、騶奭之徒，各著書言治亂之事，以幹世主，豈可勝道哉！

淳於髡，齊人也。博聞强記，學無所主。其諫說，慕晏嬰之爲人也，然而承意觀色爲務。客有見髡於梁惠王，惠王屏左右，獨坐而再見之，終無言也。惠王怪之，以讓客曰："子之稱淳於先生，管、晏不及，及見寡人，寡人未有得也。豈寡人不足爲言邪？何故哉？"客以謂髡。髡曰："固也。吾前見王，王志在驅逐；後復見王，王志在音聲：吾是以默然。"客具以報王，王大駭，曰："嗟乎，淳於先生誠聖人也！前淳於先生之來，人有獻善馬者，寡人未及視，會先生至。後先生之來，人有獻謳者，未及試，亦會先生來。寡人雖屏人，然私心在彼，有之。"後淳於髡見，壹語連三日三夜無倦。惠王欲以卿相位待之，髡因謝去。於是送以安車駕駟，束帛加璧，黃金槽鎰。終身不仕。

慎到，趙人。田駢、接子，齊人。環淵，楚人。皆學黃老道德之術，因發明序其指意。故慎到著十二論，環淵著上下篇，而田駢、接子皆有所論焉。

騶奭者，齊諸騶子，亦頗采騶衍之術以紀文。於是齊王嘉之，自如淳於髡以下，皆命曰列大夫，爲開第康莊之衢，高門大屋，尊寵之。覽天下諸侯賓客，言齊能致天下賢士也。荀卿，趙人。年五十始來遊學於齊。騶衍之術迂大而閎辯；奭也文具難施；淳於髡久與處，時有得善言。故齊人頌曰："談天衍，雕龍奭，炙轂過髡。"田駢之屬皆已死齊襄王時，而荀卿最爲老師。齊尚脩列大夫之缺，而荀卿三爲祭酒焉。齊人或讒荀卿，荀卿乃適楚，而春申君以爲蘭陵令。春申君死而荀卿廢，因家蘭陵。李斯嘗爲弟子，已而相秦。荀卿嫉濁世之政，亡國亂君相屬，不遂大道而營於巫祝，信禨祥，鄙儒小拘，如莊周等又猾稽亂俗，於是推儒、墨、道德之行事興壞，序列著數萬言而卒。因葬蘭陵。

而趙亦有公孫龍爲堅白同異之辯，劇子之言；魏有李悝，盡地力之教；楚有尸子、長盧；阿之籲子焉。自如孟子至於籲子，世多有其書，故不論其傳雲。

蓋墨翟，宋之大夫，善守禦，爲節用。或曰並孔子時，或曰在其後。六國之末，戰勝相雄。軻遊齊、魏，其說不通。退而著述，稱吾道窮。蘭陵事楚，騶衍談空。康莊雖列，莫見收功。

부록 2

趙岐의《孟子題辭》

《孟子題辭》者，所以題號孟子之書。本末指義文辭之表也。孟，姓也。子者，男子之通稱也。此書，孟子之所作也，故總謂之《孟子》，其篇目則各自有名。

孟子，鄒人也。名軻，字則未聞也。鄒本春秋邾子之國，至孟子時改曰鄒矣。國近魯，後爲魯所並。又言邾爲楚所並，非魯也。今鄒縣是也。或曰："孟子，魯公族孟孫之後故，孟子仕於齊，喪母而歸葬於魯也。三桓子孫，旣以衰微，分適他國"。孟子生有淑質，夙喪其父，幼被慈母三遷之教。長師孔子之孫子思，治儒術之道，通《五經》，尤長於《詩》、《書》。周衰之末，戰國縱橫，用兵爭強，以相侵奪。當世取士，務先權謀，以爲上賢，先王大道陵遲隳廢。異端並起，若楊朱、墨翟放蕩之言，以幹時惑眾者非一。孟子閔悼堯舜、舜、湯、文、周、孔之業將遂湮微，正塗壅底，仁義荒怠，佞僞馳騁，紅紫亂朱。於是則慕仲尼周流憂世，遂以儒道遊於諸侯，思濟斯民。然由不肯枉尺直尋，時君咸謂之迂闊於事，終莫能聽納其說。孟子亦自知遭蒼姬之訖錄，值炎齊之未奮，進不得佐興唐、虞雍熙之和，退不能信三代之餘風，恥沒世而無聞焉，是故垂憲言以詒後人。仲尼有云："我欲托之空言，不如載之行事之深切著明也。"於是退而論集所與高第弟子公孫丑萬章之徒難疑答問，又自撰其法度之言，著書七篇，二百六十一章，三萬四千六百八十五字。包羅天地，揆敍萬類，仁義道德，性命禍福，粲然靡所不載。帝王公侯遵之，則可以致隆平，頌淸廟；卿大夫士蹈之，則可以尊君父，立忠信；守志厲操者儀之，則可以崇高節，抗浮雲。有風人之托物，《風雅》之正言，可謂直而不倨，曲而不屈，命世亞聖之大才者也。孔子自衛反魯，然後樂正，《雅》、《頌》各得其所，乃刪《詩》定《書》，系《周易》，作《春秋》。孟子退自齊、梁，述堯、舜之道而著作焉，此大賢擬聖而作者也。七十子之疇，會集夫子所言，以爲《論語》。《論語》者，《五經》之錧鎋，《六藝》之喉衿也。孟子之書，則而象之。衛靈公問陳於孔子，孔子答以俎豆；梁惠王問利國，孟子對以仁義。宋桓魋欲害孔子，孔子稱“天生德於予”；魯臧倉毁鬲孟子，孟子曰“臧氏之子，焉能使予不遇哉!”旨意合同，若此者衆。又有《外書》四篇，《性善》、《辯文》、《說孝經》、《爲政》。其文不能弘深，不與內篇相似，似非孟子本真，後世依放而托之者也。孟子旣沒之後，大道遂絀，逮至亡秦，焚滅經術，坑戮儒生，孟子徒黨盡矣。其書號爲諸子，故篇籍得不泯絕。漢興除秦虐禁，開延道德，孝文皇帝欲廣遊學之路，《論語》、《孝經》、《孟子》、《爾雅》皆置博士。後罷傳記博士，獨立《五經》而已。訖今諸經通義，得引《孟子》以明事，謂之博文。孟子長於譬喩，辭不迫切，而意已獨至。其言曰：“說《詞》者不以文害辭，不以辭害志；以意逆志，爲得之矣。”斯言殆欲使後人深求其意，以解其文，不但施於說《詩》也。今諸解者往往摭取而說之，其說文多乖異不同。孟子以來五百餘載，傳之者亦已衆多。余生西京，世尋丕祚，有自來矣，少蒙義方，訓涉典文，知命之際，嬰戚於天，構屯離蹇，詭姓遁身，經營八紘之內，十有餘年，心剿形瘵，何勤如焉！嘗息肩弛擔於濟、岱之間，或有溫故知新，雅德君子，矜我劬瘁，眷我皓首，訪論稽古，慰以大道。余困吝之中，精神遐漂，靡所濟集，聊欲仔志於翰墨，得以亂思遺老。惟六籍之學，先覺之士，釋而辯之者既已詳矣。儒家惟有《孟子》，閎遠微妙，緼奧難見，宜在條理之科。於是乃述已所聞，證以經傳，爲之章句，具載本文，章別其指，分爲上下，凡十四卷。究而言之，不敢以當達者；施於新學，可以寤疑辯惑；愚亦未能審於是非，後之明者，見春違闕，儻改而正諸，不亦宜乎。

부록 3

索引

ㄷ

ㅁ

ㅂ

ㅅ

ㅇ

ㅈ

ㅎ